中小学图书馆员

基本素养和基本技能系列丛书

信息技术基础

XINXIJISHU JICHU

本书编著 宁　璐　王　硕

现代教育出版社
Modern Education Press

图书在版编目 (CIP) 数据

信息技术基础 / 宁璐，王硕编著. -- 北京：现代教育出版社，2020.3
（中小学图书馆员基本素养和基本技能系列丛书 / 王富主编）
ISBN 978-7-5106-7724-3

Ⅰ. ①信… Ⅱ. ①宁… ②王… Ⅲ. ①信息技术－应用－中小学－学校图书馆－图书馆工作－基本知识 Ⅳ. ①G258.69-39

中国版本图书馆CIP数据核字(2020)第029114号

信息技术基础

中小学图书馆员基本素养和基本技能系列丛书

出 品 人 陈　琦
丛书主编 王　富
本书编著 宁　璐　王　硕
选题策划 李　硕
责任编辑 王海平
封面设计 韩志鹏
出版发行 现代教育出版社
地　　址 北京市朝阳区安华里504号E座
邮　　编 100011
电　　话 010-64252230（编辑部）010-64256130（发行部）
印　　刷 高教社(天津)印务有限公司
开　　本 710 mm × 1000 mm 1/16
印　　张 18.75
字　　数 380千字
版　　次 2020年5月第1版
印　　次 2020年5月第1次印刷
书　　号 ISBN 978-7-5106-7724-3
定　　价 56.50元

前言

对于中小学来说，图书馆（室）是学校教育资源建设不可或缺的部分，是新一轮基础教育课程改革必要的条件和保障。改革开放以来，特别是20世纪90年代以来，我国的中小学图书馆建设事业进入了快速发展时期。1991年8月，国家教育委员会颁布了《中小学图书馆（室）规程》，极大地推动和促进了中小学图书馆事业的发展。人们对中小学图书馆的认识在改变，图书馆在中小学的地位在逐步提高，其作用被广泛认同，图书馆的规模和数量在扩大，建设和管理水平也在不断提高。2003年3月，教育部又颁布了《中小学图书馆（室）规程（修订）》。这次规程的修订，是贯彻落实《国务院关于基础教育改革与发展的决定》精神的体现，适应了新时期的发展要求。随着我国基础教育课程改革的不断深入和以计算机网络为代表的信息技术革命的迅速发展，我国中小学图书馆在办馆理念、管理方式等方面发生了根本性的变化。2018年5月，为贯彻党的十九大精神，落实立德树人的根本任务，加强对中小学图书馆（室）工作的指导，教育部再次对2003年颁布的《中小学图书馆（室）规程（修订）》进行修订。新颁布的《规程》明确要求将图书馆建设与管理工作纳入学校和校长考核体系。学校应“以师生需求为导向，统筹纸质资源、数字资源和其他载体资源，制定图书配备与其他馆藏文献信息建设发展规划”。“图书馆应当纳入学校信息化建设整体规划，实行信息化、网络化管理。”

图书馆历来是收集保存各类文献资源与提供借阅服务的场所。图书馆与信息技术的关系源远流长，文献的搜集、保存、使用、传播无不体现了信息技术的含义。20 世纪 80 年代以来，随着网络通信技术、数据库技术、多媒体技术、光盘技术等信息技术的迅速发展，出现了电子图书馆、数字图书馆、智慧图书馆等许多新名词、新概念，它们具有信息资源数字化、系统平台开放化、资源共享网络化、读者服务多样化、使用方便快捷高效等特征。目前比较统一的概念是“数字图书馆”，它是由信息化、知识化社会的不断发展造就的，其海量知识和信息是国家资源获取的一个新领域，也是国家基础设施建设的一个重要组成部分。

本书的编著者都是长期从事图书馆自动化、信息化建设的专业人员，具有丰富的信息技术实践经验。本书编写的目的在于将中小学图书馆应用的信息技术进行系统的梳理和总结，结合中小学图书馆自动化集成系统的发展和数字图书馆的建设，进一步明确信息技术在图书馆应用的方向，注重实用性和实际操作性，为中小学图书馆工作人员提供借鉴和参考。

目前，关于信息技术在中小学图书馆应用的研究越来越受到重视。由于我们对信息技术的理解和专业水平有限，书中难免存在不足之处，肯请专家和同行们批评、指正。

编著者

目 录

第一章

图书馆信息技术概述

第一节　图书馆信息技术

进入 21 世纪，图书馆平静无澜、按部就班的工作模式一去不复返，井然有序的印本藏书楼及其固有的稳定性特征被数字革命冲击得支离破碎。究其主要原因，是网络生成和传播数量巨大的数字信息，导致图书馆收集、整理、传播知识的功能发生了变化。图书馆发生的这一切变化，信息技术是真正的驱动力。以信息技术为核心的新技术革命给图书馆带来了强烈而深远的影响，促使传统图书馆在许多方面发生了显著而深刻的变革。这种变革所带来的计算机技术、网络技术、微电子技术等现代技术将从根本上改变图书馆的工作模式、工作方法甚至体制形态，以至新的图书馆形态将可能取代传统图书馆在信息交流中的地位。

所谓信息技术，就是获取、处理、存储、检索和传递文字、数字、图像、声音等信息而采用的方法和设备的总称，包括计算机、通信、高密度存储、声像、复印、印刷、信息安全等广泛技术领域及其在情报工作中的应用和相关保障措施。信息技术在图书馆的应用经历了一个从低级向高级、从硬件应用向软件系统发展的过程，因此，图书馆信息技术就其产生的时代可分为图书馆传统信息技术和图书馆现代信息技术。

一、图书馆传统信息技术

图书馆传统信息技术是指排版印刷技术、复印技术和缩微技术。

（一）排版印刷技术

到目前为止，各种书籍、报刊等纸质文献，仍然是图书馆保存和传播信息的主要载体形式。自印刷术发明之后，纸质文献作为知识的物质载体，在电子出版物问世之前，已独领风骚一千多年。人们把获得的信息、知识、情报书写在纸上，运用印刷技术大量生产，广泛传递和交流，极大地促进了经济、科学、文化的发展和社会的进步。而今印刷技术已经发生了革命性的变化。铅与火的时代早已成为过去，取而代之的是以计算机技术、信息技术、光学材料学等高新技术为支撑的现代印刷技术。印刷的速度越来越快，印刷的质量越来越好，印刷的范围越来越广，为图书馆现代文献信息的传播和利用带来了极大的便利。

过去的印刷大多采用铅字排版印刷技术，这种活字排版技术在我国流传了上千年。近年来，电子计算机排版和输出技术飞速发展，使印刷技术出现了一次飞跃性的变革，由我国发明的计算机汉字排版技术开始大规模投入使用。后来出现的轻印刷系统逐渐代替了传统的铅版印刷，计算机系统中的喷墨打印机、激光打印机也大量投入使用，为图书馆现代文献信息的利用和传播提供了极为方便的条件。

（二）复印技术

复印技术是20世纪发展起来的一门新型的文献复制技术，也就是通常所说的静电复印技术。首先，它在收集、存储和传播文献资料及科技成果方面，具有迅速、方便、保真、经济等优越性。它的出现和应用为图书馆工作提供了新的有力手段，大大地提高了工作效率，方便了读者。在现代化的图书馆中，从文献资料的收集、加工、整理、传递到行政和业务管理工作，静电复印技术在各个环节都有广泛的应用。其次，静电复印技术利于图书管理，提高藏书质量。在没有复印技术的年代，图书丢失“开天窗”、缺张少页等严重地影响藏书质量；自从有了复印技术，读者可以在很短的时间内得到所需的资料，书刊丢失现象也逐渐减少。另外，图书馆可以将一些书的内容摘要、书评等复制出版，开展导读工作。因而，复印技术在图书馆信息技术中占有一席之地。

（三）缩微技术

缩微技术，是指缩微复制技术，就是把纸质文献或不同规格的文件、图纸等用照相设备或其他摄影方法按照一定的比例缩小，摄录在胶卷或胶片上的技术。缩微技术已经有160多年的历史。这一百多年来，缩微技术得到较快的发展，无论是在设备的完善上，还是在标准的制定上都已稳定成熟，形成了一套完整有序的技术体系。缩微资料一般是指缩微胶片、缩微卡片、缩微胶卷。缩微印刷品作为一种新的文献记录载体，因其技术的完备及大量的应用，且利于节约图书馆的物理空间，所以在图书馆领域得到广泛应用。随着图书文献数字化及其网络技术的利用，缩微技术的一些缺憾得到了有效的弥补。正如国际图联主席韦奇沃思先生所说："现代化的图书馆有两大标志，一个是计算机的应用，一个是缩微技术的应用。"这足以说明缩微技术在现代图书馆信息技术中的地位。

缩微技术有以下优点：

1. 信息存储密度高、体积小，节省储存空间

缩微技术是一种信息密集储存技术。图书文献经缩微后，可以减少50%—98%的存储空间，因此，缩微技术是目前缓解图书馆馆舍紧张行之有效的办法之一。

2. 反映原貌，有利于保护珍贵的文献

缩微品的使用寿命要比纸质文献长得多。用正确的方法保存，纸质文献几十年后就会老化损坏，而缩微品在保证冲洗加工质量和规定保存条件下，可以长期或永久保存。

3. 价格便宜

缩微品价格很便宜，同一出版物的缩微品要比纸质文献便宜得多，而且缩微版价格的上涨速度也低于印刷版。

4. 便于交流

由于缩微复制品比印刷型复制品便宜，且体积小，所以纸质文献缩微后，便于交流，利于资源共享，并且既经济又便捷。

5. 方便检索

使用缩微摄影技术可以利用计算机快速检索查询，便于读者利用文献。

6. 拷贝、还原简便

缩微技术在传统信息技术中具有重要的意义，所以它的应用也受到人们的重视，这项工作的开展在图书馆事业的发展中具有极其重要的战略意义。另外，也要特别说明，缩微品并没有因为光盘的出现而失去其价值。实践证明，缩微品在保存的长久性和可靠性方面具有极大的优越性。

二、图书馆现代信息技术

（一）现代信息技术概述

现代信息技术是指20世纪70年代以来，随着微电子技术、计算机技术和通信技术的发展，围绕着信息的产生、收集、存储、处理、检索和传递形成的一个全新的、用以开发和利用信息资源的高技术群，包括微电子技术、新型元器件技术、通信技术、计算机技术、各类软件及系统集成技术、光盘技术、传感技术、机器人技术、高清晰度电视技术等。其中以微电子技术、计算机技术、软件技术、通信技术为主导。作为社会主要信息技术服务机构之一的图书馆，不可避免地受到信息技术发展的影响。一方面，现代信息技术为图书馆的发展提供了良好的技术环境，对图书馆的发展起着积极的推动作用；另一方面，传统图书馆又面临着现代信息技术带来的巨大冲击和生存挑战。在科学技术飞速发展和全球信息化的今天，各类知识信息增长突飞猛进。面对海量信息，以收藏纸质文献和手工操作为主的传统图书馆已难以应对，只有建立以计算机技术和网络技术为核心的图书馆现代信息技术应用体系，才能加速信息的传递，才能更加广泛深入地开发和利用最新的信息为社会服务。

（二）计算机技术

计算机技术就是围绕计算机展开的应用技术。计算机发展到今天已经不仅仅进行单纯的科学计算，它在各行各业、各个领域都发挥着不可替代的作用。图书馆也不例外。从20世纪50年代美国率先在图书馆使用计算机处理数据，到目前图书馆自动化集成系统的广泛应用，计算机技术大大地促进了文献信息的收集、加工、处理、利用和传播，使图书馆的现代化进入了一个新的发展时期。

（三）高密度存储技术

随着电子技术的高速发展，计算机高密度存储技术也得到较快发展。在早期的计算机上，人们使用磁芯作为内存储器的主要元件，一般使用磁鼓、磁泡等设备作为外存。但这些早期的存储设备存储密度低，读写速度也较慢，后来又出现了半导体存储器。当大规模集成电路出现以后，硬磁盘、软磁盘广泛投入应用，使计算机的存储技术出现一次新的飞跃。

20世纪80年代以来，随着计算机高密度存储技术的飞速发展，特别是大容量磁盘存储技术和光盘存储技术的应用，计算机高密度存储技术在图书馆的应用迅速地呈现了一个新的局面。人们预计，随着计算机高密度存储技术的进一步发展和在图书馆的不断应用，在不久的将来，所谓“袖珍式图书馆”“手提式图书馆”将会成为现实。

（四）多媒体技术

多媒体技术是指通过计算机对文字、数据、图形、图像、动画、声音等多种媒体信息进行综合处理和管理，将各种信息逻辑连接集成为一个系统，使用户可以通过多种感官与计算机进行实时信息交互的技术，又称为计算机多媒体技术。它包括对媒体设备的控制和媒体信息的处理与编码技术、多媒体系统技术、多媒体信息组织与管理技术、多媒体通信网络技术、多媒体人机接口与虚拟现实技术、多媒体应用技术。

1. 多媒体技术的特点

（1）集成性：将多种媒体有机地组织在一起，共同表达事物，做到图文声像一体化。

（2）交互性：指人机交互。在播放多媒体节目时，能够进行人工干预，通过人机交换信息来完成任务。

（3）数字化：多媒体中的各类媒体信息都以数字化的方式存储，便于计算机对各类信息进行统一加工、处理和传播。

2. 支持多媒体的关键技术

由于文本、动态图像以及语音信息都要求有很大的存储空间，视频图像与声频信息都具有连续性，这些都对多媒体技术提出了较高要求，其中最关键的技术包括数字压缩与还原技术、海量存储器、多媒体操作系统、数据库理论与方法、支持多媒体的硬件与网络技术等。

3. 多媒体技术对图书馆的影响

多媒体技术以信息表达直观、生动、逼真等优点而被广大用户接受。它的出现和投入使用，给图书馆传统的信息保存与提供方式、服务方式、工作方式等带来巨大的冲击。多媒体技术在图书馆的广泛应用，必将使图书馆信息的存储、开发和利用迈向一个新的阶段。

（五）网络技术

网络技术是计算机与通信技术日益发展并密切结合的产物，突破了信息传递在时间和空间方面的限制。计算机网络按照一定的网络协议，将分散、独立的各类资源相互连接，实现资源的全面共享和有机协作。网络技术的应用已经深刻地改变了社会生活的方方面面，图书馆出现了自动化、网络化、数字化的发展趋势。

在网络环境下，图书馆的服务理念、组织结构、工作方式都发生了深刻的变化。图书馆将公共目录上传，用户可通过网络检索馆藏文献。人们可以不受地理位置和时间限制，自由地查询、获取全世界图书馆、信息机构的馆藏资源。图书馆也可利用网络开展信息服务（如用户培训、馆际互借、原文索取、检索服务等），实现资源共享。

在网络环境的影响下，图书馆从提供单一的文献信息服务转变为提供全方位、综合性的信息服务。利用网络技术、计算机技术、数字化技术、高密度存储技术开发网络信息资源，将会对丰富图书馆馆藏资源、提高图书馆信息服务水平、实现资源共享等产生巨大的影响。

第二节　图书馆信息技术应用与发展

一、国外图书馆信息技术发展概况

信息技术在图书馆中的应用，首先是从美国开始的。20世纪50年代，美国率先开始计算机化管理的研究工作。1950—1954年间，美国海军军械中心图书馆开始利用计算机建立文献检索系统，实现对文献题名、责任者等项目的检索，并由H. E. 泰利特提交了世界上第一篇建议图书馆应用计算机的研究报告。1958年，IBM公司开发出自动分类、自动标引和信息检索等文献处理技术。1962年，美国加利福尼亚大学和南伊利诺伊大学图书馆分别利用计算机进行期刊和图书流通管理。1964年，美国国家医学图书馆利用计算机编制《医学文摘》并生产MEDLARS数据库磁带。1966年，美国国会图书馆开始了MARC试验计划。

同一时期，西方发达国家的图书馆自动化系统也迅速发展起来。1963年，德国柏林大学图书馆开始利用计算机管理流通、编制目录和登记期刊。1966年，德国国家图书馆开始使用计算机编制全国书目，英国电器工程师学会开始使用计算机检索文献，日本科技文献中心建立文献速报自动编制系统。1969年，美国国会图书馆的MARC Ⅱ格式机读目录磁带公开发行，经过几年的修改，成为美国的国家标准。

随着计算机技术的高速发展和通信技术的发展，到了20世纪70年代，图书馆自动化系统迅速由单机批处理系统发展到联机系统，并逐步发展成为计算机网络系统，各种不同规模、不同功能的信息检索系统陆续出现。其中，资格最老、规模最大的是美国俄亥俄学院图书馆中心的OCLC系统。该系统创建于1967年，到1972年便发展成为美国图书馆界最有影响的服务系统。1977年易名为联机计算机图书馆中心（Online Computer Library Center），并成立了OCLC公司，成为当今世界最大的图书馆书目数据库中心。另外，世界上有名的几个大型信息检索系统也是在这一阶段建立的。1969年，世界上第一个大规模联机检索系统——美国NASA的REOCN投入使用；1970年，美国洛克希德公司的DIALOG系统建立；同年，系统发展公司的ORBIT系统也建立起来；MEDLARS也于1970年开展联机检索服务；不久，欧洲航天局ESA/IRS系统也投入运行……计算机技术、通信技术和数据库技术相结合，形成了一个完善的信息服务现代化体系。计算机网络进入商业应用阶段，公用电话网、电传网、公共数据通信网等为大型信息检索系统提供了条件，于是世界各大信息检索系统纷纷进入网络，向全世界提供服务，联机检索超越了国界，开始了国际联机检索新阶段。

目前，随着一些国家（如日本、德国、意大利、法国、澳大利亚等）的图书馆信息技术的快速发展，图书馆自动化、网络化已形成一定规模。

二、我国图书馆信息技术发展概况

我国图书馆现代信息技术的应用虽然起步较晚，但随着我国现代化建设的需要和现代信息技术的进步，近几十年来也有了很大的发展。我国图书馆现代信息技术的应用是从1974年8月周恩来总理批准“汉字信息处理工程”（简称“748工程”）开始的。“748工程”的研究任务包括汉字计算机情报检索软件、汉语主题词表、汉字通信和机器翻译等内容。这一时期主要完成了编制《汉语主题词表》，利用国产机进行西文文献的建库、主题标引、批处理定题服务、编制馆藏目录，以及进行联机检索的初步试验等工作。从1978年开始，北京图书馆、中国科学院图书馆、北京大学图书馆和清华大学图书馆等单位共同协作，对引进的美国MARC磁带进行研究和试用。化工部、机械工业部、石油部、邮电部、地质矿产部和北京文献服务处等单位也先后引进国外的机读文献数据库，进行研究和提供检索服务。与此同时，国内也开始了图书馆自动化软件的研制和试用工作，如中国科学院图书馆、清华大学图书馆、武汉大学图书情报学院等都进行了应用软件的开发和试用。

1983年以后，由于微型计算机的高速发展和普及，尤其是汉字信息处理技术的日益成熟，我国图书馆应用软件的技术有了很大的进步，进入实用阶段——正式颁布的文献工作标准近30个。1986年以来，我国研制开发了上百个图书馆专用软件包。北京图书馆自1990年开始正式发行CNMARC数据软盘，以后又以光盘方式发售。一批中文书目数据库建立起来，数据量已达到数百万件，如中国科技期刊篇名数据库记录已有150多万件，《全国报刊索引》（哲学社会科学版）机读版也开始发行，年收录文献量超过10万件。1996年文化部颁布的《中国机读目录格式》（WH/T0503-96）（CNMARC）成为行业标准。

1988年，作为文化部国家重点科技项目，由深圳图书馆承担并组织8个省公共图书馆共同开发了“图书馆自动化集成系统（ILAS）”。这是一套能适应国内外不同层次、多种规模、各种类型图书馆使用的图书馆自动化集成系统，是有代表性的通用集成化网络系统。1996年由北京现代文津信息技术研究中心开发的“文津系统”，在国家图书馆的编目、流通等部门投入使用，并正式对外推广应用。同时期，北京丹诚软件公司研制的“Data Trans系统”、大连博菲特软件公司开发的图书馆自动化管理系统等，都是国内实用的一批图书馆自动化集成系统软件。2006年初，厦门集美大学诚毅学院图书馆率先将RFID技术应用到图书馆中，建立了RFID智能管理系统。2008年，国家图书馆（新馆）二期暨国家数字图书馆、杭州图书馆、北京农学院图书馆先后正式引进RFID技术。

近几年，随着信息技术的迅猛发展，移动互联、云计算、大数据等技术的应用，各图书馆相继开通了移动图书馆、微信公众服务号，以及大数据的态势分析和展示。这些信息技术也逐渐被中小学图书馆所应用，并取得了良好的服务效果。

目前，整个世界在激烈的竞争中不断前进。现代信息技术水平的提高，信息产业的发展，对信息资源的占有与利用，已被当作衡量一个国家综合国力的重要尺度，也成为衡量竞争能力的核心要素。世界各国已把图书馆列为“信息高速公路”的重要组成部分。

三、现代信息技术对学校图书馆的影响

（一）学校图书馆的任务

教育部2018年发布的《中小学图书馆（室）规程》中规定，图书馆是中小学校的文献信息中心，是学校教育教学和教育科学研究的重要场所，是学校文化建设和课程资源建设的重要载体，是促进学生全面发展和推动教师专业成长的重要平台，是基础教育现代化的重要体现，也是社会主义公共文化服务体

系的有机组成部分。

学校图书馆的主要任务为：贯彻党的教育方针，培育社会主义核心价值观，弘扬中华优秀传统文化，促进学生德智体美全面发展；建立健全学校文献信息和服务体系，协助教师开展教学教研活动，指导学生掌握检索与利用文献信息的知识与技能；组织学生阅读活动，培养学生的阅读兴趣和阅读习惯。

值得注意的是，在《规程》中还明确指出：图书馆应当纳入学校信息化建设整体规划，实行信息化、网络化管理。图书馆应当重视数字资源建设，依托区域数字图书馆和信息资源中心获取数字图书和电子期刊等。

现代信息技术是完成学校图书馆主要任务的根本保证。随着信息技术的飞速发展，互联网大潮已席卷全球，社会的数字化、网络化、信息化进程不断推进，一种崭新、高效、快捷的信息网络环境正在形成，对传统的信息活动和服务方式及格局带来巨大的冲击。特别是以纸质文献为主要知识载体的学校图书馆，正经历着一场前所未有的变革。

（二）现代信息技术对学校图书馆的影响

1．图书馆支持环境的变化

在信息化进程中，信息技术的发展改变了传统图书馆生存的内外环境，图书馆将步入数字化、网络化。对图书馆的评价不再是以单纯的面积大小论高低、以馆藏书人均册数论规模，而要以服务特色、服务技术手段论优劣。这是由信息技术的特点和图书馆的目标决定的。

2．图书馆馆藏结构的变化

收藏文献是图书馆最基本的职能之一，现代图书馆仍保留着这种职能，但馆藏结构却发生了巨大的变化。数字出版技术广泛应用后，出版物的品种和类型呈现多样化，在传统的纸质文献的基础上，增加了电子出版物，非书文献也日益增多。这使得图书馆的馆藏结构发生明显变化，馆藏文献类型日趋多元化。从长远的发展趋势来看，数字资源将成为图书馆主要的馆藏对象。

3．图书馆服务方式的变化

为读者提供所需要的信息服务，是图书馆必备的基本职能，传统图书馆为读者提供的信息服务主要体现在馆藏文献的借阅上。随着现代信息技术的应用，图书馆传统的服务方式在自动化和网络化的冲击下发生了深刻的变化。图书馆服务方式和服务手段日益多样化，服务范围也日益扩大和拓展，服务效率不断提高。例如，学校图书馆利用网络环境和设施扩大读者的阅览范围和领域，在电子阅览室开展各项网络信息服务，每天接待上网浏览图书的读者是来馆阅读纸质文献读者的几百倍乃至上千倍。另外，借助互联网，还能提供给读者观摩教学、在线阅读等内容。

4. 图书馆传播职能的变化

随着信息技术的发展，交叉学科和边缘学科不断涌现，图书馆传统的传播职能也发生了巨大变化。图书馆不只被动地提供给读者所需专业相关内容的信息，还要组织专业人员对信息资源进行跟踪、组织、挖掘，主动、系统地为读者提供满足其需要的、形式多样的信息产品，为实现信息的数字化和网络化服务。

5. 图书馆工作方法的变化

传统的图书馆工作存在着大量的图书分类、编目、排架等专业性较强的基础业务。传统的工作方法完全依靠手工操作，通常需要投入大量的时间和人力资源，工作效率极低。随着图书馆自动化集成系统的研制和应用，图书馆的管理工作趋于自动化。计算机网络又使各工作部门的联系和交流更加方便快捷，大大提高了图书馆工作的效率。信息技术的发展，推动了图书馆基础业务由手工方式向计算机化和网络化发展。

6. 图书馆管理模式的变化

信息技术在图书馆的应用，使人管理人的模式被人管理机器的模式取代，管理体制更加科学化、系统化、合理化。另外，现代信息技术的广泛运用，整合了图书馆的机构设置，使基础服务部门的工作更多由辅助人员担任，专业人员可从事或兼管读者服务工作。机构的重组与整合，有利于提高图书馆的工作效率，有利于以读者为核心开展主动服务，有利于多种载体信息资源的互补共存、合理使用，有利于建设数字化的馆藏资源。

7. 图书馆使用方式的变化

无论是本地读者咨询还是异地用户咨询，都可以采取网络方式，不受时间和空间的制约，可以在任何地区获取信息，从而改变了传统的亲自到馆、面对面交流的方式。

8. 对图书馆人员要求的变化

信息技术的发展，对图书馆工作人员的素质、思想观念、知识结构、工作技能和组织管理能力等提出了更高的要求。

四、现代信息技术在学校图书馆的发展

（一）学校图书馆信息化建设的过程

如果说信息技术是信息化建设的手段，信息资源就是信息化建设的内容。以信息技术为手段，以知识和信息的存储、开发和利用为本质体现的信息资源建设，不可避免地成为图书馆信息化建设的重点。图书馆信息化建设是以馆藏信息资源建设、数字资源库建设和信息传播服务建设为主要内容的全面的信息化建设。学校图书馆信息化建设是一个逐步发展的过程，它的发展经历了四个阶段：

第一阶段是以图书馆自动化集成系统的发展为特征，主要是传统图书馆业务流程的自动化，并开始由封闭的局域网向开放的互联网系统发展。

第二阶段是以图书馆网络化发展和信息资源共建共享为特征，包括电子阅览室的建立、互联网的普及、图书馆联合编目和信息共享。

第三阶段是以海量信息存储、多媒体技术、分布式管理为特征的数字图书馆的建设。

第四阶段是完善成熟的数字图书馆系统，实现对数字资源进行重组，使之能为读者提供系统的知识服务。

当前大多数学校图书馆信息化建设处在第三阶段，但不能就此将数字图书馆建设和图书馆信息化建设等同。数字图书馆建设是图书馆信息化建设体系的表现形式之一，图书馆信息化建设更侧重从整体来分析和解决问题，它的目标是实现信息资源的深层次开发利用、网络信息服务的多样化和智能化，以及全球信息资源的共建共享。

（二）学校图书馆信息化建设中的问题

学校图书馆经历几十年的发展，为教育和文献的开发、利用、收藏做出了突出的贡献。尤其是近年来，我国大部分学校图书馆基本上完成了自动化和网络化的基础建设，在“馆藏资源数字化”和“社会资源馆藏化”的初步实践中，积累了许多宝贵的经验。但是，同发达国家相比，我国学校图书馆的信息化建设还比较落后，其中许多因素相互作用、相互影响，直接制约着信息化建设的水平和发展进程。现阶段，我国学校图书馆信息化建设面临诸多问题。

1．地区差异大，发展不平衡

我国幅员辽阔，地区经济发展不平衡，从而导致信息化发展不平衡，地区差异较大。从全国来看，信息化呈现四个层次，一是著名的大城市，二是沿海省份，三是内陆省份，四是东北和西部省份。学校图书馆的发展不平衡也顺应这种地区差异。例如，西部学校图书馆尚囿于传统的馆藏、借阅工作模式。

2．经费问题

虽然《中小学图书馆（室）规程》规定，各地教育行政部门和学校应当保障图书馆建设、配备、管理、应用、培训等所需经费，在经费预算和资金保障方面应当向农村学校和薄弱学校倾斜。但是，目前学校图书馆信息化建设投资的现状仍然令人十分担忧，表现为整体投资不足。

3．标准化、规范化问题

学校图书馆信息化是整个社会信息化中的一环，其中规范十分重要，是否规范是制约信息化正常发展的关键因素。馆藏数据库的标准与规范是实现信息资源共建共享的必备条件，然而，目前学校图书馆信息化建设缺乏统一的标准和规范。一是由于各馆自行购买自动化集成系统，因而标准各不相同，系统兼容性差异较大。二是各馆在数据及数据库存储和管理方面所采用的标准也各不相同，通用性很差。因此，图书馆信息化呼唤标准化和规范化。

4．人才问题

目前，我国学校图书馆在人事方面缺乏自主权。由于历史和现实原因，图书馆常常被当作老弱病残的“收容所”及照顾关系的地方，致使图书馆需要的人才进不来，有用的人才留不住，不称职的人员出不去。图书馆工作人员队伍在学科、学历和职称等整体结构上，在知识、能力和素质等个体结构上，都有欠缺，尤其近年来图书馆工作人员队伍老龄化问题严重。图书馆信息化建设需要的复合型人才严重匮乏，不少学校图书馆在信息化建设响应过程中不得不采取观望、等待和依赖的做法。

五、学校图书馆信息化建设的方向

（一）学校图书馆信息化的特征

（1）业务操作和管理自动化，即图书馆的各个业务环节，如采访、编目、典藏、流通等都采用计算机管理和控制。

（2）信息资源存储数字化，包括馆藏资源的数字化转化及网上数字资源的收藏。

（3）信息资源高度共享，即信息资源的高度网络化。

网络化是图书馆信息化的重要标志，其不仅包括馆内局域网和校园网，还可以延伸至互联网，利用网络进行联机编目、网上图书采购，为读者提供联机目录查询、网上馆际互借、传送文献的索引及摘要甚至全文。目前，通过互联网可以查找国内外几千个图书馆的书目信息，可访问世界上许多著名的数据库，如 DIALOG、BRS、MEDLINE 等，可访问许多免费的文献数据库，也可访问世界上 20 多万个互联网服务器上各单位的主页（Home Page），还可以获得大量的全文资料和多媒体资料。互联网的发展，已把图书馆文献信息服务推向全球。当今学校图书馆信息化工作很大程度上依赖网络，这个网络以计算机网络为主，还包括电话网络、监控网络、存储网络等其他网络。基于这些网络，图书馆信息化的系统建设才能形成多种功能体系，才能比较全面地体现现代信息技术的应用效果，并提高图书馆的工作效率和工作成果。从功能角度而言，围绕网络化这个基础特征，本书将学校图书馆信息系统概括为下图所示的几个部分：

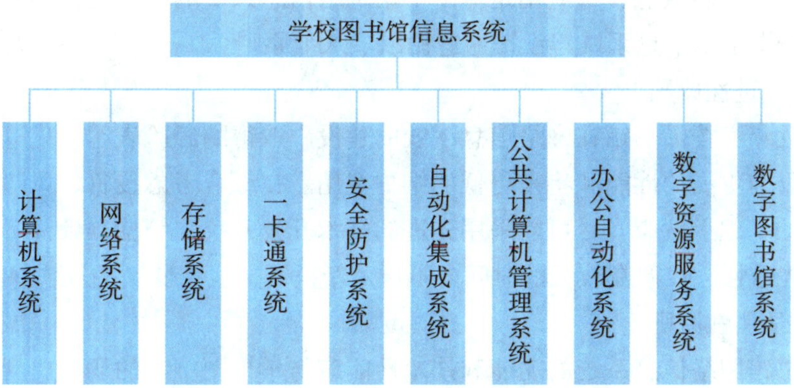

图 1-1-1　学校图书馆信息系统组成示意图

（二）学校图书馆信息系统建设的目标

随着社会信息化的发展，学校图书馆不仅为学校的教学科研服务，还在社会信息服务中扮演着越来越重要的角色。因此，学校图书馆必须完善信息服务的基础设施，建设集网络环境、文献资源、系统管理、信息服务于一体的综合网络信息系统。

1. 建立完善的图书馆信息网络

应采用先进、成熟的网络技术和信息处理技术，构建整体有序、可靠实用、信息高度共享和结构开放的信息网络。同时应具备足够的扩展性，以满足图书馆资源的采访、编目、典藏、流通、检索等工作自动化和全面数字资源服务功能的要求。

2. 建设完备的数字资源体系

完备的数字资源体系是图书馆网络信息系统的重要组成部分，是发挥图书馆信息系统功能的前提。学校图书馆有了完备的数字资源，才能借助网络环境和高性能计算机实现信息资源的有效利用和共享。

3. 提供全方位的信息服务

图书馆网络信息系统应充分依托丰富的文献信息资源、完善的功能设施和现代化管理，通过网络和各种应用系统，最大限度地满足社会的多样性信息服务需求。

（三）学校图书馆网络信息系统建设的原则

高起点、高性能、重应用是对图书馆网络信息系统的基本定位。基于网络化的学校图书馆信息系统建设普遍遵循以下八个原则。

1. 先进性原则

近几年学校图书馆在网络信息系统的建设中取得的经验表明，先进的技术意味着目前更高的性能和将来更低的维护费用。在综合考虑投资、风险、需求等因素的基础上，应当尽可能采用先进的技术开发系统，结构、硬件、软件均应具备先进性，以便在较长的时间内不再重新投资更换主要设备及软件。

2. 适用性原则

图书馆网络信息系统的功能和技术性能应与学校图书馆的职能、规模及目标相符合，能够满足图书馆的业务管理、信息加工和信息服务的需求。

3. 成熟稳定原则

图书馆网络信息系统在处理学校图书馆的各项业务中，应当具有较强的稳定性和容错性。只有系统的软件和硬件成熟稳定，才能确保学校图书馆各项工作顺利进行。

4. 标准化原则

图书馆网络信息系统所采用的技术应符合国际和国家通用的标准，支持成熟的信息处理标准和规范，为实现图书馆间的信息资源共享奠定基础。

5．开放性原则

学校图书馆网络信息系统建设不仅需要考虑当前的需求，还要适应将来的发展。系统的硬件和软件平台应具有高度的开放性，支持业界标准和协议，兼容相关的技术，并提供足够的软件、硬件接口。

6．安全性原则

由于图书馆的各项业务是对外开放的，一旦系统出现差错，将会给用户带来极大的不便，也会给图书馆的信誉带来不良的影响，因此图书馆信息系统必须有安全可靠性保证。

7．高性价比原则

图书馆网络信息系统软硬件建设在各方面条件相近时，应选择较高系统性能价格比的设备与软件。学校图书馆应根据规模和功能，选择最适当的资源，以求达到较高的系统性能价格比。

8．拓展性原则

功能完备的系统，不仅表现在已有的完备，更重要的是对各种潜在需求和变化需求的支持。图书馆网络信息系统的功能应具备良好的可拓展性，能够根据学校图书馆的发展需要灵活配置和扩展，以支持学校图书馆的可持续发展。

（四）学校图书馆网络信息系统建设的方式

建立基于网络化的学校图书馆信息系统，其目的是促进和加强各学校图书馆间的协调和合作，实现信息资源共享，快速有效地提供满足各种需求的信息服务，促进图书馆信息服务的社会化。现阶段，信息技术特别是计算机技术的发展十分迅速，光纤网络技术、局域网技术、卫星通信技术都已相当成熟，宽带综合业务数字网技术、5G 传输技术已从实验走向实用，数据库技术、客户机 / 服务器技术等已普遍应用，网络应用开发工具也在逐步完善，这一切都为学校图书馆网络信息系统的建设提供了技术支撑。就目前来看，图书馆网络信息系统的建设主要有两种方式，一种是比较有针对性的定制方式，另一种是成套方式。两种方式各有利弊。

1．定制方式

这种方式是目前构建图书馆网络信息系统的主要手段，它是指图书馆根据自身需求，提出一套系统方案，根据软件工程、项目开发的方法，构建图书馆自己的网络信息系统。采用定制开发的方式需要有较强的技术实力和资金实力支持，由于大部分图书馆通常不具备开发实力，因此，图书馆在网络信息系统建设过程中，可以将开发工作外包给信誉较好的软件开发商或集成商。

定制方式的优点：（1）定制是在充分的调查研究和详细的系统分析设计基础上开展建设，开发的图书馆信息系统有较强的针对性和较高的实用性，符合图书馆自身业务的需求。（2）定制是一种比较经济的实施方式，它本身属于一次性投资，一步到位。（3）在系统建立的过程中，系统的开发和建设可控制，也可预测，所以系统具有较好的实用性和可持续发展性，可以随时根据环境的变化和需求的拓展不断进行调整和完善。（4）定制方式使得系统能很容易地进行二次开发，从而满足不断增长的信息需求并保持系统的技术先进性。

但是，这种定制开发方式也存在缺点：（1）一次性投资较大，对技术水平要求较高，因而适用于资金实力较强、人力资源丰富、软硬件条件较优越的大中型图书馆。（2）标准的变化会导致系统缺乏与其他数据环境的兼容性，影响信息资源的共享。

2. 成套方式

这种方式是图书馆通过招标等方式，直接购买一些成熟的产品，构建自己的信息系统。图书馆可以根据自身的需求和资金状况有选择地购买。

利用成套方式进行建设的优点：（1）市场的本质使得商业系统可以用比单独开发系统更为合理的价格来满足众多购买者的需求。（2）市场的力量会迫使软件开发商不断对产品进行改进、完善，以满足用户的需求，从而能够维护众多购买者的长期利益。（3）软件开发商为使自己站稳市场，会大力研究图书馆信息系统的特点、功能结构和发展趋势，使产品具备一定的前瞻性，特别是一些大公司的产品，对图书馆工作有很大的启发作用。

但是成套方式也存在不足：（1）软件开发商的产品并非是针对某个图书馆具体用户及业务需求而开发的，与单位的具体需求有一定差异，会导致使用过程中的不便；（2）软件开发商不会过于关注非常个性化的要求，对这类功能的补充修改不及时；（3）对软件开发商的技术依赖程度大，通常要长期支付一定的许可和维护费用，是一种需要长期投入的建设方式。

总之，基于网络化的学校图书馆信息系统的建设已日趋成熟，正向真正意义上的图书馆数字化迈进。

第三节　图书馆信息技术及服务的发展趋势

一、图书馆信息技术及服务研究背景

国家“十二五”规划中明确指出，要充分利用科学技术，开发利用信息资源，促进信息交流和知识共享。同时期发布的《“十二五”国家战略性新兴产业发展规划》中也提到，在新技术迅猛发展以及孕育新一轮产业革命的当代，要掌握一批具有主导地位并达到国际先进水平的关键核心技术，建成一批具有国际先进水平的创新平台。党的十八大报告则提出实施创新驱动发展战略，强调科学技术创新是提高社会生产力和综合国力的战略支撑。

《“十三五”国家信息化规划》中也明确指出，要加快文化资源数字化进程。进一步推动文化信息资源库建设，深化文化信息资源的开发利用。继续实施全国文化信息资源共享工程、数字图书馆推广工程和公共电子阅览室建设计划。进一步实施公共文化资源网络开放，建设适合网络文化管理和社会公共服务的基础信息数据库群、数据综合管理与交换平台。

现代科技是推动图书馆事业发展与创新的重要动力。近年来，伴随着科技快速发展，图书馆科技应用的步伐也在明显加快，创新踊跃，亮点频出。科技应用远远超出了替代传统图书馆业务的概念，构建了多层次、多元化的图书馆服务体系，促进了图书馆业务与流程再造。以 RFID 为代表的物联网技术，使图书馆走向了智能化；以 4G、5G 为代表的移动技术，使图书馆走向了泛在化；以 SaaS（软件即服务）和 PaaS（平台即服务）等为代表的云计算技术，使图书馆走向了区域一体化；以数据挖掘为代表的大数据技术，使图书馆走向了智慧化。

然而，科技的影响力在图书馆内才刚刚显现，科技不仅深刻影响了图书馆的上游产业，如出版传媒业等，也极大影响了图书馆的服务对象。现代图书馆科技应用已渗透到图书馆的各个领域，包括资源建设、读者服务、运维管理和图书馆建筑等，应用领域在应用过程中不断得到拓展和延伸。例如图书馆最初引进 RFID 的主要目的是取代条码，随着人们对 RFID 技术认识的不断深入，其在图书馆应用的深度和广度均得到了延伸，包括各类自助服务、架位管理、自动分拣甚至智能仓储，应用规模也从一个阅览室、一个馆拓展到一个地区。

现在，信息技术作为支撑和开拓图书馆资源及服务的关键工具，其重要性也已得到体现。从当前时期来看，图书馆正处于由传统型图书馆向运用新兴技术的新型图书馆（如数字图书馆、无纸化图书馆、智能图书馆等）转型的重要发展阶段。各项新技术在与图书馆发生碰撞并根植于图书馆后，其相互之间的深入融合程度，特别是新技术与图书馆所提供的各类服务之间的融合程度，以及技术本身的更新和发展给图书馆带来的影响，都将可能改变图书馆的未来走向与发展态势，同时也将改变未来社会对图书馆的整体认识和理解。因此，针对图书馆相关技术及其发展趋势的跟踪研究，是图书馆不可忽略的重要课题。

二、图书馆信息技术及服务的发展趋势

信息技术的进步与互联网及其他技术的发展，决定了图书馆技术在未来的应用。北京大学信息管理学院教授刘兹恒从信息技术的发展、政策环境及其他人文因素等方面对我国图书馆的发展趋势进行了预测与展望。刘兹恒教授在长期研究图书馆的学术基础上，参考国内外一些图书馆学家的研究成果，结合对中外图书馆的实地调研，总结归纳出图书馆未来发展的十大趋势。

1. 图书馆服务泛在化

“泛在图书馆”是国外图书馆界提出的全新图书馆发展理念。从本质上讲，泛在图书馆是在信息资源共享的“5A”理论（即任何用户在任何时间、任何地点、任何图书馆可以获得任何信息资源）的基础上，提出泛在图书馆的“8A”理论，即任何服务主体的图书馆可在任何时间、任何地点向服务客体的任何用户提供任何时期、任何类型、任何格式和任何语种的信息资源的图书馆。

泛在图书馆体现在图书馆服务的泛在化、无所不在，其显著特征是：用户在哪里，图书馆的服务就在哪里。用户无论在何时何地都可以享受图书馆的服务，甚至可能还没有意识到就已经利用到了图书馆的资源，或者得到了图书馆工作人员的帮助。

2. 图书馆工作网络化

图书馆工作网络化是指图书馆所有资源都可以通过网络来提供，图书馆所有服务都可以通过网络来获取，网络环境是全天候的，因此图书馆的服务也是永不间断的。简言之，未来图书馆的资源和服务一切都可以在网上获取。

所谓“一切都可以在网上”，包括两方面的含义：

（1）图书馆之间实现深度整合，共建共享真正成为现实。未来的图书馆不论大馆小馆，在云计算环境下连为一体，各自分工，开展资源建设和服务，每个图书馆都你中有我，我中有你，谁也离不开谁。

（2）图书馆有了参与数字出版的条件，创造了信息资源生产流通上下游的新业态。在网络环境下，图书馆不再只是信息资源生命周期中处于下游即提供信息资源服务的机构，随着网络化开放存取实践的进展，图书馆将会成为重要的信息资源数字出版机构。

3. 图书馆资源数据化

随着数字技术的发展，所有资源都可以有数字化版本，所有资源也都是某种格式的“数据”，可由图书馆系统进行统一管理；数据管理不仅管理数据的组织、检索和提供，而且管理数据的生命周期完整过程。资源的多元化，不仅表现为数字资源的种类和格式繁多，而且表现为“数据化”和“关联数据化”，即结构化和语义化。随着图书馆逐渐成为更大数据网络的组成部分，图书馆资源建设要从捕捉和记录馆藏资源的描述性细节转变到识别和建立更多资源的关联和联系上来，使发现资源之间的关系重要于发现资源本身，从而解决资源孤岛的问题。

4. 图书馆功能智慧化

随着移动终端和穿戴设备的普及，以及各类信息感知技术、增强现实和大数据分析技术的采用，图书馆服务的智能化水平将大幅提高。“智慧图书馆”的核心要素是“书书相联”“书人相联”“人人相联”，任何时间、任何地点、任何方式可用。智慧图书馆与传统图书馆的根本性区别就在于它的个性化服务和智能交互能力。传统的图书馆服务是被动的、机械的，以单项信息交流为主，智慧图书馆更像是一个充满智慧的朋友，而不只是提供简单的应答服务。

5. 图书馆阅读移动化

全民阅读近年来受到政府与社会的广泛关注。图书馆在这方面怎样才能有更大作为呢？我们看到了这样一个趋势：除了图书馆内的阅读活动外，移动阅读成为未来图书馆阅读的主要形式。

当前人们信息获取和阅读方式呈现多渠道、移动化、社交化的特点，数字阅读正在逐渐融入大众生活，满足任何用户在任何时间、任何地点以任何方式获取任何内容的阅读需求。数字阅读日益普及，从最初的在线阅读、电子阅读器阅读，发展到如今以手机、平板电脑等移动终端为载体的移动阅读。为此，许多图书馆都在移动阅读方面加大投入。

6. 图书馆空间创意化

传统图书馆资源、空间和服务是三位一体的，而剥离了资源之后，图书馆空间对于展现图书馆的价值就变得尤为重要。近年来数字资源和网络化的出现，使许多图书馆面临到馆读者减少的困境。如何将读者吸引到图书馆，如何发挥图书馆空间的作用，是未来一段时间人们必须考虑的问题。国内外许多图书馆都在空间再造方面进行了很好的实践，从最初的信息共享空间（IC）扩展为学习共享空间（LC）、研究共享空间（RC），现在又扩展为创客空间，图书馆的空间再造从很多方面重新定义了图书馆。

7. 图书馆读者 / 用户自主化

以读者 / 用户为中心是图书馆生存与发展的基础，也是未来图书馆发展的核心战略。作为服务性机构，图书馆必须将读者 / 用户及为其服务作为一切工作的出发点和归宿。在竞争的环境下，如果图书馆不能充分秉持以读者 / 用户为中心的理念，失去的不仅是赖以生存的读者 / 用户，还有图书馆自身。

过去，图书馆的资源和服务由图书馆决定，图书馆有什么资源，读者才可以利用什么资源。随着读者权利意识的提升和图书馆办馆观念的转变，图书馆读者 / 用户的主体意识得到了尊重和发挥。近年来开始出现的读者决策采购（PDA）就是很好的实践，更进一步的尝试如“我阅读，你买单”的活动，让读者真正成为图书馆的主人。

8. 图书馆工作规范化

规范化、标准化是各个行业获得健康发展的一项重要保证。2008 年 10 月，由国家标准化管理委员会批准，图书馆行业专门的标准化组织——全国图书馆标准化技术委员会（简称“图标委”）成立，负责“图书馆管理、服务，图书馆古籍善本的定级、维修、保护，图书馆环境等领域标准化工作”。除了制定和执行各种图书馆标准以外，制定图书馆工作规范也是未来图书馆的一个趋势。现在，无论是高校图书馆还是科学专业图书馆，新的资源加工规范和流程规范都已经逐步生成，高校系统的 CALIS、科研系统的 NSTL，以及其他一些图书馆联盟也都在投入力量研制相关的标准化和规范，我国图书馆标准化、规范化的趋势势不可当。

9．图书馆馆藏仓储化

随着数字技术的普及，图书馆纸质资源的利用率大为降低，对这些纸质资源的传统上架存取方式已成为图书馆管理中颇不经济的选择。但若像某些图书馆那样，放弃已经数字化的纸质资源，则不但是对那些纸质资源忠实读者的粗暴拒绝，而且从根本上违背了图书馆保存与传承人类文化的宗旨。

一所拥有百年历史的图书馆要想成为具有现代化气息的图书馆，就要在这个数字技术和新媒介日新月异的时代，既争当阅读文化新生面的促进派，又肩负传承纸质阅读文化遗产的高度历史责任。

10．图书馆事业社会化

随着国家公共文化服务体系的建设，图书馆的多样性得到了充分体现，共同满足各类读者千差万别的需求。国家图书馆、上海图书馆、广州图书馆等大型图书馆，继续以其丰富的资源服务读者，成为国家或城市文化的象征；而大量的社区图书馆更是星罗棋布，承担着城市和乡村图书馆服务体系末梢的功能。也许这些小型图书馆只是街边的一个凉亭、一个咖啡馆，或只是超市商店的一个角落，但所有图书馆背后都可以有行业的联合，大馆牵小馆，各司其职，服务社会。

三、图书馆信息技术发展的趋势预测

对于图书馆信息技术未来的发展趋势，美国非营利性组织 TechSoup 于 2019 年 1 月发布了当年度图书馆技术发展的趋势预测（Library Tech Trends for 2019），包括：用户将更加注重自身隐私的管控（包括如何应对普遍存在的网络暴力问题）、平面设计趋势、识别虚假信息的需求、升级媒体实验室和创客空间的技巧、需要重点关注的尖端科技等。

1．用户隐私问题

用户将越来越重视对自身隐私的管控。与此同时，保护用户信息的法律体系也逐步形成。如果不能正视自己在数字环境下的身份，将会面临巨大的危险。用户对隐私的日益关注，其主要原因是 Facebook 频繁被媒体爆出隐私方面的问题。至顶网（ZDNet）指出："2018 年人们逃离社交网络只是一个开始。2023 年，Facebook 将被 Instagram 取代；而到 2028 年，它们则会被彻底遗忘。"知名调查机构皮尤研究中心（Pew Research Center）发现：2018 年时，约有

74% 的 Facebook 用户或是修改了隐私设置，或是从手机上卸载了该应用；此外，Facebook 的用户在逐渐流失，年轻人正转而使用 Snapchat 和 Instagram。

在政策层面，美国夏威夷参议员布赖恩·沙茨（Brian Schatz）建议进行联邦立法，要求收集用户数据的大型企业负责任地处理这些数据。加利福尼亚州已经通过了类似法案，即《2018 加州消费者隐私法案》（*California Consumer Privacy Act of 2018*，CCPA）。对于图书馆来说，合理合法使用用户数据、保护用户信息与隐私是必须要正视的问题，宣传隐私保护及相关信息也是应有之义。

2. 网络暴力问题

皮尤研究中心调查发现，美国大多数青少年（约 59%）经历过某种形式的网络暴力。在 13 岁到 17 岁的人群中，有近一半调查者称自己在上网或使用手机时受到过言语冒犯，三分之一的调查者称他人散布了关于自己的谣言。网络暴力和网络骚扰已经成为影响青少年成长的普遍问题。

3. 平面设计趋势

虽然我们要避免成为时尚的跟风者，但在社交媒体大行其道的今天，了解他人对我们形象的认知和期许是有必要的。“今日社交媒体”（Social Media Today）发布了一份信息图表，指出 2019 年我们应当如何在网络展示自己，包括使用鲜艳的流行色、未来主义的调色板、抽象的图案、复杂的渐变色、双色调的背景以及有趣的手绘插图。

对于图书馆来说，一方面，在设计本馆网页的时候，需要借鉴这些设计趋势；另一方面，可以向有平面设计需求的用户提供相应的资源和技术指导。

4. 识别虚假新闻和信息

由于信息的生产和传播缺乏相应管控，网络上的虚假信息越来越多。有调查显示，目前只有不到 60% 的网络流量是人类操作产生的。在推特上，机器人程序分享的链接数量可能已经超越了人类。作为互联网使用者，我们所看到的很多内容是虚假的，交流的对象也可能是机器人。因此，图书馆应陆续为用户提供提升互联网信息素养方面的课程，提升用户辨别信息真伪的能力。

5. 纸本图书的需求将继续上升

美国国家公共电台（NPR）的报道显示，近年来电子图书的受欢迎程度有所下降。根据市场调查机构 NPD 集团提供的数据，电子图书销量在 2013 年达到顶峰，而到了 2018 年底，销量下降了近 30%。令人惊讶的是，年轻读者是这种变化的主要驱动力。读者对纸本图书的喜爱超过电子图书，也将作为发展趋势长期持续。

6. 正确对待面部识别技术

人脸识别是一种复杂的生物识别技术，它通过拍摄人的照片并使用一系列统计测量方法即时确定其身份。公安机关、机场甚至餐厅都已经开始使用这项技术。然而，美国图书馆协会（ALA）的一份简报认为，面部识别技术已经引起了图书馆界有关伦理的担忧，因为它可能违背图书馆的核心价值，包括知识自由、隐私安全、公平获取等。包括微软公司在内的一些科技公司主张，政府应当对面部识别技术进行监管。《华盛顿邮报》（*Washington Post*）撰稿人本·索博尔则进一步提出，这一技术可能并不合法。

7. 规避技术风险

纽约公共图书馆（New York Public Library）首席数字官托尼·阿赫（Tony Ageh）在图书馆的数字转型问题上提到，图书馆一直避免过于紧跟技术发展步伐，保险起见，它们通常会先关注该技术在市场或其他组织中的应用情况。他认为，这种观望行为对图书馆很有益处，有助于图书馆选择更贴近用户需求、更有效的技术和服务（图书馆免费 WiFi 热点就是一个正面案例），防止预算浪费。

8. 升级媒体实验室和创客空间

目前，大多数公共图书馆提供了相关的创客软件。用户已经开始习惯于使用 3D 打印机、设计软件、虚拟现实平台以及声视频编辑工具。TechSoup 认为，由于技术的迅速发展，如果图书馆提供这些服务已经有一段时间，可以考虑用新一代的数字技术对其进行升级，比如更换更先进的 3D 打印机、升级新的虚拟现实平台和设备等。

20 世纪下半叶人类最伟大的发明是计算机和互联网，由此人类进入信息社会。图书馆信息技术的发展日新月异。图书馆形态和职能与整个人类社会经济文化形态一样，被这场信息革命的浪潮所裹挟、推动。图书馆对于信息技术的应用主要取决于三个方面：载体、工具和知识（包括作为图书馆处理对象的知识和作为组织方法的知识）。考察人类文明的历史可以发现，一种载体成就一种文明，带来一批工具，并促进一段时期人类知识突飞猛进式发展，从而逐步创造新的文明。一种新的文明会对载体、工具以及图书馆这种担负社会知识保存与交流职能的机构提出新的需求。

近年来图书馆的发展趋势可以说是技术趋势的体现，在可以预见的未来，图书馆信息技术的应用依然会延续当今的潮流，引领图书馆的发展。对图书馆信息技术应用趋势的研究就是对图书馆未来、图书馆发展的研究，了解技术的发展，使其更好地为图书馆所用，是我们需要不断关注的问题。

参考文献

[1] 周爱民. 高校图书馆信息技术应用实务［M］. 南京：东南大学出版社，2008.
[2] 俞传正，等. 图书馆实用信息技术［M］. 北京：海洋出版社，2010.
[3] 刘晓清. 图书馆信息技术应用指南［M］. 北京：海洋出版社，2007.
[4] 黄春青. 现代信息技术发展对我国中小学图书馆事业的挑战[J]. 中小学图书情报世界，1997（2）：31-33.
[5] 曲蕴，杨佳，李妍. 图书馆信息技术应用趋势分析[J]. 图书馆杂志，2015（1）：13-19，28.
[6] 常青. 现代信息技术下的图书馆服务研究[J]. 计算机产品与流通，2019（4）：92.
[7] 游祎. TechSoup发布2019图书馆技术发展趋势预测[EB/OL]. http：//www.nlc.cn/newtsgj/yjdt/2019n/3y/201903/t20190301_176372.htm，2019-2-22.
[8] 中国出版传媒商报. 图书馆未来发展的十大趋势[EB/OL]. https：//www.sohu.com/a/196130206_669468，2017-10-03.
[9] Marshall Breeding. Library Technology Forecast for 2015 and Beyond[EB/OL]. http：//www.infotoday.com/cilmag/dec14/Breeding--Library-Technology-Forecast-for-2015-and-Beyond.shtml, 2014-12-20.

思考题

1. 图书馆的传统信息技术有哪些，现代信息技术有哪些？
2. 现代信息技术对学校图书馆的影响有哪些？
3. 学校图书馆信息系统建设的目标是什么？

第二章 图书馆信息技术

第一节 存储技术

随着信息技术的发展，现代图书馆除了保存纸质文献之外，更加注重数字资源的建设。相对于传统纸质文献而言，数字资源种类丰富，包括文本、图像、声频、视频、动画等多媒体信息，使用较为直观、高效、方便，但这必须依赖安全的存储和高效的管理。随着互联网技术突飞猛进的发展，基于网络的数字资源服务增加了资源应用的便捷性，提高了资源的利用效率，缩短了资源查找的时间，因此如何建立以数据为中心的数字图书馆系统架构，力争实现互联网范围内的资源共享，进一步提高图书馆为教学与科研服务的水平，将成为信息化建设的重要内容。建设一个安全、高效、海量的存储系统，对于图书馆的信息系统建设具有重要意义，也是建设现代化图书馆基础设施的重要举措。

一、存储技术概述

网络存储技术随着图书馆信息系统的建设与发展，应用需求逐步面向数据应用，各种各样的信息存储呈爆炸式增长。尽管服务器、网络设备仍然是基础体系结构的重要组成部分，但这些设备已经难以满足面向数据的应用系统对数据集中、数据海量存储、数据分发、数据整合、数据管理、数据重用、数据安全、数据迁移等的要求。而数据仓库系统、决策支持系统、负载均衡集群系统、备份系统、容错系统、高可用系统等越来越多的应用系统的应用实例表明，对数据应用系统基础体系结构进行设计和规划的重点，已从传统的以服务器、网络设备为核心演变为以存储网络系统设计和规划为核心。目前实现网络存储的技术主要有 DAS、NAS 和 SAN。

（一）DAS（Direct-Attached Storage，直接附加存储）

直接附加存储是指将外置存储设备通过连接电缆直接连接到一台计算机上。采用直接外挂存储方案的服务器结构如同 PC 机架构。外部数据存储设备采用 SCSI 技术或者 FC 技术，直接挂接在内部总线上，数据存储是整个服务器结构的一部分，在这种情况下往往是数据和操作系统都未分离。DAS 的架构如图 2-1-1 所示。

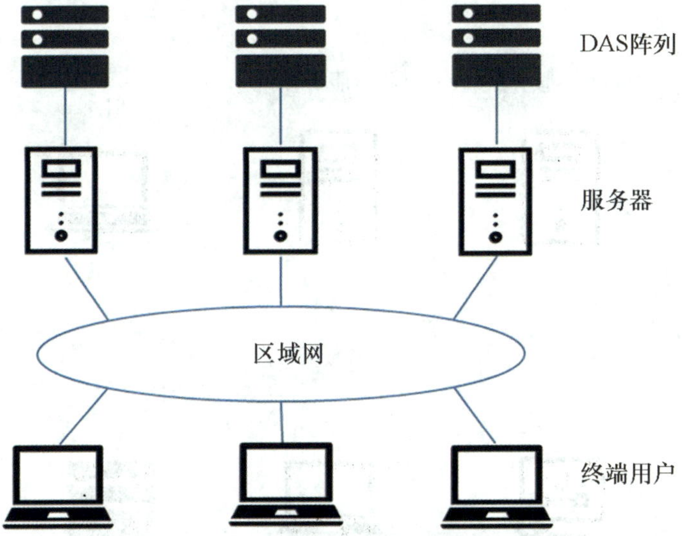

图 2-1-1 DAS 架构

DAS 有以下三个特点：

（1）服务器在地理上很分散，难以用其他网络存储技术互连。

（2）存储系统必须是直接连接到应用服务器上的数据库应用或应用服务程序，如 Microsoft Cluster Server、同方 TPI 数据库制作与发布系统等。

（3）DAS 还可以构成基于磁盘阵列的双机高可用系统，满足数据存储对高可用的要求。

DAS 最大的优点是结构简单，成本低，不影响已有的网络架构。但由于存储转发要协调各种不同速度部件之间的 I/O 操作，服务器要浪费大量的 CPU、内存和总线等系统资源，严重降低数据传输速度，有时甚至会使服务器因不堪重负而中断服务，导致整个系统崩溃。从长远来看，DAS 难以满足当今图书馆的大容量存储要求。

（二）NAS（Network-Attached Storage，网络附加存储）

NAS 作为一种概念于 1996 年由美国硅谷提出，其主要特征是把存储设备和网络接口（现在主要是以太网技术）集成在一起，直接通过以太网网络存取数据。在这个存储方案中，把存储功能从通用文件服务器中分离出来，而专门使用一台数据存储设备管理和数据存储的文件服务器（俗称“NAS 服务器”）作为网络的一个节点接入网络。安装一个简化的操作系统，配备必需的一些组件、服务器和工作站，用户都可以直接通过网络访问 NAS 服务器。NAS 存储方式的网络结构如图 2-1-2 所示。

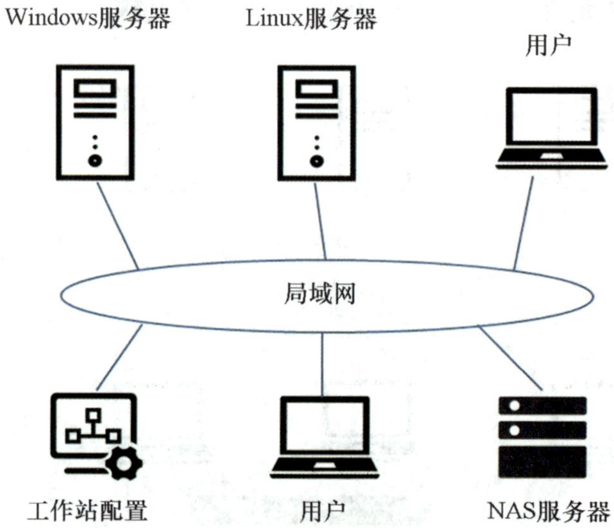

图 2-1-2 NAS 架构

NAS 系统有以下四大优点：

（1）NAS 服务器集中连接了所有的网络数据存储设备（如各种磁盘阵列、磁带、光盘机等），存储容量可以扩展。

（2）NAS 服务器独立承担存储管理任务，直接通过网络存取数据，提高了存取效率，降低了存储成本，减少了原服务器的 I/O 负担。

（3）NAS 不依赖通用的操作系统，而是采用一个面向用户设计、专门用于数据存储的简化操作系统，内置与网络连接所需的协议，能实现异构平台之间的数据级共享（如 Windows NT、Linux 等平台的共享），因此使整个系统的管理、设置、升级较为简单。

（4）NAS 服务器是真正即插即用的产品，并且物理位置灵活，可放置在工作组内，也可放在其他地点与网络连接。

由于 NAS 产品是直接连接在网络上的，因此其最大的缺点就是占用较多的网络带宽，在低速网络中对网络性能的影响较大。

（三）SAN（Storage Area Network，存储域网络）

SAN 是通过专用高速光纤通道将服务器和处于另一个独立网络上互联的各种存储设备连接而成的几乎拥有无限存储容量的高速计算机存储网络。也就是说，SAN 是在原来的局域网外另外建一个专门用于存储的网络结构，它的最终目标是实现异构服务器之间的文件系统共享，以及在多种存储设备开放时共存。在这种方案中，起核心作用的是光纤交换机，它的支撑技术就是 Fibre Channel（FC，光纤通道）协议，这是 ANSI 为网络和通道 I/O 接口建立的一个标准集成，支持 HIPPI、IPI、SCSI、IP、ATM 等多种高级协议。SAN 的架构如图 2-1-3 所示。

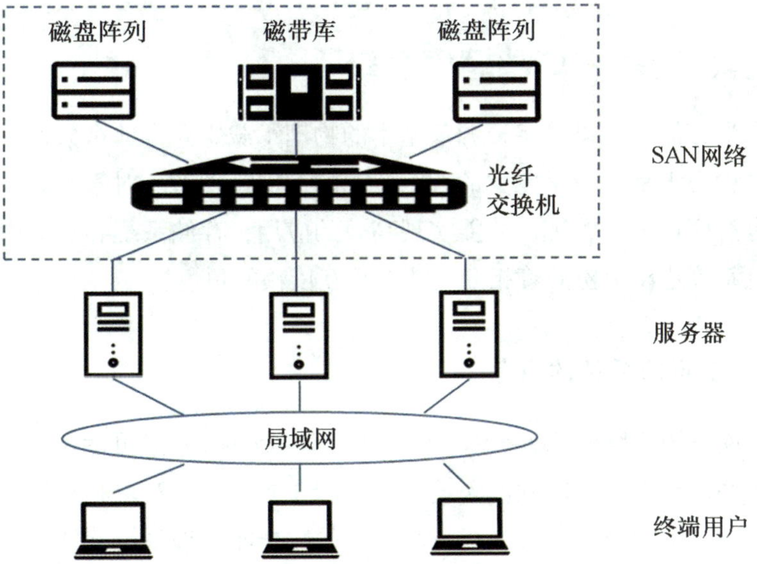

图 2-1-3 SAN 架构

SAN 的主要优点如下：

（1）SAN 可以自由扩展。一条单一的 FC 环路最多可以承载 126 个设备，如光纤磁盘阵列、SATA 磁盘阵列、磁带库等，整个系统扩展起来十分方便灵活。

（2）SAN采用光纤通道传输数据，传输速率较高，传输距离较远。如果使用全双工串行通信原理传输数据，传输速率高达1062.5 Mbps，而使用单模光纤，传输距离可在10千米以上。

（3）SAN存储是一个数据块级的网络存储方式，在一个以数据库为主的系统里，SAN的数据块传送方式能提供有效和快速的数据服务。

（4）SAN中数据的备份、恢复、迁移都通过存储局域网本身来完成，不需要借助服务器和现有的LAN/WAN，大大减少了现有服务器和网络的工作负荷。

（5）在SAN中，数据以集中的方式进行存储，加强了数据的可管理性，同时适用于多操作系统下的数据共享同一存储池，降低了总成本。

但是，由于SAN要构建一个专门用于数据存储的网络结构，建设费用大大增加；同时，在SAN中存储的数据以数据块的形式存在，其他应用很难访问这个区域，这使得SAN互操作性较差，难以应用于大量存在的文件共享服务。另外，SAN建设难度大，需要具有专业知识的人员管理。

二、存储系统与数据库系统

如果说存储系统是数字资源最基本的物理承载媒介，那么数据库系统就应当是这些种类丰富、数量庞大的数字资源的逻辑管理者。对管理者来说，数字资源只有有序地进行管理，才能实现高效的应用，存储系统和数据库系统在图书馆信息系统建设中扮演着相互支持、相互依赖的角色。

（一）数据库系统的概念

数据库系统（Data Base System，DBS）是一个实际可运行的存储、维护和为应用系统提供数据的软件系统，是存储介质、处理对象和管理系统的集合体。数据库系统的个体含义是指一个具体的数据库管理系统软件和用它建立起来的数据库，它的学科含义是指研究、开发、建立、维护和应用数据库系统所涉及的理论、方法、技术所构成的学科。在这一含义下，数据库系统是软件研究领域的一个重要分支，常称为数据库领域。

数据库系统通常由数据库、数据库管理系统、数据管理员和应用组成，其基本结构如图2-1-4所示。

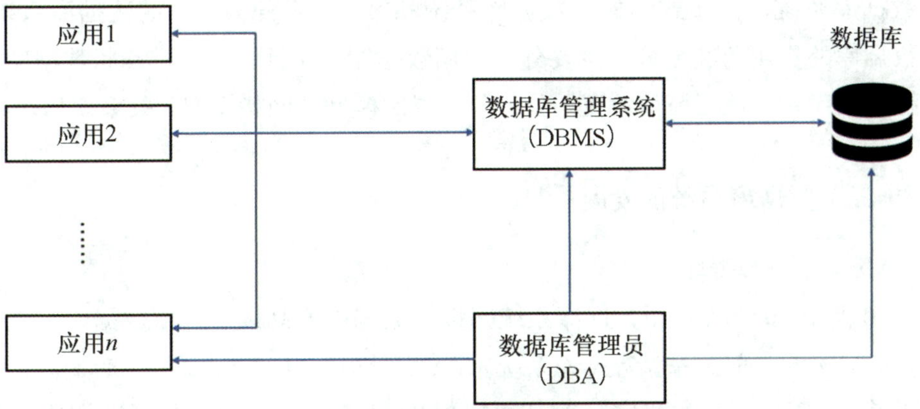

图 2-1-4　数据库系统

1. 数据库

数据库是存储在磁带、磁盘、光盘或其他外存介质上，按一定结构组织在一起的相关数据的集合。数据库中的数据按照一定的数据模型组织、描述和存储，具有较小的冗余度、较高的数据独立性和易扩展性。

2. 数据库管理系统

数据库管理系统（Data Base Management System，DBMS）是一组能完成描述、管理和维护数据库的程序系统，它按照一种公用的和可控制的方法完成插入新数据、修改和检索原有数据的操作，例如大家熟悉的 Microsoft Access，Oracle，SQL Server 等。可以说，数据库管理系统是数据库系统的核心。

3. 数据库管理员

数据库管理员（Data Base Administrator，DBA）负责创建、监控和维护整个数据库，使数据能被任何有权使用的人有效使用。数据库管理员一般由业务水平较高、资历较深的人员担任。

4. 数据库系统的应用

应用是指以数据库为基础的各种应用程序。应用程序必须通过 DBMS 访问数据库，最终用户通过应用程序实现数据库的交互访问。应用程序需要通过宿主语言来开发，主要包括 Visual Basic 6.0，Delphi 6.0，Visual C++，Visual C#，Java 等。

（二）数据库系统的分类

从计算机系统角度划分，数据库系统分为单用户数据库系统、主从式结构的数据库系统、分布式结构的数据库系统和客户/服务器结构的数据库系统。从数据库的作用角度划分，主要分为模糊数据库、统计数据库、网状数据库和演绎数据库。从数据模型角度划分，分为层次模型、网状模型和关系模型。

（三）数据库系统的发展

1. 关系型数据库

20 世纪 60 年代商用数据库系统问世，数据库产品以层次型数据库系统为主，业界称为“前关系型数据库系统（Pre-Relational Database）”时期。1970 年，美国 IBM 公司的研究员 E. F. Codd 发表了题为《大型共享数据库数据的关系模型》的著名文章，从此进入了“关系型数据库系统”时期。其代表产品有 Oracle、IBM 公司的 DB2、微软公司的 Microsoft SQL Server 以及 Informix、德国软件公司的 ADA-BASD 等。但是关系型数据库对技术界出现的越来越多的复杂类型的数据无能为力。20 世纪 90 年代以后，技术界一直在研究和寻求所谓的“后关系型数据库系统（Post-Relational Database）”。关系型数据库由关系结构、关系操作集合和关系完整性约束三部分组成。关系型数据库唯一的数据结构就是一张二维表，这种数据结构称为“关系”。在关系模型中，数据与数据之间的联系均用关系来表示。

2. 面向对象数据库

20 世纪 90 年代开创了计算领域的新纪元，首先是客户/服务器计算，然后是数据仓库和网络技术应用日益重要。在 20 世纪 80 年代，由 DBMS 管理的数据大部分已被结构化（如会计数据），而在 20 世纪 90 年代，多媒体数据（包括图形、声音、图像和视频）日益普及。为了处理这些日益复杂的数据，面向对象数据库应运而生，这种数据库被认为是第三代数据库。

面向对象数据库（Object-Oriented Database）主要用于存储彼此没有内在联系的数据对象。面向对象数据模型主要是由类（class）构成的层次结构。对象是由一组数据结构和对这组数据结构进行操作的程序代码封装起来的基本单位，包含属性集合、消息集合和方法集合。类就是对这类对象的抽象，类与类的继承关系构成层次结构。

虽然面向对象的程序设计语言是近几年来的一个发展方向，但是面向对象的数据库产品在市场上只占相当小的份额。数年的发展表明，面向对象的关系型数据库系统产品的市场发展情况并不理想。

（四）XML 语言

互联网的异军突起以及 XML 语言的出现，为数据库系统的发展开辟了一片新的天地。20 世纪 90 年代末，德国软件股份公司（Software AG）推出世界上第一个“原状 XML 数据库系统（Native XML Database System）”产品——Tamino，标志着数据库系统进入了一个新的发展时期。随后，一些大型数据库系统生产厂家，如甲骨文、微软公司等，纷纷宣布要发展支持 XML 的数据库产品。

XML 的全称是“可扩展的标识语言（Extensible Markup Language）”。1998 年 2 月，W3C 组织公布了 XML 第一版本的标准。如果说以 HTTP 超文本传输协议和超文本标识语言 HTML 为标志是第一代 Internet 技术的话，那么，围绕着 XML 所形成的一系列标准和技术将构成新一代的 Internet 技术。我们可以用通俗的话来概括 HTML 与 XML 的差别：HTML 是写给人看的，而 XML 则是写给机器看的。

第二节　网络通信技术

一、局域网

局域网（Local Area Network，LAN），是指在某一区域内由多台计算机互联成的计算机组。“某一区域”指的是同一办公室、同一建筑物等，一般是方圆几千米以内。局域网可以实现文件管理、应用软件共享、打印机共享、工作组内的日程安排、电子邮件传送和传真通信服务等功能。图书馆局域网建设的重点区域是电子阅览室，因此本节以电子阅览室为例来介绍局域网技术在图书馆中的应用。

（一）局域网的连接类型

局域网的连接类型主要有星型、环型和总线型三种。在图书馆的实际应用中往往是两种或者多种混合使用，如图书馆每层楼采用的是星型结构，但是楼层之间或者楼与楼之间则采用总线型比较合适。

1．星型

星型结构是传统的一种连接方式，电话就属于这种结构。这种结构便于集中控制，因为用户之间的通信必须经过中心站。这一特点带来了易于维护和安全等优点，用户设备因为故障而停机时不会影响其他用户间的通信，但这种结构的弊端是中心系统必须具有极高的可靠性，因为中心系统一旦损坏，整个系统便趋于瘫痪。对此，中心系统通常采用“双机热备份”，以提高系统的可靠性。

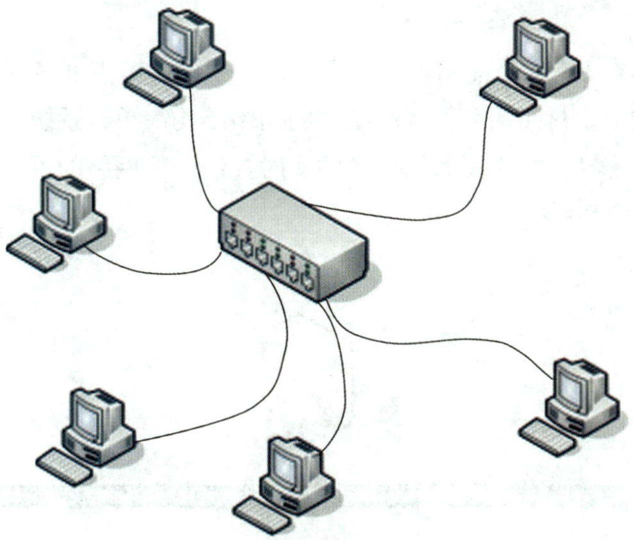

图 2-2-1　星型结构

图书馆电子阅览室局域网的建设通常采用星型拓扑结构连接方式。在星型网络中采用 RJ-45 接口的网卡，以集线器（又称 Hub）为中心节点，通过双绞线来实现与各分支节点间的连接。它的优点是各节点之间独立性很强，任何一个节点及其传输链路若出现故障只会影响一台机器，因而系统稳定性较高，是电子阅览室组网的首选方案。

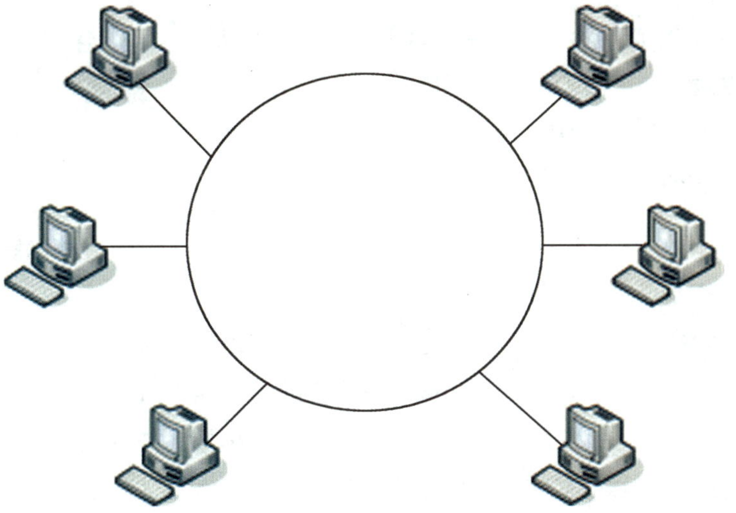

图 2-2-2　环型结构

2．环型

环型结构在 LAN 中使用较多。环型结构中的各节点通过一条首尾相连的通信线路形成一个封闭的环。环型结构的网络结构简单，系统中各工作站地位平等，且建网容易，能实现数据传送的实时控制，但网络的可靠性较差，在使用中一般采用多环结构。

3．总线型

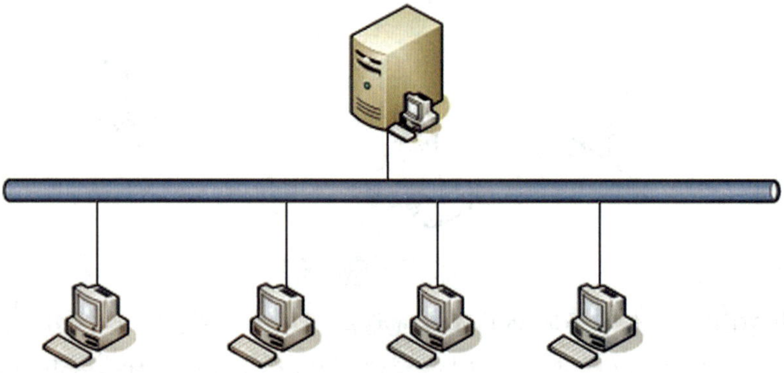

图 2-2-3　总线型结构

总线型结构局域网中的各节点共享一条数据电缆通道。作为总线的通信线路，可以是同轴电缆，也可以是光纤等。总线型结构的突出特点为：①结构简单，可扩充、性能好；②网络的可靠性较高，节点间响应速度快，共享资源能力强；③网络的成本低，设备投入量少，安装使用方便；④总线的性能和可靠性对网络产生重要影响。

（二）局域网硬件资源

局域网硬件资源主要包括服务器、网卡、集线器、交换机和网线等。

1．服务器

服务器专指某些高性能计算机，它能通过网络对外提供服务。它是网络上一种为客户端计算机提供各种服务的高性能的计算机，在网络操作系统的控制下，将与其相连的硬盘、磁带、打印机、Modern 及各种专用通信设备提供给网络上的客户站点共享，也可为网络用户提供集中计算、信息发布及数据管理等服务。它的高性能主要体现在高速度的运算能力、长时间的可靠运行、强大的外部数据吞吐能力等方面。服务器的构成与计算机基本相似，有处理器、硬盘、内存、系统总线等，但服务器是针对具体的网络应用特别制定的，因而与计算机相比在处理能力、稳定性、可靠性、安全性、可扩展性、可管理性等方面存在很大差异。

2. 网卡

计算机与外界局域网是通过主机箱内的网络接口板（或卡）进行连接的。网络接口板（或卡）又称为网络适配器（Adapter）或网络接口卡（Network Interface Card，NIC），但是现在更多的人愿意使用更为简洁的名称“网卡”。一般来说，在选购网卡时要考虑以下因素：

（1）网络类型。

现在比较常见的有以太网、令牌环网、FDDI 网等，选择时应根据网络的类型来选择相对应的网卡。

（2）传输速率。

根据服务器或工作站的带宽需求并结合物理传输介质所能提供的最大传输速率来选择网卡的传输速率。以以太网为例，可选择的速率就有 10 Mbps，10/100 Mbps，1000 Mbps 甚至 10 Gbps 等多种，但不是速率越高就越合适。

（3）总线类型。

计算机中常见的总线类型有 ISA、EISA、PCI、PCI-X 和 PCMCIA 等。早期服务器、工作站通常采用 PCI 或 EISA 总线的独立网卡，笔记本电脑采用 PCMCIA 总线的网卡。目前，计算机设备或是采用 PCI-X 总线的网卡，或是在主板芯片中集成以太网的功能。

（4）网卡接口。

网卡最终要与网络进行连接，所以也就必须有一个接口使网线通过它与其他计算机网络设备连接起来。不同的网卡接口适用于不同的网络类型，目前常见的接口主要有以太网的 RJ-45 接口、FDDI 接口、ATM 接口等。有的网卡为了适用于更广泛的应用环境，还提供了两种或多种类型的接口。

3. 集线器

集线器的英文名称为“Hub”，“Hub”是“中心”的意思。集线器的主要功能是对接收到的信号进行再生整形放大，以扩大网络的传输距离，同时把所有节点集中在以它为中心的节点上。随着技术的发展，在局域网尤其是大中型局域网中，集线器已逐渐退出应用，而被交换机代替。目前，集线器主要应用于一些中小型网络或大中型网络的边缘部分。其选择方法主要以速度、能否满足扩展、是否提供网管功能、品牌、价格以及外形尺寸为标准。

4. 交换机

交换机（Switch）是一种在通信系统中完成信息交换功能的设备。在局域网络中，交换机主要用于连接终端设备，如 PC 机及网络打印机等。交换机的主要功能包括物理编址、网络拓扑结构、错误校验、帧序列以及流控。目前交换机还具备了一些新的功能，如对 VLAN（虚拟局域网）的支持、对链路汇聚的支持，有的甚至还具有防火墙的功能。

5. 网线

在局域网中，常见的网线主要有双绞线、同轴电缆、光缆三种。双绞线是由许多对线组成的数据传输线，价格便宜，被广泛应用。双绞线可分为非屏蔽双绞线（Unshielded Twisted Pair，UTP）和屏蔽双绞线（Shielded Twisted Pair，STP）。STP 内有一层金属隔离膜，在数据传输时可减少电磁干扰，所以它的稳定性较高；而 UTP 内没有这层金属膜，所以它的稳定性较差，但它的优势是价格便宜。我们常用的是 UTP。同轴电缆是由一层层的绝缘线包裹着中央铜导体的电缆线。它的特点是抗干扰能力好，传输数据稳定，价格也便宜，同样被广泛使用，如闭路电视线等。光缆是由许多根细如发丝的玻璃纤维外加绝缘套组成的。由于靠光波传送，它的特点是抗电磁干扰性极好、保密性强、速度快、传输容量大等。

二、互联网

互联网是指全球范围内的计算机系统联网。它是世界上最大的计算机网络，是一个将全球成千上万的计算机网络连接起来而形成的全球性计算机网络系统。它使得各网络之间可以交换信息或共享资源。随着 TCP/IP 协议的发展与完善，世界各国的网络均以 TCP/IP 协议连接到该网络上，逐渐发展形成目前规模宏大的互联网。对于普通用户而言，互联网拥有不计其数的网络资源，用户可以从互联网上获得所需的信息。目前世界上已有 150 多个国家和地区联网，连接的大型主机就有几百万台，微型计算机则有数千万台。在我国已有中国科技网（CSTNET）、中国公用计算机互联网（CHINANET）、中国教育和科研计算机网（CERNET）等与互联网相连，还有许多诸如金融、海关、外贸、旅游、气象、交通和科技等专用网络。

目前，互联网已发展成为连接全球数以万计局域网的最大的计算机网络系统。在该网络上，用户可以尽享网络信息。这里简要介绍互联网提供的主要服务类型。人们最常使用的服务有电子邮件、文件传输、远程登录以及互联网提供的其他丰富多彩的服务。

1. 电子邮件

电子邮件是一种用电子手段提供信息交换的通信方式，是互联网应用最广的服务。通过网络的电子邮件系统，用户可以以非常低廉的价格（不管发送到哪里，都只需负担网费）、非常快速的方式（几秒钟之内可以发送到世界上任何指定的目的地），与世界上任何一个角落的网络用户联系。电子邮件可以是文字、图像、声音等多种形式。同时，用户可以收到大量免费的新闻、专题邮件，并轻松实现信息搜索。电子邮件的存在极大地方便了人与人之间的沟通与交流，促进了社会的发展。

电子邮件地址由三部分组成。第一部分“user”代表用户信箱的账号，对于同一个邮件接收服务器来说，这个账号必须是唯一的；第二部分“@”是分隔符；第三部分是用户信箱的邮件接收服务器域名，用以标志其所在的位置。

2. 文件传输

文件传输协议（File Transfer Protocol，FTP）是互联网上一种常用的网络应用工具，其基本功能是实现计算机间的文件传输。FTP 由支持文件传输的众多符合国际标准的规定构成。互联网用户可以通过 FTP 连接到远程计算机，在该计算机查看文件资源并将所感兴趣的资源（如计算机应用软件、图像文件等）拷贝到用户计算机中，同时，用户也可以将自己计算机中的资源拷贝到远程计算机中。在互联网中，有些计算机专门用来存放各种类型的资源，并且免费提供 FTP 服务，用户只要将电子邮件地址作为口令并使用匿名账号，便可登录这些 FTP 服务器，并获取自己所需的资源。这类 FTP 服务器称为匿名 FTP 服务器。而另一种 FTP 服务器称为非匿名服务器，若用户想访问这类服务器，需要预先在该服务器上注册，才能享有 FTP 服务。

3. 远程登录

远程登录（Telnet）是指一台计算机远程连接到另一台计算机上，并在远程计算机上运行自己系统的程序，从而共享计算机网络系统的软件和硬件资源。远程登录的用户在自己的计算机上操作，而在远程计算机上响应，并且将结果返回到自己的计算机上。当然，同 FTP 服务一样，用户必须从欲登录主机的网络管理员那里申请账号并取得口令，才能成为远程登录计算机的合法用户。

4. 网络信息浏览

互联网的服务是通过支持万维网（WWW）网页技术的网络浏览器实现的，互联网用户使用网络浏览器能够轻松地访问浏览 WWW 上的信息。它使用超文本链接技术，将互联网中的资源互相连接起来。用户通过链接，可以浏览 WWW 网页、FTP 服务器的文件目录等。正是 WWW 的出现，推动了互联网的迅猛发展。

5. 搜索引擎

搜索引擎是某些站点提供的用于网上查询的程序。它是一类运行特殊程序的，专用于帮助用户查询互联网上的 WWW 服务器信息的 Web 站点。搜索引擎周期性地在网上收集新的信息，并将其分类储存，这样在搜索引擎所在的计算机上就建立了一个不断更新的“数据库”。用户在搜索特定信息时，实际上是借助搜索引擎在这个数据库中进行查找，它所提供的不是用户最终所需要的信息，而只是到哪些网页去查找所需要的信息，即相关网页的链接。用户通过链接即可从该网站获得详细信息。如今第三代搜索引擎技术是以计算机与用户在互动提示下进行搜索为主要特征。在搜索过程中，搜索引擎会根据查询内容，迅速智能化展开多组相关主题提示用户，通过页面上出现“搜索提示”逐层缩小搜索范围，使用户更快更准确地找到所需信息。著名的搜索引擎有 Google、Yahoo 等。

三、无线网

随着笔记本电脑价格的逐步降低并日益普及，用户希望可以坐在广场的长凳上使用笔记本电脑一边访问图书馆的资源一边讨论问题，甚至希望在茶吧、咖啡厅聊天时随时可以从图书馆获取信息。到图书馆的用户也希望能够在阅览室、小组学习区、团队学习区和书库等开放场所方便地接入图书馆的局域网。解决用户在图书馆内任何地方、任何时间方便快捷地使用数字资源，成为图书馆数字化建设过程中的一个重要问题。随着无线局域网的关键技术——红外传输技术、扩频技术、网同步技术、调制技术、加解扰技术、无线分集接收技术、功率控制技术和节能技术的发展，无线局域网（Wireless Local Area Network，WLAN）的传输速度最高已达 300 Mbps，甚至 600 Mbps，可满足图书馆日常业务要求，是当前解决图书馆所面临问题的较好方案。

（一）无线网的概念与特征

无线局域网（WLAN）是以无线电波代替电缆，作为网络设备和用户计算机之间主要通信传输介质所构成的局域网。WLAN是计算机网络与无线通信技术相结合的产物，它是在不采用传统电缆线的条件下，提供传统有线局域网的所有功能。WLAN利用无线技术在空中传输数据、语音和视频信号，成为传统布线网络的一种替代方案或延伸。WLAN的出现使得传统有线网络所遇到的问题迎刃而解，它可以使用户对有线网络进行任意扩展和延伸。只要在有线网络的基础上通过无线接入点（Access Point，AP）、无线网桥、无线网卡等无线设备，就能实现无线通信。它能够在不进行传统布线的情况下提供有线局域网的所有功能，并能够根据用户的需要随意更改扩展网络，实现移动应用。WLAN的网络速度与以太网相当，一个接入点可支持100多个用户的接入，最大传输范围可达几十千米。

无线局域网技术主要有以下几方面的特征：

1．安装便捷

一般在网络建设当中，施工周期最长、对周边环境影响最大的就是网络布线的施工了。在施工过程时，往往需要破墙掘地、穿线架管。采用无线局域网络技术，用户只需安装无线接入点（常称为“热点”），并在每台笔记本电脑、台式机或者PDA设备中插入无线网卡，就构成一个覆盖一定范围的无线局域网，就可以在家里或办公室甚至校园的每个角落轻轻松松地接入互联网。

2．移动灵活

在有线网络中，网络设备的安放位置受网络信息点位置的限制。而无线网络最明显的优势就是其移动性，移动性意味着可以在访问节点之间移动而不失去与网络的连接。无线网络中的计算机通过无线方式进行通信，而不必依赖光缆或电缆，因此在信号覆盖范围内，可以以很大的灵活性自由移动。

3．易于扩展

无线局域网络有多种配置方式，能够根据实际需要灵活选择。它能够胜任只有几个用户的小型局域网，也能胜任有上千用户的大型网络，并且能够提供像“漫游（Roaming）”等有线网络无法实现的便利。

4．成本较低

由于有线网络缺少灵活性，网络的规划者需尽可能地考虑未来的发展需要，这往往导致需要预设大量的利用率较低的信息点。而一旦网络的发展超出了设计规划时的预期，又要花费较多费用进行网络改造。而无线局域网可以避免或减少这种情况的发生。无线局域网尽管搭建时的投入资金要比搭建有线局域网高 30% 左右，但是由于后期维护方便，运行成本也只有有线网络的 50% 左右，总体上来说，比架设有线网络的成本更低。

（二）无线网的组网设备

无线局域网的组网设备主要有无线网卡、无线接入点（AP）、无线网桥。无线网卡是无线网络的基础设备，其作用相当于有线网络的网卡，是操作系统与天线之间的接口，用来创建透明的网络连接，从而将用户接入网络。常见的无线网卡包括 PCMCIA 接口、PCI 接口和 USB 接口三种。

无线接入点是无线网络的集中设备，相当于有线网络的集线器，是无线网络的核心设备。它在无线网和有线网之间接收、缓冲存储和传输数据，以支持一组无线用户设备。无线接入点通常可以直接连接到有线局域网上，并通过天线与无线设备进行通信。通过添加接入点，可以减少网络拥塞并扩大网络的覆盖范围。一个无线接入点能够跟踪其有效范围之内的用户行踪，允许或拒绝特殊的通信或者用户通过它进行通信。由于无线网络的带宽比较低，所以现在很少使用单纯的无线路由器，通常的做法是将路由器功能结合到 AP 中。带路由器功能的 AP 相当于连接两个不同网络的网关。

无线网桥既可采用无线链路实现两个有线局域网的连接，又可同其他的无线网卡建立连接，以实现移动终端与有线局域网的联网。无线局域网网桥产品支持较高的数据率，并且利用视距内定向天线使有效传输距离长达几千米。

（三）无线网的网络结构

将几种无线局域网设备结合在一起使用，就可以组建出多层次、无线与有线并存的局域网。

1. 对等网络（Ad-hoc Net work）

对等网络由一组有无线网卡的计算机组成。这些计算机以相同的工作组名、服务区域认证 ID（ESSID）和密码等对等的方式相互直接连接，在 WLAN 的覆盖范围之内，进行点对点与点对多点之间的通信。对等方式下的无线局域网不需要单独具有总控接转功能的接入设备 AP，所有的基站都能对等地相互通信。在这种模式的局域网中，一个基站会自动设置为初始站，对网络进行初始化，使所有同域的基站成为一个局域网，并且设定基站协作功能，允许有多个基站同时发送信息。这种组网模式仅适用于有线网络无法覆盖，仅需要具备文件共享传输等功能的临时性网络，如临时会议场地、需多人合作但又无联网条件的科研场所等。

2．基础结构网络（Infrastructure Net work）

基础结构网络具有无线网卡的无线终端，以无线接入点 AP 为中心与有线网络连接起来，实现无线移动的接入。这种方式以星型拓扑为基础，以接入点 AP 为中心，所有的终端通信要通过 AP 接转，相当于以无线链路作为基干网。由于接入点有以太网接口，这样既能以 AP 为中心独立建一个无线局域网，也能以 AP 作为一个有线网的扩展部分，主要用于在近距离内多个工作站或局域网的互联。

3．中继网络（Relay Net work）

中继网络是建立在基础结构网络的接入原理之上，通过无线网桥、无线接入网关、无线接入控制器和无线接入服务器等将无线局域网与有线网网络连接起来，可以组建多种复杂的无线局域网接入网络。中继网络由于独享信道，较适合两个局域网的远距离互连。在这种结构中，局域网之间的通信是通过各自的无线网桥来实现的，无线网桥起到了网络路由选择和协议转换的作用。

四、即时通信

（一）即时通信的概念

IM，即 Instant Messaging 的缩写，称为即时讯息或即时通信。它是以软件为执行手段，依靠互联网平台和移动通信平台，允许两人或多人之间以多种信息格式（文字、图片、声音、视频等）沟通为目的，通过多平台、多终端的通信技术来实现的同平台、跨平台的低成本、高效率的综合性通信工具。

即时通信是目前网络上最为流行的通信方式，各种各样的即时通信软件层出不穷。其按行业应用可分为个人即时通信、商务即时通信、企业即时通信。

1．个人即时通信

个人即时通信，主要以个人（自然）用户为主，开放式的会员资料，非盈利目的，方便聊天、交友、娱乐。

2．商务即时通信

商务即时通信，主要用于寻找客户资源，便于商务联系，以低成本实现商务交流或工作交流。

3．企业即时通信

企业即时通信，一种是以企业内部办公为主，建立员工交流平台，减少运营成本，提高企业办公效率；另一种是以即时通信为基础，整合相关应用。

下面介绍几种主要的即时通信工具。

（1）ICQ：最早的网络即时通信工具，原是由以色列的几名学生开发出来的一种人与人在互联网上能够快速直接交流的软件。ICQ 支持在互联网上聊天、发送消息和文件等，改变了整个互联网的交流方式。1998 年，ICQ 被美国在线（AOL）收购。

（2）MSN Messenger：微软公司推出的即时通信软件。用户使用 MSN Messenger 可以与他人进行文字聊天、语音对话、视频会议等即时交流，还可以通过此软件查看联系人是否联机。MSN Messenger 界面简洁，易于使用。2013 年 3 月 15 日，微软公司在除中国内地之外的全球范围内关闭了即时通信软件 MSN Messenger，用 Skype 取而代之。2014 年 10 月 31 日，MSN Messenger 正式退出中国市场。

（3）Skype：一款即时通信软件，具备即时通信所需的功能，如视频聊天、多人语音会议、多人聊天、传送文件、文字聊天等功能。用它可以与其他用户进行高清晰语音对话，也可以拨打国内或国际电话（固定电话、手机均可直接拨打），并且可以实现呼叫转移、短信发送等功能。

（4）QQ：腾讯公司开发的一款基于 Internet 的即时通信软件。中国最早使用的即时通信软件，还有手机移动 QQ 服务。目前已经覆盖 Microsoft Windows、OS X、Android、iOS、Windows Phone、Linux 等多种主流平台。腾讯 QQ 支持在线聊天、视频通话、点对点断点续传文件、共享文件、网络硬盘、自定义面板、QQ 邮箱等多种功能，并可与多种通信终端相连。

（5）飞信（Fetion）：中国移动的综合通信服务，首次于 2007 年 5 月发行，是融合语音（IVR）、GPRS、短信等多种通信方式，覆盖三种不同形态（完全实时的语音服务、准实时的文字和小数据量通信服务、非实时的通信服务）的客户通信需求，实现互联网、移动互联网和移动网间的无缝通信服务。用户使用飞信可以免费从 PC 端给手机发短信，能够随时随地与好友进行语聊。

（6）微信（WeChat）：腾讯公司于2011年1月21日推出的一款为智能终端提供即时通信服务的免费应用程序。微信支持跨通信运营商、跨操作系统平台，通过网络快速发送免费语音短信、文字、图片和视频，同时，也可以使用通过共享流媒体内容的资料和基于位置的社交服务插件“摇一摇”“漂流瓶”“朋友圈”“公众平台”“语音记事本”等。

（7）阿里旺旺：将原先的淘宝旺旺与阿里巴巴贸易通整合在一起的一款免费网上商务沟通软件，可以帮助用户轻松找客户，发布、管理商业信息，及时把握商机。阿里旺旺分为淘宝版、贸易通版、口碑网版三个版本。

（8）网易泡泡：由网易公司开发的一款免费的绿色多媒体即时通信工具，不仅支持即时文字聊天、语音通话、视频对话、文件断点续传等基本即时通信功能，还提供邮件提醒、多人兴趣组、在线及本地音乐播放、网络电台、发送网络多媒体文件、网络文件共享、自定义软件皮肤等多种功能，并可与其他移动通信终端等多种通信方式相连。

（9）新浪UC（Universal Communication）：新浪UC信息技术有限公司开发的开放式即时通信娱乐平台，配有视频电话、信息群发、文件互传、在线游戏等功能，是融合了P2P思想的下一代开放式即时通信网络聊天工具。

（10）雅虎通：雅虎公司（Yahoo!）推出的即时聊天工具，是国际主流即时通信工具之一，拥有独特的聊天情景（IM Viroment）、语音聊天室、超级视频等功能。

即时通信在近几年发展迅速，无论国内外，即时通信产品及用户数目都有极快的增长。它从最初单纯的文字通信到现在多种传输功能的实现，让用户体验了即时通信功能带来的便捷，而用户对各类功能需求的程度也极大地带动了即时通信功能的产生和提高。除了应用最为普及的文字聊天功能，文件传输、视频功能、表情聊天、语音功能等也都成为用户应用广泛的即时通信功能。

（二）即时通信的优点

1．拥有广泛的用户群，易于推行

IM咨询服务的目标用户包括IM用户及潜在的未来用户群。随着互联网日益普及，IM的用户规模也在快速增长，目前已经拥有了广泛的用户群。与专业实时咨询软件相比，常见的几种IM软件操作都容易掌握，好学易用，基本功能简单易懂，而要熟悉和掌握专业实时咨询软件的应用，无论是图书馆工作人员还是读者都要花费很多时间，这类软件的诸多功能需要图书馆进行相应的培训才能为读者所用。因此，图书馆利用IM工具开展实时咨询服务，更易于在读者中推广并为广大读者所接受。

2. 功能丰富强大，服务效益高

现在常用的IM工具大多历经数十个测试和升级版本，功能越来越完善与强大，服务越来越周全，应用的范围也越来越宽广。其中的语音、视频功能传送的声音、图像清晰度接近于电话和视频电话，并可多人同时相互交谈，如同电视电话会议，并且IM工具大多可以免费下载、安装、申请和使用绝大部分功能。相比IM工具，专业实时咨询软件存在成本（包括软件自身购置成本、相关软硬件配置成本、维护成本、人员成本等）高昂、应用效果不理想、使用量少等诸多问题。因此，用IM工具来开展实时咨询具有成本低、服务效益高的优势。

3. 运行条件低，实时交互更为便捷

大多数IM软件对用户的软硬件配置和操作水平无特殊的要求，只要双方安装了相同或互通的IM软件即可实现即时咨询。相比之下，专业实时咨询软件的运行条件要高得多，如一些软件对图书馆及用户电脑上的浏览器、防火墙、安全设置等方面都有相应的要求，如果与要求不相符，有些功能即难以或无法使用。此外，专业实时咨询软件操作复杂，有长时间的延迟，用户常常要先填写并提交一个关于用户信息的表格，在图书馆工作人员接到咨询表格并连线用户之后，双方才能实现在线交流。

五、网络安全

网络安全是指网络系统的硬件、软件及其系统中的数据受到保护，不受偶然因素或恶意原因破坏、更改、泄密，网络服务不中断，系统正常持续运行。它涉及计算机网络、操作系统、数据库、应用系统各种信息技术硬件设施，主要包括运行系统安全、网络信息内容的安全和网络信息传播的安全。随着网络的普及和发展，图书馆信息资源的数字化和网络化将为用户带来前所未有的便利和广阔的学习空间。然而图书馆网络信息系统是一个服务开放、信息共享的系统，如何保障图书馆网络化进程中网络设备、数据、系统的安全，以确保基于网络的图书馆各项工作的正常运行，也已经成为现代图书馆管理中的一个重要问题。

学校图书馆网络信息安全防御体系的构架，必须建立在对信息资源安全要求与对环境的客观分析、评估基础上，充分考虑网络信息安全的不确定性、动态性、综合性、多层面性等特点，缓和图书馆网络安全与用户需求之间的矛盾，通过加强技术防御手段与提高管理水平的结合达到最佳控制效果。

针对目前学校图书馆网络安全存在的问题，可从技术和管理两个方面入手。

（一）设置防火墙

防火墙（Firewall）技术是一种将内部网络和公众网络分开的方法，它实际上是一种隔离技术，是在两个网络通信时执行的一种访问控制手段。它允许具有合法身份的人和数据进入网络，同时将非法身份的人和数据拒之门外，从而最大限度地阻止网络中的非法入侵者访问，以防止他们更改、复制和破坏重要信息。一个完善的防火墙系统应具有三个方面的特性：

（1）所有内部网络和外部网络之间传输的数据必须通过防火墙。

（2）只有被授权的合法数据，即防火墙系统中安全策略允许的数据才可以通过防火墙。

（3）防火墙本身不受各种攻击的影响。

目前，防火墙主要有包过滤防火墙、应用网关、NAT和带状态检测的防火墙。包过滤防火墙即通常意义上的防火墙；应用网关在应用层上转发数据包，代替内部主机与外部主机进行通信，对数据包的检测能力较强，可处理应用层上的协议，但处理速度慢；NAT（网络地址转换）可以将内部主机的IP地址转换为其外部IP地址，将内部网络隐藏起来，还可以节省IP地址资源；带状态检测防火墙运用基于连接的状态检测机制，将属于同一连接的所有数据包作为一个整体的数据流看待，构成动态连接状态表，依据规则列表同时参照状态表决定是否允许数据包通过，具有较好的灵活性和安全性。除了硬件防火墙设备，还有软件防火墙，它运行于服务器、工作站之上，能够监控访问网络的主机、用户和应用程序，控制其访问网络的方式、能访问的资源等。

虽然防火墙是目前保护网络免遭黑客入侵的有效手段，但也有明显不足：①无法防范通过防火墙以外的其他途径的攻击；②不能防止来自内部变节者和不经心的用户们带来的威胁；③不能完全防止传送已感染病毒的软件或文件；④无法防范数据驱动型的攻击。目前防火墙只提供对外部网络用户攻击的防护，来自内部网络用户的攻击只能依靠内部网络主机系统的安全性进行防范。

（二）入侵检测

入侵检测系统（Intrusion Detection System，IDS）是对防火墙技术极其有益的补充，被认为是防火墙之后的第二道安全闸门。它在不影响网络性能的情况下，能对网络进行动态监测，对外部用户的入侵行为和内部用户的未经授权活动及误操作进行实时监控，一旦发现入侵现象，可及时做出适当的反应，大大提高了网络的安全性。对防火墙和入侵检测系统的联系有一个经典的比喻：防火墙相当于一名门卫，对所有进出大门的人员进行审核，只有符合安全要求的人，即那些有入门许可证的人才可以进出大门；门卫可以防止小偷进入大楼，但不能保证小偷 100% 被拒之门外，而且无法监控那些本身就在大门内部，以及那些具备入门许可证、以合法身份进入大门的人，这时候就需要入侵检测系统进行审计和控制，及时发现异常情况并发出警告。

根据通用入侵检测系统框架（CIDF）规范，我们从功能上将入侵检测系统划分为四个基本部分：数据采集子系统、数据分析子系统、控制台子系统、数据库管理子系统，如图 2-2-4 所示。具体实施时，一般将数据采集子系统（又称探测器）和数据分析子系统在 Linux 或 Unix 平台上实现，我们称之为数据采集分析中心；将控制台子系统在 Windows 上实现，数据库管理子系统因基于 SQL 或其他功能更强大的数据库，多跟控制台子系统结合在一起，我们称之为控制管理中心。控制管理中心显示、整理数据采集分析中心发送过来的分析结果及其他信息，数据采集分析中心接收控制管理中心发来的配置、管理等命令。

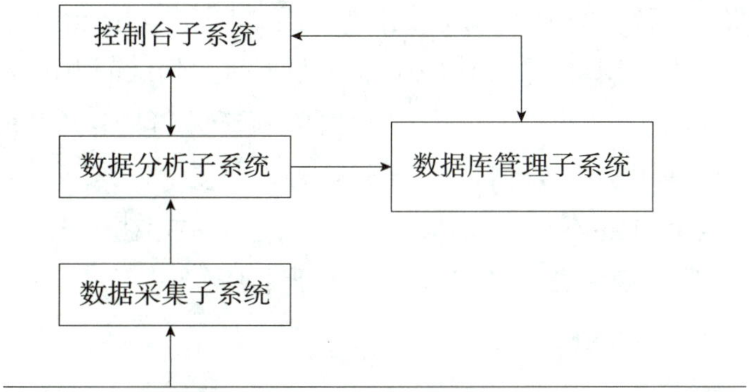

图 2-2-4　入侵检测系统功能结构示意图

（三）身份认证

身份认证（Certificate Authority，CA）是指能够对信息收发方进行真实身份鉴别的技术，是保护网络信息资源安全的第一道大门。它的任务是识别、验证网络信息系统中用户身份的合法性和真实性，按授权访问系统资源，并将非法访问者拒之门外。身份认证在网络安全系统中具有极其重要的地位，是最基本的安全服务，其他的安全服务都要依赖于它。

身份认证技术的基本方法是由被认证方提交其独有的并且难以伪造的信息来表明自己的身份。身份认证的主要认证方式有以下几种：

1．利用所知道的事物进行认证，即基于知识的方法来确认身份

目前使用的身份认证机制大多数基于知识证明，其中最常用的是静态口令认证技术，即系统为每一个合法用户建立一个用户名 / 口令对，当用户登录系统或使用某项功能时，系统对用户输入的用户名 / 口令进行验证。

2．利用所拥有的物品进行认证，即基于电子令牌的方法来确认身份

基于电子令牌的系统，是将一个物理令牌（客户令牌、智能卡）与密码结合使用的双密系统。USB Key 是目前使用广泛的电子令牌，具有极高的保密性，而且携带方便，价格便宜。它采用软硬件相结合、一次一密的强双因子认证模式，很好地解决了安全性与易用性之间的矛盾。USB Key 是一种 USB 接口的硬件设备，内置单片机或智能卡芯片，可以存储用户的密钥或数字证书，利用内置的密码算法实现对用户身份的认证。

3．利用人体所固有的生物特征来认证

生物特征识别方法是利用用户的生物特征作为在网络上识别身份的要素，

如指纹、虹膜、声音、脸谱等。采用这种认证方法需要配备相应的生物识别设备。生物特征识别终端将采集到的用户特征数据传送到认证中心，并和中心数据库存储的数据进行匹配。由于用户的生物特征千差万别且难于复制和仿造，系统可以达到唯一识别用户的目的。虽然这种认证技术较其他认证技术有着更强的安全性，但目前还不是很成熟，实际使用过程中存在稳定性差、费用高，不方便移动用户使用等问题，有待于进一步研究和开发。

（四）防病毒

计算机病毒对网络系统的安全运行危害极大，日常工作中必须对其严加防范。病毒是一种具有破坏性的程序，能将自己复制到别的程序中，最终影响计算机的运行能力或使计算机不能正常工作。对于图书馆网络来说，计算机病毒具有不可估量的威胁性和破坏性。对计算机病毒的防范需从完善管理和安装防病毒产品两个方面来考虑。

1．在完善管理方面

不使用盗版软件；不随意复制、下载、上传和使用未经安全检验的软件；对计算机上的重要目录和文件设置访问权限；对系统中的重要数据，要随时进行备份保护；不访问不可靠的网站；采取必要的病毒检测和监察措施，制定完善的管理准则。

2．在安装防病毒产品方面

硬件防御，即通过硬件监测的方式将病毒拒之门外，主要形式有防病毒卡和防病毒芯片两种。其工作原理是在系统启动时，优先获得控制权，及时对系统实施监控，只要发现病毒就予以清除，从而避免病毒对系统的破坏，使计算机具备免疫能力。

软件防御，即利用软件来防止病毒侵入系统，主要形式是各种杀毒软件。硬件防御和软件防御在工作原理上的共同之处是监视常驻内存的程序，防止可执行文件被改写，并且禁止程序直接写入磁盘引导区。

第三节 多媒体技术

一项调查结果显示：一般人对看过的文字信息，只能记住20%；对听到的事情，只能记住30%；对一边看一边听的信息，记忆率可达50%；如果能一边看一边听又跟着做，信息记忆率可提高到80%。通俗地讲，多媒体技术就是一种能使人们边听边看边互动的技术。在计算机技术和通信技术迅猛发展的今天，多媒体技术被日益广泛地应用于科学研究、教育培训、广告宣传、家庭生活与娱乐等各个领域。图书馆领域也利用多媒体技术开展了各种各样的新业务，特别是流媒体技术的出现，进一步促进了多媒体技术的应用。为了吸引众多用户，增强图书馆自身的竞争力，如何运用多媒体技术进行图书馆馆藏资源导航、构建多媒体阅览等将是一个历久弥新的问题。

一、多媒体技术的相关概念

多媒体的英文是“multimedia”，其核心词是“媒体”。一般所说的多媒体不仅指“多种媒体信息”本身，而且指处理和应用多媒体信息的相应技术，因此，“多媒体”常被当作“多媒体技术”的同义词。多媒体技术从不同的角度有不同的定义。本书比较认可的定义是：多媒体技术就是把声、图、文、视频等媒体通过计算机集成在一起的技术，即通过计算机把文本、图形、图像、声音、动画和视频等多种媒体综合起来，使之建立逻辑连接，并对它们进行采样量化、编码压缩、编辑修改、存储传输和重建显示等处理的技术。特别是多媒体信息流传递与处理技术——流媒体技术的出现，使用户在网上观看视频、3D等多媒体文件时，可以不必等整个文件全部下载完毕后再播放。

多媒体技术涉及面相当广泛，主要包括：

（1）声频技术：声频采样、压缩、合成及处理、语音识别等。

（2）视频技术：视频数字化及处理。

（3）图像技术：图像处理、图像和图形动态生成。

（4）图像压缩技术：图像压缩、动态视频压缩。

（5）通信技术：语音、视频、图像的传输。

（6）标准化：多媒体标准化。

二、多媒体技术的特点

1. 集成性

集成性，即将多种媒体有机地组织在一起，共同表达事物，实现图文声像一体化。在多媒体出现之前，数据、文本、图像和声音是四种独立的信息形式，需要用不同的技术处理。数据处理系统专门处理数据，文本、文字处理系统专门处理文本，电话和口授系统处理声音，复印和缩微胶片系统处理图像。而多媒体技术可以将所有这些信息数字化并集成处理。

2. 交互性

交互性即人机交互，在播放多媒体节目时，能够进行干预，通过人机交换信息达到某种目的。它不像电视机那样，人只能被动地接收信息。人们可以通过多种渠道和计算机交流、沟通，实现对信息的主动选择和控制。

3. 数字化

数字化指多媒体信息都以数字化的方式存储，便于计算机对各类信息进行统一加工、处理和传播，这也是多媒体实现集成化的基础。

三、多媒体技术对图书馆的影响

多媒体技术的出现丰富了文献的出版和传递方式，改变了人们阅读的方法和手段，对未来图书馆建设将产生重大影响。

1. 扩展了图书馆的存储能力

早期多媒体的作用与效益取决于载有信息的光盘。光盘存储技术是 20 世纪 70 年代的重大科技发明，在 20 世纪 90 年代得到广泛的应用。这一技术的发展也促使传统图书出版业出现了一种新的文献类型——电子出版物。电子出版物的内容可以是声音、图像、影像、文字等。多媒体技术在图书信息检索、存储及日常工作中的广泛应用，有效地扩展了图书馆的存储能力，提高了图书馆的存储质量。

2. 推动了图书馆信息载体多媒体化

从信息资源的角度来看，图书馆是一个动态的信息集合体。图书馆存储的信息不仅有纯文本信息，还有声音、图像、视频等多媒体信息。在图书馆数字化建设中，对于纯文本信息的检索、开发与利用等方面的技术问题，已有比较好的解决方案，但对于多媒体信息来说，要真正实现基于内容的检索，就必须有多媒体的相关技术做后盾。多媒体读物不仅使阅读具有直观性、生动性和形象性，而且增强了易记的效果。随着电子图文显示技术、声像技术的开发和应用，图书馆的信息存储已然向大容量、高密度发展，文献信息载体的多媒体化已经成为文献载体发展的一种必然趋势。

3. 加速了图书馆数字化建设的进程

多媒体技术是计算机技术、声像技术和通信技术相结合的产物，为计算机在图书馆的广泛应用奠定了基础，加速了图书馆的数字化进程。特别是流媒体技术的出现，为图书馆数字资源的建设提供了有力的支持。如果直接采用WAV、AVI、MPG 等原始媒体格式对图书馆中的视频、声频资料进行加工处理，不仅要占用大量的存储空间，而且在通过网络进行传播时会消耗大量宝贵的带宽资源，严重时会导致网络堵塞，无法实现实时播放。流媒体技术在保证声视频播放质量的前提下，所体现出来的节省存储空间、低带宽资源消耗等优点使它成为对多媒体文献信息资源进行转换、传播及应用的首选。

第四节 读取技术

一、条形码

（一）条码概述

“条码”源自英文 barcode。因其外形，人们又称之为“条形码”。为了统一名称，国家标准定名为“条码”。条码是指一组由规则排列的条、空及其对应字符组成的标记，用以表示一定的信息。这一定义表述了如下三层意思：一是条码由条码符号（包括空）和字符所构成；二是条码符号与字符是对应的关系，即两者所包含的意思是完全相同的；三是条码表示一定的信息，如图书上的条码表示图书的序列号。

条码的码制是指条码符号的类型，每种类型的条码符号都由符合特定编码规则的条和空组合而成。每种码制都有其固定的编码容量和所规定的条码字符集。常用的一维码的码制包括 EAN 码、39 码、交叉 25 码、UPC 码、128 码、93 码及库德巴码等。

条码字符集是指某种码制所表示的全部字符的集合。字符有时也称代码，它包括一组十进制数字和某些英文字母以及某些特殊符号。要采用哪些字符，是由条码的用途决定的。例如，EAN 条码虽然有 13 位数，但只用 0—9 这 10 个数字符。而某些条码的字符，不论其长度是多少位，除了用 0—9 这 10 个数字符之外，还要用 A—Z 这 26 个英文字母，有的还要用一些其他特殊符号，如 $、%、+、–、@ 等。

以一维条码为例，其大体由两侧空白区、起始符、数据符、校验符（可选）、终止符以及识别字符组成，如图 2-4-1 所示。

图 2-4-1　一维条码结构

（1）空白区：条码左右两端外侧保留的必要空间，它的颜色和反射率与空相同。

（2）起始符：在条码起始位置的若干条与空，表示从它之后开始显示条码字符的信息。各种条码的起始符有不同的规定。

（3）终止符：在条码终止位置的若干条与空，表示条码字符信息至此结束。各种条码的终止符有不同的规定。终止符和起始符有的相同，有的不相同。

（4）数据符：表示条码包含的特定信息。

（5）校验符：表示校验码的信息。

（6）识别字符：在条码字符的下方，和相应的条码字符对应，是用来供人识读的字符。

（二）条码识别设备

条码符号是图形化的编码符号。对条码符号的识读需要借助一定的专用设备，将条码符号中含有的编码信息转换成计算机可识别的数字信息，并通过计算机的键盘接口、串口等输入计算机。

条码识别设备由条码扫描和译码两部分组成。现在绝大部分条码识读器都将扫描器和译码器集为一体。人们根据不同的用途和需要设计了各种类型的条码识读器。下面介绍一些常用识读设备，以一维条码识读设备为主，包括激光枪、CCD 扫描器、光笔和全向扫描平台。

1．激光枪

激光枪属于手持式自动扫描的激光扫描器。它是一种远距离条码阅读设备，因其性能优越而得到广泛应用。其优点是识读距离长，一般工作距离为 20—70 厘米，且具有穿透保护膜识读的功能，识读的精度和速度较高，防震防摔性能好。缺点是对识读的角度要求比较严格，条码的长度受光学系统的限制。

2. CCD 扫描器

这种扫描器主要采用了 CCD（Charge Coupled Device）——电荷耦合装置。CCD 元件是一种电子自动扫描的光电转换器，也叫 CCD 图像感应器。它可以代替移动光束的扫描运动机构，不需要增加任何运动机构，便可以实现对条码符号的自动扫描。它的特点是无任何机械运动部件，性能可靠，寿命长，价格比激光枪便宜，重量比激光扫描器轻，而且不像光笔一样只能接触阅读。但受条码长度的限制，大部分 CCD 扫描器的首读成功率较低且误码率高。

3. 光笔

光笔采用手动扫描的方式，扫描器内部不带扫描装置，发射的照明光束的位置相对于扫描器固定，完成扫描过程需要手持扫描器扫过条码符号。

光笔的优点：与条码接触阅读，能够明确哪一个是被阅读的条码；阅读条码的长度可以不受限制；与其他的扫描器相比，成本较低；内部没有移动部件，比较坚固；体积小，重量轻，耗电量非常低。缺点：使用时会受到各种限制，比如只有在比较平坦的表面阅读指定密度的、打印质量较好的条码时，光笔才能发挥作用；操作人员需要经过一定的训练才能使用，阅读速度、阅读角度以及使用的压力不当都会影响它的阅读性能；因为它必须接触阅读，当条码因保存不当而产生缺损或者上面有一层保护膜时，光笔都不能使用；光笔的首读成功率低且误码率较高。

4. 全向扫描平台

全向扫描平台属于全向激光扫描器。全向扫描指的是标准尺寸的条码以任何方向通过扫描器的区域，都会被扫描器的某个或某两个扫描线扫过。其优点是扫描快速而高效，并可以阅读不规则的条码，也可以透过玻璃或透明胶纸阅读；因为是非接触阅读，因此不会损坏条码标签；因为有较先进的阅读及解码系统，首读识别成功率高，识别速度相对光笔及 CCD 更快，而且对印刷质量不好或模糊的条码识别效果好；误码率极低（仅约为三百万分之一）。缺点是它的价格相对较高。

（三）条码在图书馆的应用

条码在各行各业已经广泛使用，条码技术在图书馆的读者管理，书刊典藏、流通、阅览和光盘电子读物阅读等环节中也发挥了重要的作用。例如，在读者的借阅管理中，每个借阅证上都有唯一的条码。经过计算机处理，可以对读者资格进行审查，检索其借阅信息。每一本书也具有唯一条码标识，工作人员只需要扫描书上的条码即可办理借还手续，大大提高了效率。在图书馆的书刊管理过程中，条码的应用领域有典藏、调拨、分配、剔旧等。例如，馆藏清点时使用条码，只需要把条码扫入数据采集器后再输入计算机，而不必将号码一个个用笔写下再输入。可以说，条码在图书馆的大规模应用是图书馆实现自动化的必要条件。

二、射频识别 RFID

RFID（Radio Frequency Identification，即射频识别）技术是一种非接触式的自动识别技术，它通过射频信号自动识别目标对象并获取相关数据，识别工作无需人工干预，可工作于各种恶劣环境。RFID 技术还可识别高速运动的物体并可同时识别多个标签，操作快捷方便。

短距离射频产品不怕油渍、灰尘污染等恶劣的环境，可在这样的环境中替代条码，如用在工厂的流水线上跟踪物体。长距离射频产品多用于交通上，识别距离可达几十米，如自动收费或识别车辆的身份信息等。

RFID 系统由最基本的三部分组成：

（1）标签（Tag）：由耦合元件及芯片组成，每个标签具有唯一的电子编码，附着在物体上标识目标对象。

（2）阅读器（Reader）：读取（有时还可以写入）标签信息的设备，可设计为手持式或固定式。

（3）天线（Antenna）：在标签和读取器间传递射频信号。

RFID 标签中一般保存了约定格式的电子数据，在实际应用中，电子标签附着在待识别物体的表面。阅读器通过天线发送出一定频率的射频信号，当标签进入磁场时产生感应电流从而获得能量，发送出自身编码等信息，阅读器即可无接触地读取并识别电子标签中所保存的电子数据，从而达到自动识别物体的目的。通常阅读器与计算机相连，所读取的标签信息被传送到计算机上进行下一步处理。

RFID 标签分为主动式和被动式两种。主动式 RFID 标签需要内置电源的支持，具有可读写的特性（标签数据可以被修改或者重写）。它的优点是发射半径较大，缺点是与被动式 RFID 标签相比体积较大，价格也要高一些，而且寿命只有 10 年左右。被动式 RFID 标签无需内置电源的支持，可通过阅读器获得工作需要的能量。它的优点是体积较小，价格低，寿命长；缺点是发射半径较小，需要阅读器具有更强的发射功率。

（一）RFID 的特点

（1）不需要光源，甚至可以透过外部材料读取数据。只要在探测范围内，可以以任何方向、角度读取数据。

（2）使用寿命长，能在雪、雾、冰和各种污迹等恶劣环境下工作。

（3）能够轻易嵌入或附着在不同形状、类型的产品上。

（4）读取距离更远。

（5）可以写入及存取数据，写入时间比打印条码更短。

（6）标签的内容可以动态改变。

（7）能够同时处理多个标签。据实验测试，一秒可读取多达 20 册图书的标签。

（8）标签的数据存取有密码保护，安全性更高，误码率低，不易伪造。

（9）可以对 RFID 标签所附着的物体进行追踪定位。

（二）RFID 在图书馆领域的应用

目前，RFID 已经广泛应用于物流、交通、公安等许多领域。图书馆的日常服务中，也涉及人流、物流的管理，需要进行大量的读者和书刊的识别、访问控制、统计等工作，在自动化系统日益普及的今天，基本上都采用了条码技术作为识别方法来实现这些功能。然而，条码虽然有价格便宜、制作方便等优点，但是也存在一些难以克服的不足，并不完全适宜图书馆，如因为容易磨损，条码必须贴在书内，给使用带来不便等，制约了图书馆服务工作的质量和层次。RFID 虽一方面完全具备条码的功能，另一方面则有着许多条码无法具备的新功能。开发、利用这些新功能将给图书馆的传统服务工作带来革命性的改变。

传统的借书服务需要读者把借书证和图书递给图书馆工作人员，图书馆工作人员一本本翻开，将条码扫描器对准条码扫描，然后进行消磁，最后还给读者，速度慢、效率低，且工作人员容易疲劳。图书还回后，图书馆工作人员首先要手工分类，将不同馆址书库的图书放在不同的地方，再分别上架。而利用RFID则无需这一步骤，只要读者把借书证和图书放在出纳台的指定区域内即可立刻完成借书，并同时解除防盗装置，图书和图书之间可以随意叠放，只有出现赔书、罚款等特殊情况，才需要图书馆工作人员干预。这样就使得图书流通工作的效率大大提升，避免出现读者排长队现象，同时减轻了图书馆工作人员的工作压力和劳动强度。另外，自助借书也变得更加方便，并且设备没有有害的激光，特别适宜青少年使用。同样，还书的过程也相对简化。RFID标签可记录馆藏地点等信息，这使应用自动分类设备成为可能，图书只要被放在传送带上通过RFID阅读器，自动分类设备即可根据标签中的有关信息把不同地点位置的书分发到不同的容器中，从而大大方便了上架，加快了图书流通速度。

另一个RFID可以发挥重要作用的传统服务领域是图书馆的馆藏管理，包括排架、整架、剔旧、查找、馆藏清点和财产统计等。这些工作有一个共同之处，即都需要获得包含在条码中的馆藏书刊的识别信息。过去，由于无法直接从架上读取条码，完成这些工作一般需要大量重复的手工劳动，工作量很大。例如，馆藏清点时必须将厚重的书刊从高高的书架上一本本取下、翻开，读入条码后再逐本放回，工作极为繁重。而使用RFID以后，只要用手持RFID阅读器在书架上扫描一遍，上述所有的工作就基本完成了，不但极大地减轻了工作人员的劳动强度，提高了工作效率，还可以经常性地进行馆藏清点，提高了管理水平。又如，原来检查书刊的排架情况，找出放错的书刊和查找所要的书刊，往往要在书架上反复搜索，碰到书脊较薄的书时，还需用手抽出来看书名或索书号，而采用RFID后则只需在RFID阅读器中输入要检查的号码段或要查找的书名等，沿着书架依次扫描，发现排架错误或找到所要的书刊时，立刻会有声光警报，这使图书查找变得非常方便，也能显著降低错架率。另外，RFID标签上还有一个可写的记录区，假如放入一些统计数据，如出借次数、天数或详细的典藏信息如书架号等，那么进行剔旧、整架等就更加容易。据统计，使用RFID后可以提高馆藏管理工作效率20倍。

RFID还有助于图书馆的安全防范。常规磁条只能报警，而RFID不但能够报警，还可立即在屏幕上显示被盗书刊的有关信息，如果此人带着RFID借书证，其个人信息也将一并反映在屏幕上。由于RFID大大提高了工作效率，减少了许多重复性手工劳动，从而节约了大量的人力，使图书馆中占大多数的从事传统服务的工作人员告别了长期简单、烦琐的低层次的工作方式，转而投入更深层次的读者服务工作中，这将从整体上改变图书馆的形象和服务水平。

目前，RFID 技术在图书馆普及过程中的主要问题是它的价格仍然偏高。另外，把条码转换成 RFID 也是一项浩大的工程，如果将 RFID 和条码混用，便无法发挥 RFID 的优势。

第五节　身份识别技术

一、一卡通技术

（一）一卡通技术概述

一卡通，简单地说，就是一卡通行或一卡多用，即均以 IC 卡（Integrated Circuit Card，集成电路卡）技术为核心，在卡内存储相应的信息，并进行身份识别；以电脑技术和通信技术作为辅助手段，将某一范围内的各项基本设施连接成一个有机的整体，用户通过一张 IC 卡便可以完成开门、就餐、购物、会议、图书管理、医疗等各项活动。一卡通的开通，促进了数据共享，减少了现金流通，提高了工作效率，减轻了劳动强度，方便了用户。

（二）一卡通技术应用

总体来说，一卡通系统包括发卡管理系统、读卡设备、信息处理设备、各子系统及相应的软件系统。发卡管理系统由发卡机、发卡管理工作站、发卡管理软件等组成，实现操作员管理、人事管理、卡片管理、资料备份与恢复等功能；各子系统即一卡通的不同应用领域，包括门禁管理子系统（实现出入口控制、进出资讯记录、报警输出等功能）、考勤管理子系统（实现内部人员的出勤记录、统计、查询等功能）等。

图书馆的一卡通应用主要有以下几种类型：

1．门禁系统

利用 IC 卡进行身份验证，只有符合条件的人员方能进入图书馆，达到对人员出入的有效监控和管理，出入情况的数据采集、数据统计。门禁系统身份验证信息来源于一卡通发卡中心的用户数据库。

2．图书借还管理系统

这个功能要求一卡通与各图书馆现行使用的自动化集成系统相连接，增加专门的卡号读取设备与程序接口，在原有系统的基础上通过IC卡身份验证的职能来加强对图书流动的管理，减少人为因素的过失，及时发现各种违规行为。

3．数字资源查询系统

这个功能要求一卡通与图书馆数字资源存储、整合和发布系统对接，实现不同的数字资源向不同层次读者开放，对收费的资源按读者的类别，资源的种类、查询时间、下载数量等进行收费。

4．多媒体电子阅览室管理系统

利用IC卡的身份验证职能和电子货币职能，可实现对上机或上网进行全程自动监控和实时收费的管理，具有自动登记、自动开关机、自动识别一般上机与上网并分别实行不同的收费管理方式等功能，从而方便和简化了管理。多媒体电子阅览室采用原有管理软件的图书馆需要解决二者接口问题，使两个系统能安全高效对接，实现各种信息及数据交换。

5．各种收费管理模块

利用IC卡的代币职能能够实现各种收费的电子化、单一化和无票化，如罚款、上机计时收费，打印、复印、装订、高层次信息服务、购物、看电影录像等收费。此系统能清晰划分图书馆内外人员及不同类别读者的使用界限，使收费精确无误、方便快捷、清洁卫生。但应用此系统必须考虑其与现有收费系统（如自动化超期罚款子系统等）的数据交互、同步问题。

6．IC卡考勤系统

利用IC卡进行身份验证和时间记录，并对考勤结果进行分析统计，给出报表结果，可加强对图书馆内部工作人员的管理。

当前，一卡通在图书馆使用中存在的主要问题是没有实现数据的完全共享、同步。如何实现发卡中心的用户数据库与图书馆管理系统的读者数据库之间数据的实时交互，是今后需要重点解决的问题。

7．网络存包系统

网络存包系统已开始逐步替代传统的存包柜和电子存包柜。网络存包系统在原有传统的存包柜上，增加了计算机芯片和网络接口以及读卡系统，用电子锁替代了传统的锁具。系统通过借书证或校园卡中的电子信息，对读者身份进行认证，实现开柜存包、取包功能，还可以通过读者的存取数据对各存包柜的使用情况作出各种统计。

二、指纹识别技术

（一）指纹识别技术概述

依靠人体的身体特征进行身份验证的技术称为生物识别技术。指纹识别技术是生物识别技术的一种，也是生物识别技术的热点。人的生物特征包括指纹、脸形、虹膜、视网膜、手写体、声音、DNA、掌纹和手形等。指纹识别技术是生物识别技术中最为人们所关注的、最成熟的技术，被广泛地应用于公安、海关、银行、社保等多个领域。随着科技的发展和技术的进步，数字图书馆的业务工作也在不断地深化和发展，传统的身份验证已难以适应数字图书馆发展的要求。指纹识别技术在数字图书馆的运用既准确、简便，又能防止伪造、冒用、偷窃他人证件等现象的发生，对提高数字图书馆的安全性具有积极的作用。

指纹是手指表面皮肤上有规律的花纹结构，有环形、箕形、线形等。指纹识别技术是以人类指纹的唯一性和排他性为基础，运用读取指纹图像、提取特征、保存特征和比对四个功能，通过提取指纹特征值进行的身份识别。

（二）指纹识别技术特征

1．平均准确率高

理论上，全世界没有完全相同的两枚指纹。但受算法与采集设备的局限，指纹识别的失误率目前约为百万分之一，这在所有生物识别技术中仅次于虹膜识别技术。由于虹膜识别的设备目前在市场比较少见，使用并不普遍，所以指纹识别在实际使用中仍是准确率最高的技术。准确率排在指纹识别技术之后的是人脸识别技术。

2．指纹采集设备成本较低

指纹采集设备的成本在所有生物特征采集设备成本中较低，最简单的指纹识别设备——指纹采集仪，其价格在300—400元人民币，远低于虹膜、视网膜采集设备的价格。

3．使用者的接受程度高

手指是人们日常生活和工作使用最频繁的人体器官之一，与外界物体直接接触最多。指纹识别、掌形识别和脸形识别，属于容易被人接受的三种生物识别方式。而对虹膜和视网膜识别，因为眼睛的敏感性、重要性以及脆弱性，人们在心理上比较难以接受其受外界设备的刺激，不管这种刺激是否会对人体带来影响。

4．应用范围更为广泛

虽然指纹识别技术和其他基于生理特征的生物识别技术一样，可以用于通道控制，但是由于指纹采集芯片体积相对较小，所以指纹识别技术的应用场景更加广泛。体积较小的指纹采集芯片可以应用于手机或其他移动设备、门禁门锁等各种电子类产品上，而掌形识别、虹膜识别则无法与之比拟。同时，因为指纹采集设备可以感知手指的不同动作，如手指移动方向、指纹单击或双击等，它可以用于替换部分需要手指操作的控制面板，如笔记本电脑上的触摸板、手机上的方向键等，甚至可以用不同的手指表示不同的快捷键进行操作。

三、人脸识别技术

近年来，指纹识别技术已经非常普及，随着人脸识别技术的发展，越来越多基于生物特征识别的应用走进我们的生活。若将人脸识别技术引入图书馆，将会使图书馆的管理更加智能化、人性化和高效化。尤其是将其应用于图书馆的门禁管理、借阅管理和座位管理等方面，将有助于实现读者与图书馆系统的精准交互。

（一）人脸识别技术概述

人脸识别技术是生物识别技术的一种，具有友好性、易获取性、非接触性和直接性等突出特点，近年来成为识别技术的热点。人脸识别技术是指对人的面部生物特征进行采集，通过某种算法，将其与已知的人脸库进行对比，从而确认或者辨认其身份甚至更多的关联信息的技术。人脸识别技术包括人脸检测、人脸追踪、人脸比对三个环节。人脸检测即确认图像中是否有人脸，人脸追踪即在人脸检测后追踪提取人脸的特征，人脸对比即将提取的特征与已经建立的数据库进行对比确认。其中人脸识别的难点主要在于人脸检测和特征提取。在特定条件下，二维人脸识别技术已经取得精确率很高的识别结果，技术日趋成熟，然而表情、灯光、化妆、整容等因素仍会降低人脸识别的效果，近年来，越来越多的专家开始关注人脸的三维信息，如美国多个机构（FBI、NIST 等）合资发起的“人脸识别挑战计划”。

（二）人脸识别技术应用

1. 门禁系统

目前，国内学校图书馆采用的门禁管理方式，主要以门锁、门禁卡和图书馆工作人员对出入人员（读者或外来人员）进行身份登记为主。这种管理方式虽然成本低，技术要求不高，但是增加了工作人员的工作量，不够灵活，而且容易出错，造成许多不必要的经济损失与麻烦，安全性低。而人脸识别技术和门禁系统的结合可以有效地解决这些问题。当读者进入图书馆大门时，带有人脸识别系统的视频摄像机采集定位人脸特征，上传至门禁控制器；门禁控制器将采集的图像与后台数据库进行对比辨识；若匹配到一致的特征，大门自动开启。同时，系统可记录人像、进入时间等信息，与后台的馆内工作人员信息相结合，对工作人员进行人脸识别统计，从而实现自动考勤；系统还可以进行实时监管，防止出现馆内工作人员刷完卡就离开工作岗位的现象。

学校图书馆是学生活动的主要场所之一，通过人脸识别技术和门禁系统的结合，可以准确地掌握进入图书馆人员的动态。只有在学校系统注册过的人员才可以通行，持有别人校园卡的人将无法进入图书馆，这样保证了读者身份的有效性和数据的准确性。因此，通过门禁系统获取的数据在进行图书馆到馆人员统计时，能准确反映读者出入图书馆的时间、次数和借阅信息等数据，为图书馆相关研究奠定了良好的基础。

2. 图书借还管理系统

在传统图书馆借阅模式中，学生办理校园一卡通后，即可获得享有图书馆资源的权限。在借阅图书时，学生需要在磁卡器上放置校园卡确认身份，同时将所借图书通过红外线扫描设备逐本扫描条码信息后，才能确保图书借阅信息的准确性。如果将人脸识别技术和 RFID 技术相结合，RFID 技术保证阅读器能自动同时读取多本图书信息，人脸识别技术保证人员信息验证的正确性，读者就可以直接“刷脸”借阅书籍，极大地缩短了等待的时间，从根本上解决了重复操作的问题。

校园一卡通是学生进入图书馆和借阅图书的凭证，只限本人使用。如果丢失或被盗，容易被其他人员非法使用，会造成不必要的损失。人脸识别技术可以有效地防范这一问题，降低图书的丢失率，防止身份不明人员随意进出图书馆。在保证人员信息准确性的基础上，图书馆在进行文献利用率的相关研究时，也可以围绕借阅人员的专业、年级、性别和借阅频次等信息分析，由此不仅可以根据学生的文献利用情况，为其提供个性化的定向服务，还可以为采购部门提供建议。

3．座位管理系统

学校图书馆不仅为学生提供各种信息资源，同时也是学生学习的重要场所之一。图书馆的学习环境比较优越，但经常出现座位数量与学生需求不匹配的现象。目前，国内许多高校开始运用微信公众平台提供在线预约座位服务，可现场刷卡确认和取消座位，但是实时监测模块还有待改进。一些高校使用了适合自身的方法进行图书馆的座位监管，主要方法有以下几种：

（1）基于硬件的监管方法。

基于硬件的监管方法主要通过传感器实时监控学生是否在座位上，例如：使用单片机和红外接近开关相结合的监控管理系统减少图书馆乱占座的现象；通过座位下的压力数值来分辨使用状态，防止他人抢座或帮忙占座；结合 GIS（地理信息系统）与图书馆座位系统有效解决不合理占座现象……虽然这些系统可以实现自动化管理，但是硬件初始成本和后续维护成本极高，对技术水平的要求也比较高。

（2）基于软件的监管方法。

基于软件的监管方法主要通过使用根据自身要求构建的图书馆座位管理系统实现部分自动化管理，但是仍然需要图书馆工作人员定时巡查。该方法适应性高，技术成本低，但是管理成本高，增加了图书馆工作人员的工作量。

（3）基于软硬件结合的管理方法。

随着技术的不断发展，软件与硬件两者相结合成为主要趋势，并且在此基础上还可以不断优化。如在图书馆阅览区设置人脸识别器，将接收到的人脸与预约信息或后台数据库进行比对，匹配成功的读者才可进入图书馆阅览区。同时，将视频监控功能与人脸识别系统相结合，在监控中对进出人员进行身份识别和座位使用情况识别，从而保证座位的高利用率。

第六节　数字加工技术

数字图书馆的建设，首先是将传统图书馆的馆藏资源数字化。文献资源数字化的基本实现方式是文献扫描。如何快捷、准确、高效地实现馆藏资源数字化，缩短录入时间，以保存原始文献信息呢？OCR 技术的发展，为原始数据的转换提供了极大的方便。

一、OCR 技术简介

OCR 是英文 Optical Character Recognition 的缩写，翻译成中文就是“光学字符识别”，该技术属于图形识别（Pattern Recognition，缩写为 PR）技术的一个分支。OCR 技术就是通过光学及相关计算机智能识别技术，让计算机正确识别出它看到了什么，换句话说，就是通过该技术，将利用光学设备得到的图形信息准确地转换成图文信息。该技术实现的重点在于文字资料的准确识别。当前，市面上出现的泛称的 OCR 产品主要有两大类：一类是利用手写板输入文字的识别软件，我们称之为线上文字识别软件（On-Line Character Recognition，OLCR），如汉王公司的“汉王笔”系统；一类是利用扫描仪输入文件的识别软件，我们称之为离线文字识别软件（Off-Line Character Recognition），如清华紫光的相关产品体系。严格来说，虽然前者在字符识别的技术上与 OCR 技术关系甚密，但后者才是 OCR 技术的完全应用。

二、OCR 技术实现的原理及过程

OCR 技术首先通过光学仪器生成对象资料的影像并存储，接着在计算机上对影像进行处理，消除一些影响识别的可忽略因素，再将影像进行切割，使之成为可以独立识别的单元，然后从这些影像单元中提取其形态特征，再与标准特征库中的数据比对，根据比对的结果决定该单元对应的识别结果。这个过程看似简单，但由于对象资料所涉及的不确定因素有很多，如书写者的习惯或文件印刷品质、扫描仪的扫描质量、识别的方法、学习及测试的样本等，所以在实际的OCR系统操作中，主要过程涉及处理对象的影像获取、影像前处理、文字特征抽取、比对识别、人工校正、结果输出六个过程。

1．影像获取

将需要OCR处理的对象资料通过光学仪器（如扫描仪、传真机或其他光学器材）获取影像，再将影像转入计算机。

2．影像前处理

影像前处理是OCR系统中需解决问题最多的阶段，从得到一个非黑即白的二值化影像或灰阶、彩色的影像，到独立出一个个的文字影像单元的过程，都属于影像前处理。这其中包含了影像正规化、去除噪声、影像矫正等的影像处理，以及图文分析、文字行与字分离的文件前处理。

3．文字特征抽取

以识别率而言，特征抽取可以说是OCR系统的核心，用什么特征、怎么抽取，直接影响识别质量。特征抽取可分为两类：一类是统计的特征，如文字区域内的黑/白点数比，当文字区分成好几个区域时，这一个个区域黑/白点数比的联合，就成了空间的一个数值向量，在比对时，只需用到基本的数学理论；另一类为结构的特征，如文字影像细线化后，以取得字的笔画端点、交叉点的数量及位置，或以笔画段为特征，配合特殊的比对方法进行比对。目前市面上的线上手写输入软件的识别方法多以此种结构的方法为主。

4．比对识别

当文字特征抽取结束后，不管是用统计或结构的特征，都需与数据库或特征数据库进行比对。数据库中包含所有欲识别文字的集合，集合中的元素是采用文字影像单元一样的特征抽取方法抽取特征所得的。通过比对，确定文字影像单元所对应的文字。OCR的识别率不可能达到百分之百，为了提高识别的准确度，字词后处理过程必不可少。它利用比对后产生的识别文字与其可能的相似候选字群，根据上下文的识别文字找出最合乎词义的词，对识别结果进行更正。例如识别“找们”，在词库中找不到这个词，而“我”是“找”的相似候选字，因此很自然地将“我”取代“找”，组成“我们”。

5．人工校正

该阶段是保证OCR质量的最后阶段，也是最有效、最直接的阶段。这个阶段要求使用者花费精力及时间，去直接更正或寻找可能是 OCR 出错的地方。一个好的 OCR 软件，除了有一个稳定的影像处理及识别核心，以降低错误率外，合理、有效、便捷的人工校正操作流程及其功能，也在很大程度上影响 OCR 的处理效率和准确性。

6. 结果输出

在该阶段，OCR 产生的结果将按照要求提交给用户。

三、OCR 技术的功能特点

（1）实现大量原始资料的快速扫描、录入、校对、整理与保存。OCR 技术可以识别各种版式的现代书籍（横版或竖版，简体或繁体，古籍或善本）和各年代的报纸杂志（内部资料或公开档案），并可以对其进行横竖对比校对，支持 PDF、HTML、RTF、TXT 等多种电子文档存储格式。

（2）自动进行各工序环节的高度协调和质量控制。质量控制是为保证和控制系统的录入质量而采取的一整套方法和措施。OCR 整个系统将生产过程划分为若干工序，由服务器给各岗位分配任务，进行任务协调，使各客户端的任务既相互独立又形成完整的生产流程，进而提高工作效率。

（3）OCR 数字化加工系统是一个大型的 Intranet 网络系统，整个系统围绕两个相互联系的数据库——员工数据库、OCR 扫描文件数据库——开展工作。它包含成千上万的加工数据资料和员工详尽的工作信息。管理人员通过简明友好的系统管理界面，可以方便地查询数据、备份数据和进行系统维护。同时，它还配有安全日志供管理人员查询。

（4）OCR 数字化加工系统采用生产流水线管理方式，将冗长、复杂的生产过程合理地划分成若干道工序，包括图书资料整理、扫描、图像处理、版面分析、识别、纵横向校对、版面还原、数据入库等，并合理地安排工作岗位，实行并行操作，极大地提高了生产质量和生产效率。

（5）OCR 数字加工系统能将种类繁多的文档资料、专业信息进行自动化处理，满足各种数字化信息发展和应用需求，为全面实现文献数字化奠定基础。

（6）OCR 技术能自动判断、拆分、识别和还原各种通用型纸质文献。它能自动分析文稿的版面布局，自动判断标题、横栏、竖栏、图像、表格等相应属性，将识别结果还原成与扫描文稿的版面布局一致的新文稿。它还可将图像嵌入横排文本或竖排文本。OCR 还有一个重要功能，即可对具体对象做“版面分析”（或称“分割”）。比如，将一篇文章中每个独立的汉字切分出来，或将名片中的每个字段切分出来，切分的难度不亚于识别。

（7）OCR 技术能将传统型文献上的文字信息转换成数字化电子文本。随着科技的进步，OCR 技术识别率大幅度提高，它对中英文混排文稿识别率达 99%，并可识别宋、仿宋、楷、隶、行等八种印刷字体，对数字、标点符号的识别也较为准确。

（8）在文献资源建设中，除了文字信息转换外，还有大量的图形、图像信息，以及声音、视频、动画等信息。OCR 技术能把这些信息有机地结合在一起，进行统一存储和管理。

（9）OCR 技术可将手工录入转变成自动录入，既减轻数据录入的工作量、工作强度，又减少重复劳动及差错率，极大地提高了工作效率。

参考文献

[1] 俞传正，等. 图书馆实用信息技术 [M]. 北京：海洋出版社，2010.

[2] 刘晓清. 图书馆信息技术应用指南 [M]. 北京：海洋出版社，2007.

[3] 周爱民. 高校图书馆信息技术应用实务 [M]. 南京：东南大学出版社，2008.

[4] 张政和. 图书馆自动化与数字化 [M]. 呼和浩特：远方出版社，2004.

[5] 李青，张丽红. 中小型图书馆数字化建设应用读本 [M]. 北京：北京图书馆出版社，2007.

思考题

1. 储存技术有哪些结构类型？各有什么特点？
2. 互联网提供的服务类型有哪些？
3. 列举常见的即时通信工具。
4. 网络安全技术包括哪些技术？
5. 多媒体技术对图书馆的影响有哪些？
6. 身份识别技术有哪些？它们都应用在哪些方面？
7. 简述 OCR 技术实现的原理及过程。

第三章
图书馆自动化集成系统

第一节　图书馆自动化集成系统概述

一、图书馆自动化集成系统的概念

说到图书馆自动化集成系统（Integrated Library System，ILS），就不得不提到“系统”这个词。“系统”一词源于古希腊语，是由各个功能单元或部分组成整体之意。关于系统的定义有上百种，但是这些定义几乎均包含一个主要含义，即“系统是内部互相依存的各个部分，按照某种规划，为实现某一特定目标而联系在一起的、合理有序的组合”。

从系统的定义中可以看出，系统有两个基本成分：一个是相互作用、相互依存的部件，另一个是确定的目标。这些部件本身和它们之间的相互关系决定了系统如何工作，而目标则是系统工作的结果或目的。因此，从系统的角度对图书馆自动化集成系统进行定义，图书馆自动化集成系统即是由图书馆工作人员、读者、采访、编目、典藏、流通、查询、管理决策等部件组成，这些部件相互关联、相互依存，为实现图书馆业务自动化、科学管理和服务读者的目标而联系在一起的、合理有序的组合。

就其本质而言，传统的图书馆自动化集成系统实际上是一种信息管理系统。从系统的具体功能和服务的对象来看，该系统就是针对特定行业领域使用的管理系统。

具体而言，图书馆自动化集成系统是指运用计算机、信息管理和决策技术，结合先进的管理思路、方法和手段，辅助管理人员进行管理与决策。因此，图书馆自动化集成系统是对图书馆进行全面管理的、人与计算机相结合的系统。它运用计算机、信息技术、管理技术和决策技术，并结合现代社会先进的管理思想与手段，实现对图书馆内各种业务与需求的处理，为图书馆工作人员进行管理和决策提供了极大的帮助。总的来说，它是图书馆综合管理技术与计算机技术和网络技术等综合运用与融合的产物。

美国图书馆自动化专家S. 迈克尔·马林科尼克教授简要说明了集成系统的本质——对一个共同的数据库中的数据进行操作的一个一系列程序的集合，通过合理的定义均可被认为是一个集成系统。该系统能将各种处理活动中操作的结果记录在同一个系统库当中。简而言之，图书馆自动化集成系统可以使图书馆的主要功能（包括采访、编目、流通、连续出版物的管理、公共检索等）在一个书目数据库的基础上实现。通过使用自动化集成系统，图书馆各个部门的工作人员可快捷地了解图书馆目前的馆藏状态（订购、加工、外借、预约等），读者也可以随时检索图书馆馆藏资源。

二、图书馆自动化集成系统的发展概况和趋势

图书馆自动化集成系统起源于20世纪50年代的美国。在1950—1954年，美国海军军械中心图书馆开始利用计算机建立文献检索系统，从而实现对文献题名、责任者等相关项目的检索。根据相关文献记载，1954年，美国海军兵器中心在IBM 701计算机上进行单元词的匹配检索。之后在1958年，IBM的研究员卢恩进行了著名的自动抽词试验，开创了自动分类、自动标引与信息检索等多个与图书馆学、情报学、计算机相关应用等学科密切相关的研究领域。

图书馆自动化集成系统的研究，开始于机读目录（Machine Readable- Catalogue，MARC）的出现。1964年，美国国会图书馆（Library of Congress）发起研制的MARC，在保留图书馆传统的著录项目的同时，统一了手工目录体系，并且采用了国际通用的标准著录条例，而且还具有扩充和修改功能，从而满足了对各种不同类型图书馆编目著录的要求。随后出现了英国的UKMARC、加拿大的CAMARC和我国的CNMARC等。直到20世纪70年代，以编目系统为基础的各种自动化系统初具规模，还出现了以编目系统为纽带的联机编目协作网，如OCLC、WLN等。在这一阶段产生的自动化系统相应的功能都比较单一，难以实现各个系统之间的信息共享。这类系统主要是各类大型公共图书馆或各高校根据自身图书馆内事务的需要自主开发的。例如美国的东伊利诺伊大学的联机图书流通系统、华盛顿州立大学的图书采购系统，就是根据图书馆的实际业务进行流程的编码化、自动化、系统化的。

图书馆自动化集成系统不仅要实现图书馆某个部门内具体业务流程的自动化，更重要的是要把图书馆作为一个整体，在书目记录的基础上实现各部门之间数据的传输和共享，从而达到实现整个图书馆内业务流程自动化和科学管理的目的。从这个角度看，在20世纪70年代末涌现的图书馆自动化系统，还不足以称为集成系统。直到80年代初，美国西北大学研发的图书馆信息管理系统NOTIS的问世，开创了图书馆自动化系统的商品化与集成化时代。

图书馆自动化集成系统的产生和发展主要依赖于两个方面的推动：一方面是计算机技术的迅猛发展和网络技术所提供的技术支持；另一方面是各个图书馆内关于管理方面的新需求的产生，使得图书馆自动化集成系统的产生变得更加迫切。

图书馆自动化集成系统的发展主要经历了三个阶段：以计算机管理为主要特征的第一阶段、以网络化管理为主要特征的第二阶段和以数字图书馆服务为主要特征的第三阶段。第一阶段以在20世纪70年代末到80年代初出现的专门为图书馆研制的计算机管理系统的公司为主，如1978年成立的Innovative公司、1983年成立的NOTIS公司。这一阶段的图书馆自动化集成系统主要是为满足传统图书馆的需求定制研发。传统图书馆业务工作的主要特点是流程较为规范、重复性较高、数据可以多次利用，而计算机技术能在一定程度上为这些数据的处理提供便利，因此，计算机技术在图书馆内的相关工作中迅速得到运用。第一阶段的图书馆自动化集成系统应用计算机和其他设备自动或半自动地完成图书馆内的采访、编目、流通、典藏、书目管理、书目检索等工作，为图书馆自动化集成系统的建设奠定了重要的基础。但这一阶段的系统整体还存在一定的局限性，因为其主要的管理对象是图书馆内的文献，并不能满足图书馆内更多的工作需求，这也在某些方面推动了图书馆自动化集成系统第二阶段的开发。

20世纪90年代中后期，图书馆自动化集成系统的研发进入蓬勃发展时期，图书馆的工作中心也由原来对文献具体形式的研究转变为对文献信息内容更深入的研究，这一转变也使得图书馆现代信息技术开始向面向读者和网络化信息服务的自动化阶段发展。在第二阶段，图书馆自动化集成系统的技术特点是支持多种操作系统，采用了基于C/S与B/S相结合的整体结构体系，还采用了成熟稳定的大型商用数据库。除此以外，许多开发商研发出通过在图书馆自动化集成系统中内嵌文本检索软件，以实现全文检索的功能。

之后，随着计算机技术、网络技术和信息技术的迅速发展和应用，图书馆自动化集成系统日益成熟，并向着数字图书馆（第三阶段）的方向迅猛发展。在2000年，一些发达国家的图书馆自动化集成系统开始进入数字图书馆阶段，在采访、编目、流通和联机书目检索等传统模式的基础上，不断推出数字图书馆自动化集成方案。在知识经济时代，图书馆内的服务由原来的以文献为主向知识服务转变。图书馆自动化集成系统的建设和文献资源的数字化建设，为图书馆知识管理提供了良好的网络环境和技术平台。因此，以知识管理为主的数字图书馆已经成为今后发展的主要形式。

数字图书馆是一个帮助读者搜寻和利用知识，能够按照读者的相关需求，对适合的知识和正确的信息进行组织的服务体系。此外，数字图书馆是建立在内部业务高度自动化的基础上的，不仅能使本地和远程读者实现对图书馆馆藏资源的查询，还能使读者获得图书馆的服务内容介绍以及相应的数字资源，是信息更新度、共享度更高的现代化图书馆。数字图书馆的主要特征可以概括为信息资源的数字化、信息传递的网络化、信息利用的共享化、信息实体的虚拟化、信息提供的知识化、海量数据存储管理与检索、先进的网络环境和友好的用户界面等。数字图书馆到目前为止还没有准确的定义，它依托于传统图书馆，对传统图书馆的管理与服务作延伸和扩展，为未来图书馆的发展指明了方向。

我国的图书馆自动化管理起步较晚，但总体发展很快。1974年8月，周恩来批准实施汉字信息处理系统工程，简称“748工程”。这项工程具体包括汉字计算机情报检索软件、汉语主题词表、汉字通信和机器翻译等研究任务。1978年，中国国家图书馆、中国科学院图书馆（现为中国科学院国家科学图书馆）、北京大学图书馆、清华大学图书馆以及一系列部委的文献机构，开始对国家机读目录、文献数据库进行研究和使用。到1991年，我国已经研制出100多个图书馆专用软件系统，并迅速向网络化与集成化方向发展。在20世纪90年代末，我国开始引进国外先进的图书馆自动化集成系统，目前这些系统已经在我国多数大型图书馆成功应用。国外优秀图书馆自动化集成系统的引进和应用，极大地缩短了国内外图书馆自动化集成系统发展水平的差距，推动了我国图书馆自动化建设跳跃式的发展。通过学习和借鉴发达国家图书馆自动化集成系统管理理念、运行模式和服务手段，国内图书馆自动化集成系统实现了飞速发展。

如今，有些人认为图书馆自动化集成系统已经过时，甚至消亡了；但也有人认为，图书馆自动化集成系统的核心功能和本质并没有发生变化，只是顺应了时代发展的规律和数字图书馆的建设。新时期图书馆自动化集成系统也应继续顺应时代的需求，不断优化发展。

首先，应该考虑对图书馆目录的重新定义。目录不应只是书名、刊名以及其他相关的封面信息，而是进一步对资源内容的揭示，因而目录不仅要反映 MARC 的记录，还要包括全文索引和大量的相关数据。信息的发现环境也是十分重要的，要进一步综合信息发现环境，而不要仅凭借联机公共目录查询系统 OPAC（Online Public Access Catalogue）。一是，要有更好的信息传递工具。大量的数字资源可以通过网络传递，所以也需要有很好的工具把全文传递给读者。二是，需要有更强大的搜索功能，以满足新时代快速增长的数字资源的需求。三是，应该有更精致、更简洁的结果呈现，以满足读者的阅读需求。

其次，要更加关注目前出现的开源图书馆集成系统。开源图书馆集成系统的特点主要表现在灵活度高、能够本地安装、可以共享服务器和软件、免费升级、可伸缩、服务导向等方面。它能够真实地反映图书馆的作业情况。另外，应用开源系统的用户之间可以形成开放源和社区源，用户之间可以产生良性相互推动力。从某种意义上说，它代表了图书馆软件开发的新形态。但是开源系统也存在不足，如前景不够明确、很难真正依赖、应用中需要较强的技术团队支持等。

此外，需要考虑的问题还有很多，例如，系统的结构应该转变为多层，即在现有的结构中增加中间件，甚至是第三方的应用模式；系统要支持多种语言；要从单一的数据格式转变为多元的数据格式；书目的查询由条目化的查询逐步转变为全文检索、智能型检索模式；用户的使用界面从统一的、静态的、固定的转向个性化，根据读者的需要灵活定制修改；参考咨询由面对面服务转向网络虚拟参考和实时参考咨询相结合的服务；各馆独自的服务或本馆内的服务转向一种关系间的合作服务；由整合检索图书馆目录转向检索图书馆所有数字资源，包括一些跨域资源；由实体典藏转向数字存档（digital archive）、镜像站点（mirror site）、缓存（cache）；等等。

最后，图书馆内安全措施的管理（如智能监控系统、感应警报系统等），馆内整体设施的自动化，设施管理、空间管理、交流平台管理等也有待提高。

关于图书馆自动化集成系统未来的发展趋势，还是要根据新时期的具体发展，及时关注不断出现的新趋势，了解读者需求，注重读者的参与形式，让读者对图书馆更有参与感。读者不仅是图书馆的使用者，同时也是图书馆日常工作的参与者，要将读者的参与扩展到读者服务上。图书馆自动化集成系统中的移动端服务，可以保证读者随时随地获取图书馆信息，同时还能实现各个图书馆之间信息的相互融合与交流（如馆际互借等）、协同合作、共同发展。除此以外，大数据云计算的运用也逐渐成为现代社会发展的一个较为热门的话题，能否将大数据云计算与图书馆的相关工作相结合，也可能成为下一阶段图书馆自动化集成系统的主要研究趋势。当前很多人已由阅读纸质文献转向阅读电子图书，在未来社会，纸质文献是否会随着这样的趋势逐渐消失，这也对图书馆的整体管理系统有重大影响。

对海量的信息资源进行整理分类，并将这些信息资源最高效地提供给需要的读者，这就是图书馆最为重要的功能，也是图书馆自动化集成系统的主要工作方向。

三、中小学图书馆自动化集成系统的选择

中小学图书馆是中小学校的文献信息中心，是服务教育教学、教育科学研究的重要场所，是学校文化建设和课程资源建设的重要载体，是广大学生、教师获取信息资源不可或缺的重要平台，是落实立德树人根本任务、全面深化课程改革的重要阵地，对于保障教学、服务教学、改善教学，提高学生自主学习能力和终身学习能力，促进教师专业成长和学生全面发展具有重要作用。中小学图书馆作为国家图书馆服务体系的重要组成部分，对于服务学习型社会和书香社会建设，完善公共文化服务体系，丰富群众精神文化生活具有重要作用。

面对全面深化教育综合改革的新形势，加快推进治理现代化的新部署，深入推进义务教育均衡发展的新要求，落实立德树人、深化课程改革的新任务，倡导全民阅读、建设书香社会的新氛围，必须深刻认识加强中小学图书馆建设与应用工作的重要意义，切实增强责任感、使命感和紧迫感，全面落实责任，明确目标任务，切实加大力度，不断完善措施，将中小学图书馆建设与应用工作提高到新水平。

中小学图书馆采用自动化集成系统（主要是由计算机和通信网络等配套设备构成的），主要目的是完成图书馆工作中对各种文献资源的输入、加工、存储、传递、使用，提高中小学图书馆的整体工作效率，加快中小学图书馆向自动化、现代化图书馆转变。此外，图书馆自动化集成系统还能够帮助中小学图

书馆实现管理系统化、网络化，馆藏文献数字化，工作人员思想观念现代化等。

中小学图书馆的自动化，主要是利用图书馆自动化集成系统，对图书馆各个工作环节，如采访、编目、流通、阅览、信息检索、图书馆管理等方面，实行程序控制下的自动管理，从而提高图书馆的工作效率，减轻工作人员劳动量，加速文献流通速度，以向读者提供更多信息。

中小学图书馆由于技术条件的局限，一般不能自行研制图书自动化集成系统，可在中小学图书馆协作网指导下，各学校统一选择现成的图书馆自动化集成系统。我国目前研制并已经投入使用的图书馆自动化集成系统，主要有清大新洋图书馆自动化管理系统（GLIS）、北京金盘图书馆集成管理系统和深圳图书馆研制的图书馆自动化集成系统（ILAS）等。这些系统已经在很多公共图书馆、专业图书馆和学校图书馆使用了较长时间，各有优缺点，功能模块也不完全相同，但其基本原理大同小异，主要包括以下几个基本子系统：采访子系统、编目子系统、联机检索子系统、流通子系统、连续出版物管理子系统等。

计算机技术和网络技术的飞速发展，必将对图书馆及信息产业产生巨大的影响。这些影响，在中小学图书馆工作中已经有所表现，但更深远的影响将会在今后较长一段时期逐步显现出来。

第二节　图书馆自动化集成系统的系统架构及功能构成

一、系统架构

图书馆自动化集成系统架构整体经历了“单机架构⟶ C/S 架构⟶ B/S 架构⟶混合、多层架构”的发展阶段，并向云计算、云平台等系统架构方向发展。

早期的图书馆自动化集成系统是单机架构的单功能系统，只能有限地自动处理图书馆中某类单一业务，对数据的处理一般采用脱机批处理技术，即使用计算机处理单个图书馆某一方面的业务工作（如流通、编目、期刊管理等），并且一般不能即时给出处理结果，而是把若干处理要求集中后，一批一批地处理。随着计算机性能的进一步提高、分时处理技术和大容量磁盘存储器的广泛使用，图书馆自动化集成系统迈入了联机系统和网络系统的阶段，出现了采用客户机 / 服务器（Client/Server，C/S）模式的系统。同时随着网络技术的兴起和 HTML 的广泛使用，基于 Web 页面的浏览器 / 服务器（Browser/Server，B/S）模式的自动化集成系统逐渐出现。如今，随着信息技术的不断发展，图书馆自动化集成系统已不再局限于最初的单机系统或简单的 C/S、B/S 模式，而是逐步向着多层、混合的架构体系，甚至云计算、云平台等系统架构下的图书馆自动化集成系统方向方展。

C/S 体系结构采用 Intranet 技术，以局域网为中心，将应用一分为二，服务器（后台）负责数据管理，客户机（前台）完成与用户的交互任务。客户端程序的任务是将用户的要求提交给服务器端程序，再将服务器端程序返回的结果以特定的形式显示给用户；服务器端程序的任务是接收客户端程序提出的服务请求，进行相应的处理，再将结果返回给客户端程序。一般情况下，图书馆工作人员通过专门的客户端完成图书馆某种类型的业务工作，如编目、统计、查询等。

B/S 体系结构主要利用 Web 浏览器技术，适用于广域网或局域网环境，结合浏览器的多种脚本语言，使用通用 Web 浏览器实现需要复杂的专用软件才能实现的强大功能。客户端只要安装通用 Web 浏览器（Web 浏览器是客户端最主要的应用软件），通过浏览器访问 Web Server，与数据库进行数据交互，就可查询书目信息和个人借阅记录，并进行续借、预约图书等操作，而系统功能实现的核心部分集中在服务器上（服务器安装数据库）。

C/S 与 B/S 两种结构混合使用也是目前常见且有效的体系结构。一种典型的 C/S 与 B/S 混合软件体系结构就是内部用户采用 C/S 结构，通过客户端软件直接访问数据库服务器；外部用户采用 B/S 结构，通过网络访问 Web 服务器，与数据库进行数据交互。

二、主要功能构成

按照图书馆业务的工作流程，图书馆自动化集成系统主要包括采访、编目、流通、连续出版物管理和联机公共目录检索子系统。这些子系统作为图书馆开展业务工作和读者服务的基础，在很大程度上代表和体现了图书馆自动化的水平。在资源建设与读者服务方面，图书馆自动化集成系统所提供的基于系统的统计分析功能也是非常重要的，要想深入了解读者的阅读需求，指导资源建设，科学的统计与分析数据必不可少。

（一）采访子系统

采访工作是图书馆业务工作的起点，是图书馆开展其他各项业务工作的基础，因此，采访子系统是图书馆自动化集成系统的一个重要组成部分，是提高采访工作效率和经费管理质量的关键。采访子系统业务流程复杂，涉及子系统内外的链接、数据（包含的数据类型较多，有书目数据、订购数据、财务数据等）的输入输出、统计（订购统计、验收统计、财务统计等）、荐购处理等方面。随着信息技术的发展，图书馆的采访对象发生了很大的变化，除了纸质文献以外还有多种电子出版物，如以光盘、软盘为载体的电子出版物，以及其他数字资源，如电子图书、期刊数据库等。

采访子系统主要具备订购管理、验收登记、经费管理、赠送交换、统计及报表生成等功能。

采访子系统订购管理是从接到出版社订单开始处理，包括馆藏与订购图书的查重、订购管理等功能。查重时，将存储在计算机中的本馆馆藏目录数据库中的记录与订购单上的预订图书加以对照，以确定本馆是否已购该图书。订购查重时可以从图书的题名、责任人、国际标准书号等途径查找。验收登记部分包括验收、个别登记、总括登记、打印总括登记表等。经费管理部分包括预付款管理、实付款管理、经费使用报告等功能。经费管理主要管理相关单据和业务往来，并进行有效记载。该功能既能了解经费支出情况，又能掌握预计支出，还能对往来的各种赠阅图书进行登记、移交、签订交换关系和管理。

（二）编目子系统

编目工作是对文献资源进行分类、编制目录、建立馆藏目录体系的过程，是图书馆开展各项工作的基础，是用户快捷、准确查询文献资源和图书馆资源流通管理的基本保证。因此，编目子系统是图书馆自动化集成系统的重要组成部分，也是联结采访、检索、流通等子系统的纽带。图书馆的编目工作是比较复杂的，需要由受过专门训练的编目人员来完成。目前图书馆可以借助网络环境进行统一联合编目，获取书刊编目信息。此外，随着文献资源数量的不断增加，资源类型逐渐趋向多样化，编目工作也逐渐走向标准化、自动化和网络化，联机合作编目和编目社会化成为编目工作的发展趋势。目前，国内联合编目机构主要有全国图书馆联合编目中心（OLCC）、中国科学院国家科学数字图书馆（CSDL）、中国高等教育文献保障系统（CALIS）联机合作编目中心（CUCC）、上海市文献联合编目中心（SIUCC）、地方版文献联合采编协作网（CRLNet）等。

编目子系统依据机读目录标准及有关规范，建立图书馆中央目录数据库，提供编目过程的书目查重、数据输入输出等功能。输出目录产品包括卡片目录、书标、书本式目录和机读目录。编目统计部分包括个人工作量统计、全体工作量统计、分辨库记录、分类统计与分辨库记录状态统计、总书目库记录分类统计与总书目库记录状态统计。

编目子系统主要包括编目、查重、校验、打印、统计等功能。

（三）流通子系统

流通工作是图书馆根据读者的借阅需求，为读者直接提供馆藏文献借阅服务，是图书馆开展工作的主要目的。阮冈纳赞的“图书馆学五定律”第一条就是“书是为了用的”，图书馆中其他许多业务工作是为流通工作做准备的。流通子系统是图书馆自动化集成系统与读者直接相关的部分，图书馆应利用好自动化集成系统中的流通管理模块，提高工作效率，为读者提供方便快捷的服务。

流通子系统主要包括读者管理、流通管理、费用管理、事务管理、统计报表生成与打印、书目管理以及扩展功能的管理（如催还、预约、通知管理等）。

（四）连续出版物管理子系统

国际连续出版物数据系统（ISDS）给连续出版物下的定义是:“连续分期并拟无限期发行的出版物，称为连续出版物。它包括学术团体的期刊、报纸、年刊（如年报、年鉴、指南等）、杂志、纪要、会议录、汇刊，以及专题论文、丛书等。”由其定义可见连续出版物具有三个主要特点:（1）有一个固定的名称;（2）有连续的年、卷期编号;（3）周期性出版。由于连续出版物内容更新较快，出版连贯，数量、种类庞大，已成为现代文献的一种主要类型。

连续出版物管理子系统主要用于管理图书馆的连续出版物，一般工作流程类似于整合了采访、编目和流通管理等工作流程，同时又具有其自身的特点——支持多种类型的连续出版物出刊频率（定期和不定期）的管理。

连续出版物管理子系统主要包括期刊订购、登到、催询、流通、装订、编目、入藏管理等。

（五）联机公共目录检索（OPAC）子系统

随着互联网技术和图书馆服务的不断发展，图书馆自动化集成系统的内容和功能已经由图书馆内部业务管理工作逐渐向为读者提供更多的使用功能和服务方式转移。联机公共目录检索子系统是读者方便地检索图书馆文献资源的手段，它与图书馆主体工作平台或主机中的书目数据库相连，提供一种有效的联机查询方式，读者可通过计算机终端查询书目数据库中的书目信息。OPAC 检索子系统为读者提供了多种检索途径，包括题名、著者、分类号、主题、关键词、ISBN、ISSN 等，同时，OPAC 检索子系统也支持多种检索策略，如布尔逻辑检索、截词检索等。

OPAC 检索子系统主要具有资源检索、信息发布、读者个性化服务等功能。

一个完整的图书馆自动化集成系统还应该包括非书资料管理子系统、系统管理子系统、统计分析子系统和办公自动化系统等。

第三节　国内图书馆自动化集成系统介绍

本节主要介绍目前国内图书馆较常用的自动化集成系统，包括清大新洋图书馆自动化管理系统（GLIS 7.0）、金盘智慧云图综合服务平台（V 2.0）、深圳图书馆 ILAS 图书馆自动化管理系统和四川省中小学信息化管理系统。

一、清大新洋图书馆自动化管理系统

北京清大新洋科技有限公司依托清华大学的技术优势，专业从事图书馆自动化管理系统软件的开发及推广。2009 年推出新一代 B/S 架构的 GLIS 7.0，以通用性、稳定性、标准性、智能化赢得 2800 多家大中小型用户的广泛认可。针对大中型用户推出 GLIS 8.0，2010 年又推出新一代的图书馆管理系统及数字资源整合平台 GLIS 9.0。

GLIS 7.0 包括以下模块：①图书的采购、编目、流通；②期刊的采购、编目、流通；③非书资料管理系统（光盘、录像带、录影带等）；④馆长办公系统（全馆的人员、设备、资金等的综合管理）；⑤条码打印软件；⑥书证制作软件（办理读者借书证）；⑦西文编目系统（管理外文图书）；⑧检索系统（馆内检索和校园网查询检索，可远程查询，包括新书通报、公告栏、馆情介绍、图书和期刊的查询、读者的检索、读者推荐信箱、读者推荐新书目等）。

（一）GLIS 7.0 系统的主要创新点

1. 全文检索技术

全文检索技术采用分词倒排序索引技术，在存储数据量、文件检索速度等方面具有较大优势，能够提供模糊检索、关联检索，实现更好的检索效果，获得更好的使用体验。GLIS 7.0 系统利用全文检索技术，并选用 Lucene 中间件，开发了更适合图书馆的“GLIS 文献搜索引擎”。

2. 纸电一体化管理方案，实现“一站式检索”功能

借助 GLIS 文献搜索引擎提供的检索功能，GLIS 系统提供了一套全新的纸电融合的一体化解决方案，实现“一站式检索”功能。用户可对图书馆的纸质图书、期刊、报纸及数字资源进行一站式检索，并且在查看纸质文献时可点击数字资源链接，直接通过 OPAC 查看文献的数字资源。

3. 基于 Web Service 的数据共享、馆际互借服务

Web Service 完全基于 XML（可拓展标识语言）、XSD（XML Schema）等独立于平台和软件供应商的标准，是创建可互操作的、分布式应用程序的新平台。在跨防火墙的通信、集成应用程序、数据重用方面，Web Service 具有优越性。GLIS 7.0 系统采用微服务方式部署，提供 Web Service、Web API 接口，实现办证、读者查询、图书查询、图书外借、图书归还、馆际互借等服务。

4. 分布式图书馆部署方案，提供图书馆云端管理平台

图书馆云端管理平台运行在互联网云端，各图书馆管理系统运行于各自校园网内，图书馆管理系统和图书馆云端管理平台使用分布式通信框架进行通信。图书馆云端管理平台可为区域内的图书馆提供数据备份、数据共享、文献数据统计、流通数据统计、各馆排名统计等管理功能，既可监控各图书馆的运营数据，又不影响各个系统的运行。各个图书馆内部还拥有自己专属的服务程序和数据库，可拓展性更强。

（二）GLIS 7.0 系统介绍

1. 特色功能

（1）支持 CALIS 数据、国家图书馆数据下载，支持各 Z39.50[①] 服务器上的数据下载。

---

① Z39.50 标准是按照分布式数据库系统体系结构设计的，是一个实现不同软件研制者开发的数据库管理系统之间相互对话的通信协议。

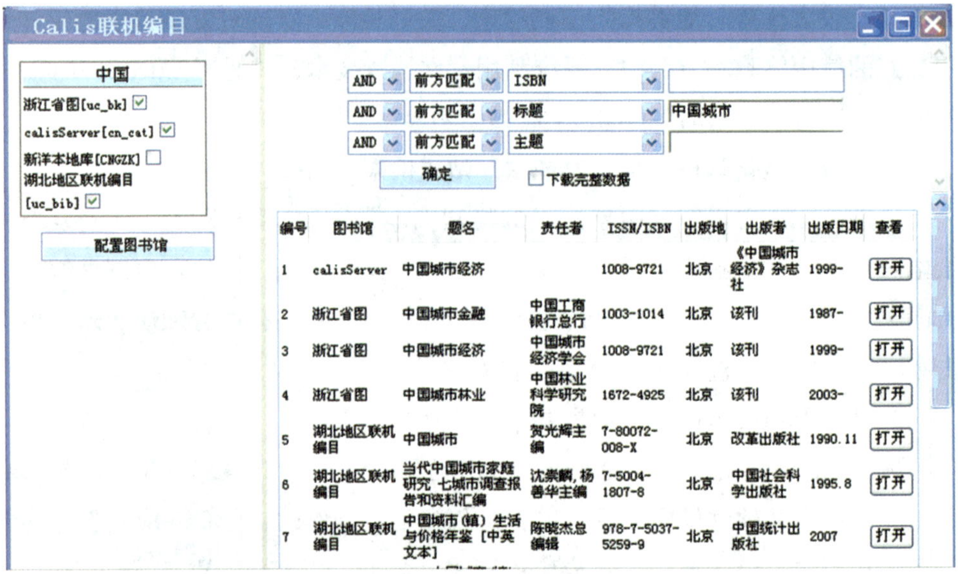

图 3-3-1 联机编目

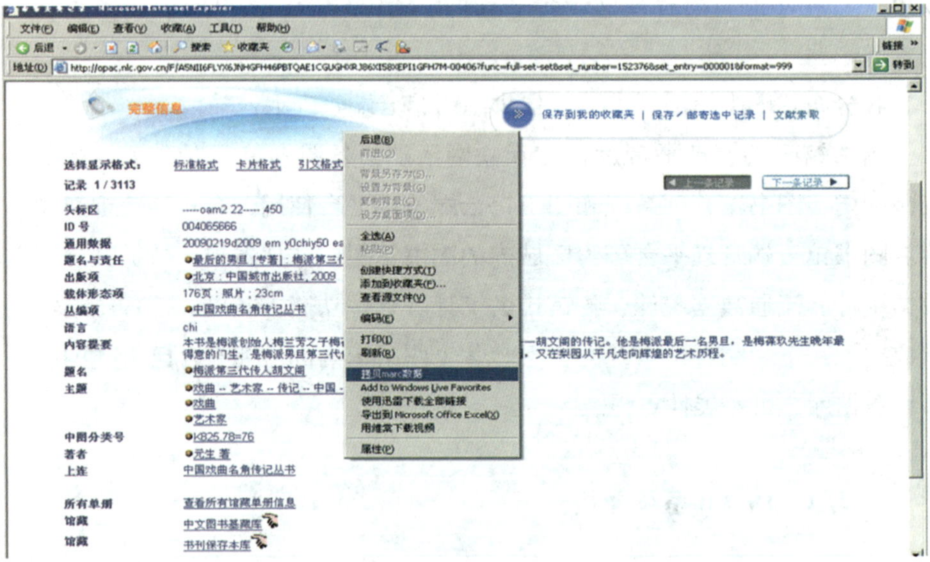

图 3-3-2 数据下载

（2）支持所有 GLIS 7.0 用户之间的数据共享。

支持多种批量操作，如批量订购、批量验收、批量查重、批量移库、批量替换和批量控制文件。若根据条码进行批量操作，可对数据进行批量导出、剔旧、停借、删除等操作。

拥有成熟完善的数字校园、一卡通、自助借还机、语音平台、指纹认证等集成方案。支持模糊匹配搜索、按拼音搜索、在结果中搜索等多种搜索方式。

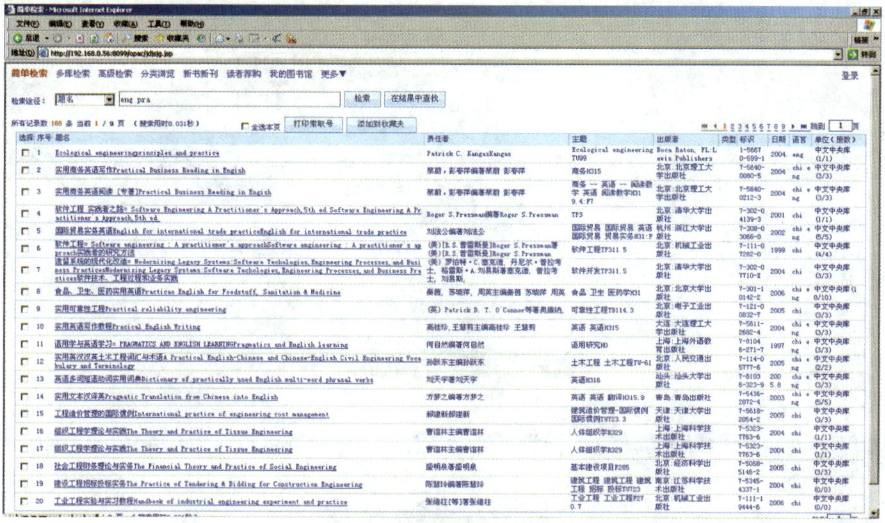

图 3-3-3　简单检索

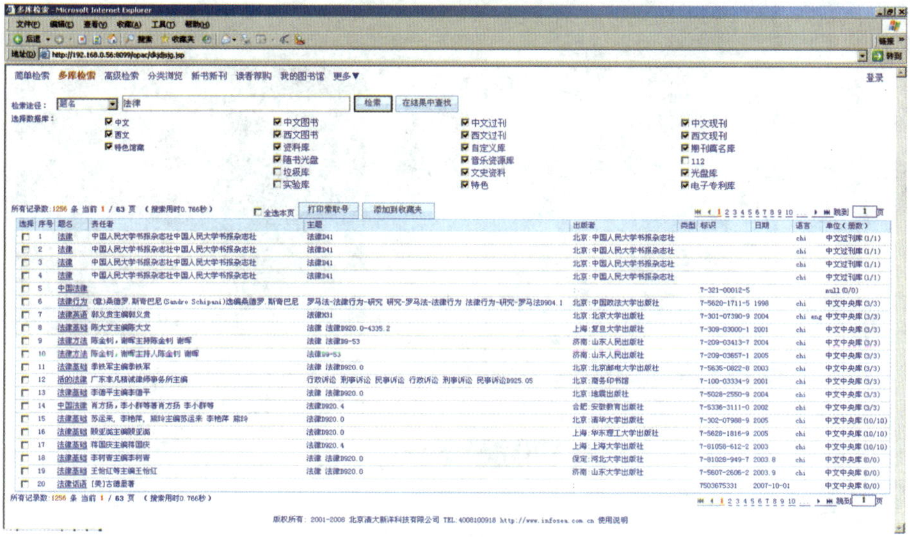

图 3-3-4　多库检索

（3）支持数据外包加工和数据批验收、数据批加种次号等批操作。

支持 3M SIP2 协议，支持自助借还系统。读者可以远程修改自己的联系方式，还可以远程续借、手机续借、查看借阅历史等。办证系统支持直接摄像头取图，也支持照片批导入。

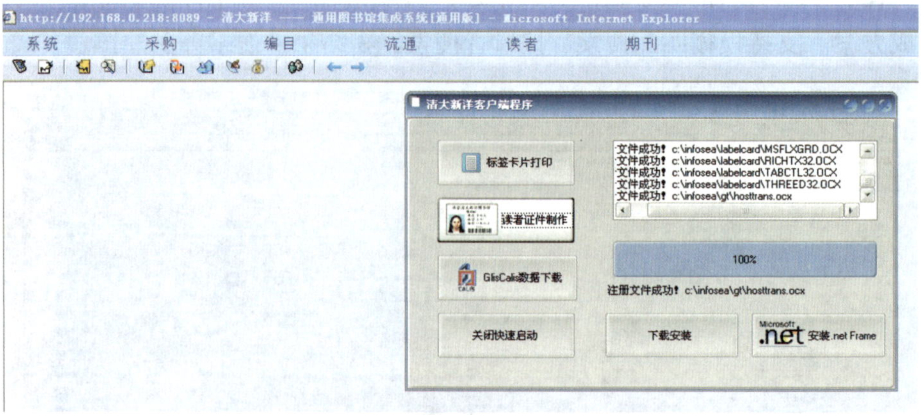

图 3-3-5 办证系统（一）

图 3-3-6 办证系统（二）

2．系统支持标准

（1）符合 ANSI/NISO Z39.XX。

（2）符合 ISO 10160、ISO 10161。

（3）符合中国机读目录格式标准和中国机读规范格式标准，以及 MARC 21 Format for Bibliographic Data、MARC 21 Format for Authority File Data［CNMARC/USMARC/CMARC（ISO 2709）］数据格式。

（4）书目及连续出版物著录符合《国际标准书目著录（ISBD）》和《中国文献著录标准（GB 3792）》，书目条码符合中国图书馆行业条码标准（Code 39）。

（5）符合中国文献著录规则和西文文献著录规则。

（6）符合 Anglo-American Cataloging Rules，AACR-3 英美编目条例。

3．部分业务

（1）采购。图书订购提供查重订购和新订购两种模式。

订购数据录入项目可以由用户自定义配置，支持多库、多途径查重订购；提供代其他单位订购功能，方便实现多馆、多单位联合订购。

保存的数据格式为 MARC 格式，提供订购数据多途径统计输出功能。

☆　批订购、批查重

订购数据可通过数据导入功能直接导入系统，导入的数据以书目期号区分，对导入的数据可以浏览、批查重（查重的数据会以不同的颜色区分其重复记录所在库。

如果订购数据在中央库已经存在，可以通过“查看利用率”查看该图书的流通量，决定是否再订购）。图书批订购页面如图 3-3-7 所示。

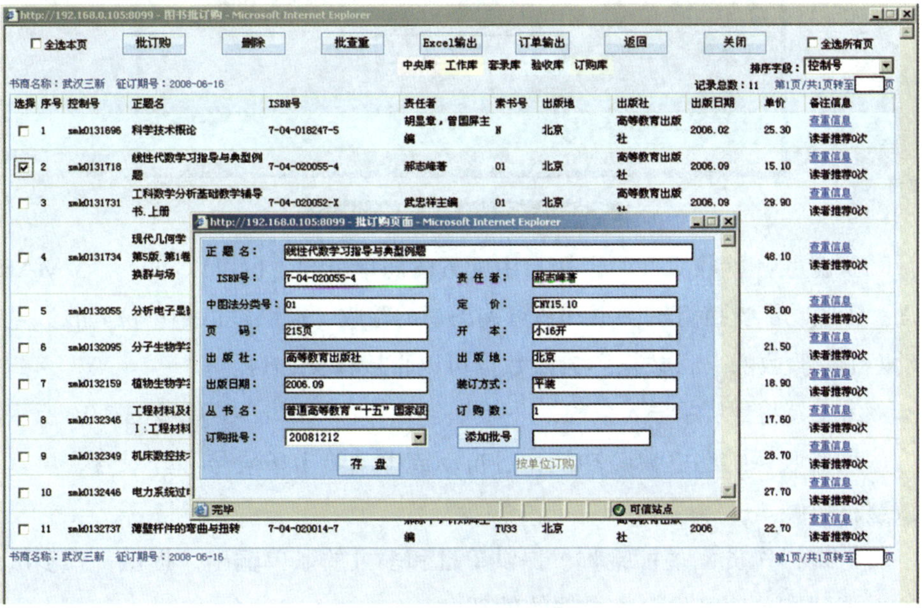

图 3-3-7　图书批订购页面

☆　单位订购

该功能适用于多个分馆的管理。多个分馆在订购的时候由中心馆统一订购图书，再给每个分馆分配订购数。在验收时，系统可以根据订购情况自动给每个分馆分配实到数。此功能在单馆使用时可以给本单位的各部门订购图书。

☆　系统快捷键在订购窗中的应用

在订购窗的 ISBN 输入框中填写 13 位国际标准书号后，系统会自动生成相应的出版社、出版地等信息。

☆　支持外采设备

支持振中、高立开元等图书外采设备。

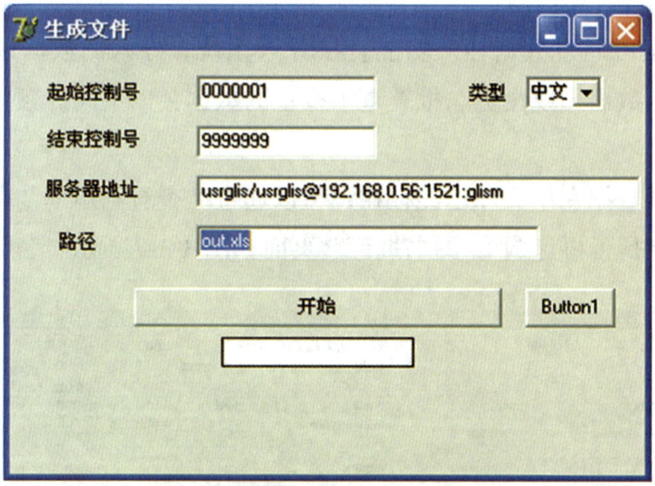

图 3-3-8　图书外采数据导出

（2）验收。验收页面可以用自由配置的简单页面，也可以同时查看 MARC 页面。验收功能支持订购图书和非订购图书的验收，提供多订购单位验收数量的自动匹配。验收的书目数据和典藏数据可以直接移交编目。

系统支持将到货单导入系统，进行批验收管理，如图 3-3-9、图 3-3-10 所示。

提供验收后的图书典藏功能，可自动或手动给出条码号和登录号，可以单个或整批典藏。

支持多操作员、多批验收，提供单批和多批的账单输出，提供一书多次验收、一书到齐自动删除订购数据的处理。

①退订。已经验收的图书和未经验收的图书都可以进行预退订操作。

订购的图书数据存放到订购库后，如果发现多订图书，其处理操作分两种情况：如果订购信息没有发出，可直接在“订购库”中修改订购信息；如果订购信息已发出，则需要进行退订操作处理。系统可以根据退订的情况打印退订和预退订清单，还可以发送 E-mail。

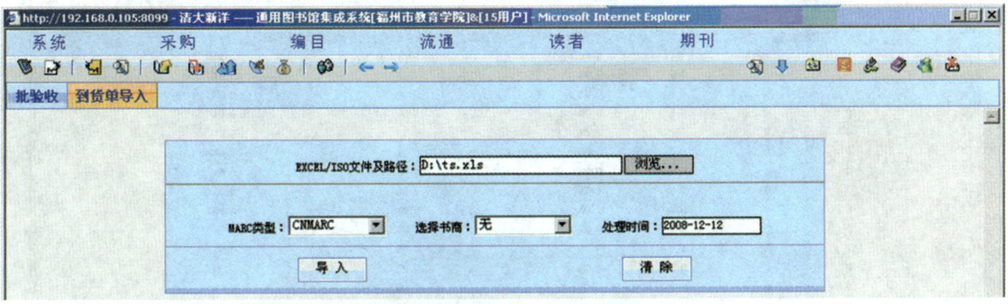

图 3-3-9　批验收管理（一）

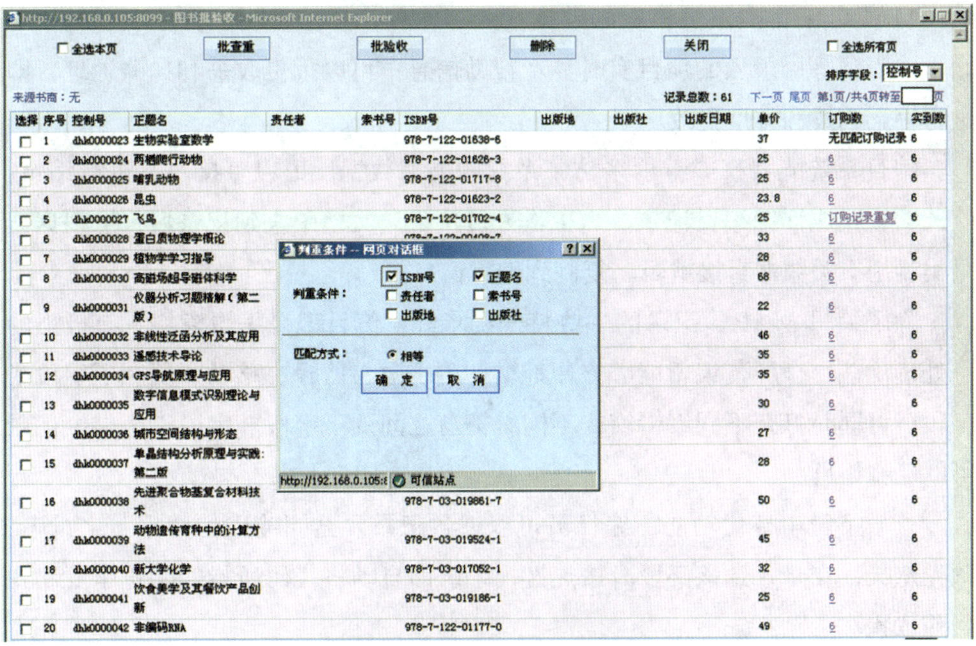

图 3-3-10　批验收管理（二）

②统计。包括订购统计、验收统计和财务统计。

订购统计可以统计订购数据的侧面数据，如按书目、操作员、分类、批号等统计；验收统计可以统计验收数据的侧面数据，如个别登录账单、总括账单、典藏明细账、订购单位等，便于全方位分析数据；财务统计支持按批、订购单位统计财务账单。如图 3-3-11 所示。

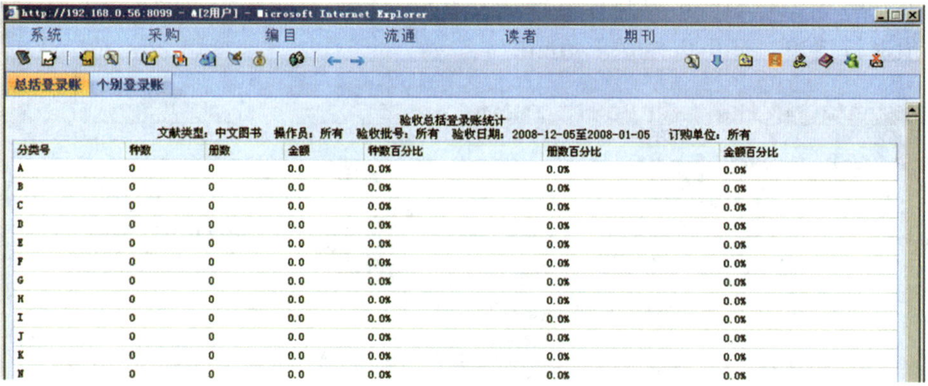

图 3-3-11　统计页面

（3）编目。编目系统提供简单编目和 MARC 编目两种格式的数据录入页面。MARC 编目提供多模板的数据录入工作单，如主题词、责任项、编目时间、出版项等，录入的项目实时显示帮助信息；可以批更改书刊典藏地址，即进行书刊调拨和类型更改。

编目系统能共享或继承采访子系统的书目数据，可以直接对其进行编辑、修改，转换成详细编目记录。当工作人员从采访文档中查到记录后，可根据记录类型把有关数据直接剪辑、复制到编目窗口。

除了编辑 MARC 记录的一些特殊要求外，编目记录编辑模块具有极强的字处理功能，全屏幕编辑能够方便地增、删、改、剪辑、移动、复制子字段或字段；可同时打开不同编辑窗，不同编辑窗之间的子字段、字段以至整个记录可以互相拷贝。

☆　字符串替代功能：编目员可以把各记录要共同输入的数据（字符串）预先定义，在录入到该字段时按热键，系统即自动将代码所指的字符串复制到当前位置。

☆　提供相应的辅助功能：内置汉语词表，可以对 CNMARC 记录中指定的字段按词切分，自动生成汉语拼音。能根据 ISBN、ISSN 自动生成出版项的出版地、出版者，并把它们置于相应的子字段内。同时，根据出版项能自动生成定长数据字段内的出版国代码、出版日期类型和出版年，根据字段的指示符自动生成附加款目和附注。除传统的著录项目和著录单元处理外，系统可对网络上的一些数字资源进行整理和编目。

☆ 自动校验和查核功能：主要对 MARC 格式的合法性和检索点的规范性、有效性进行校验，包括校验记录的必备字段是否齐全，字段及子字段的可重复性是否准确，固定长字段的长度是否正确，字段及子字段的指示符、标识符是否合法等。当校验出错误或遗漏时，系统会发出警告，并且显示错误信息报告，包括出错的字段和错误的类型等。

书目记录的复本或连续出版物的续卷，如查重时发现是复本或已有记录的连续出版物，用户可进入馆藏信息子功能来续卷。

☆ 规范控制功能：系统可对编目数据进行规范控制。在编辑书目记录时，选中一个名称（人名、会议名称、地名、丛编题名、统一题名等）或主题词，系统检索规范档，根据检索结果在显著位置给出提示（显示规范词、单一参照词、相关参照词），待操作者确认规范词后，系统根据规范模板将规范词插入书目记录。

☆ 提供回溯建库功能：满足回溯建库、流通系统建库的特殊要求，在生成书目记录时同步生成复本记录。

编目模块提供财产账统计、分类统计、典藏地统计、编目员统计、获得方式统计、货币统计等灵活的统计功能。

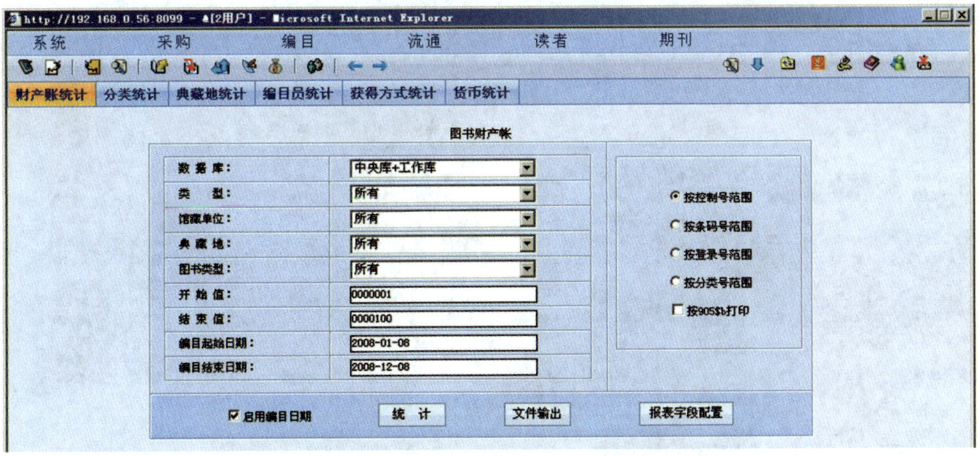

图 3-3-12 图书财产账统计页面

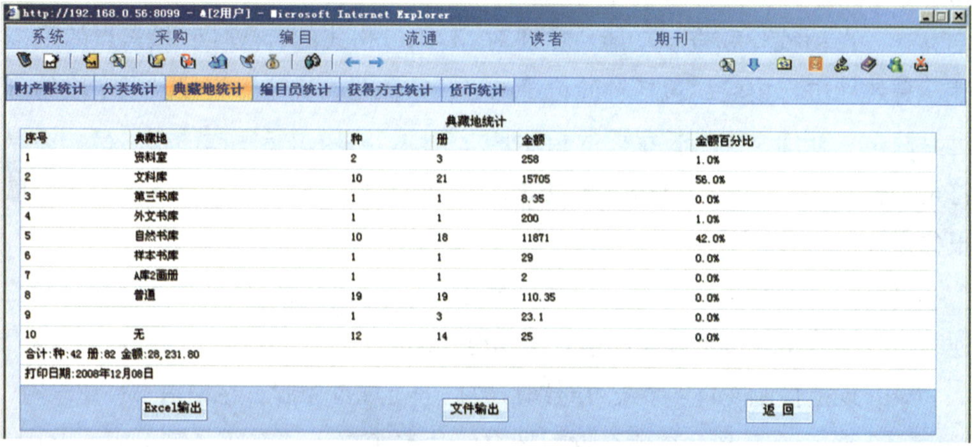

图 3-3-13 典藏地统计页面

（4）连续出版物管理。连续出版物管理可处理期刊、会议记录、报告、专著等各种类型的连续出版物，包括中西文期刊的订购、续订、记到、装订、编目、典藏、现刊和合订刊的流通等功能。期刊记到页面如图 3-3-14 所示。

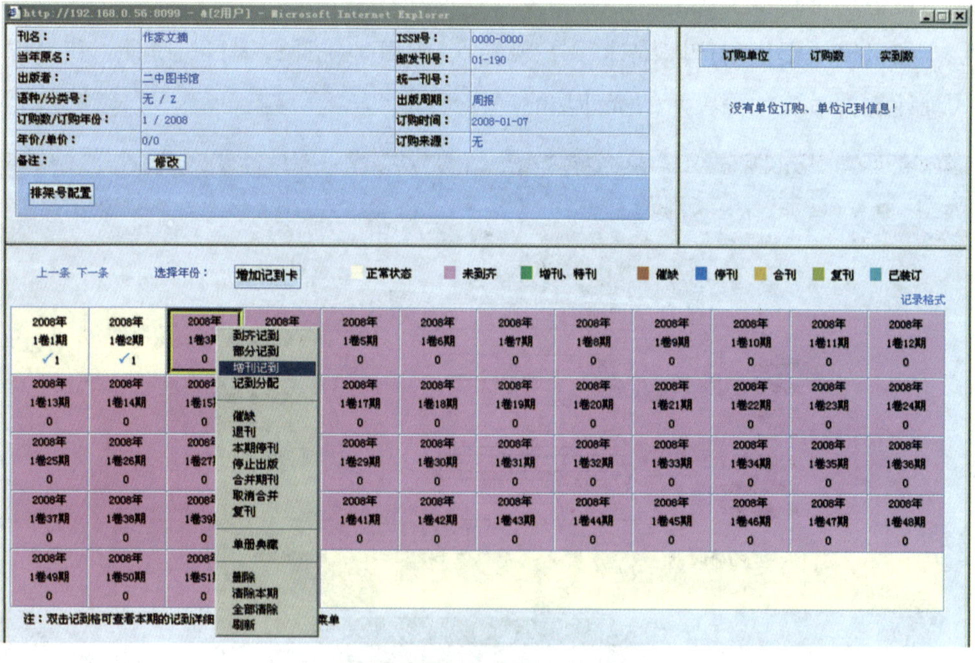

图 3-3-14 期刊记到页面

期刊的年续订功能可以将上一年订购的期刊成批拷贝到本年，不需要重复录入。

记到功能可以实现记到的到齐记到、部分记到，以及合刊、增刊、停刊、催缺、复刊、单位到刊等多种情况的记到处理；可以实现单个装订、批装订、按厚度装订和按册数装订的多种方式装订，以实现现刊、过刊的单个典藏或批典藏。

连续出版物管理的各个环节都有灵活的统计功能，如到刊统计、典藏统计、分类统计等。

（5）流通。流通系统集图书和期刊的流通于一体，涵盖外借、还回、续借、预约、污损处理、丢失处理、退罚金等流通基本业务。

流通系统针对不同文献设置了不同的、更为详细的借阅细则，既可以以天为单位借阅，也可以以小时为单位借阅；可以设定库中保留的副本不允许外借，也可以设定最短借阅时间。不同身份的读者还可以根据工作的需要享有不同的特权，确保重点科目科研人员的优先使用。流通出纳页面如图 3-3-15 所示。

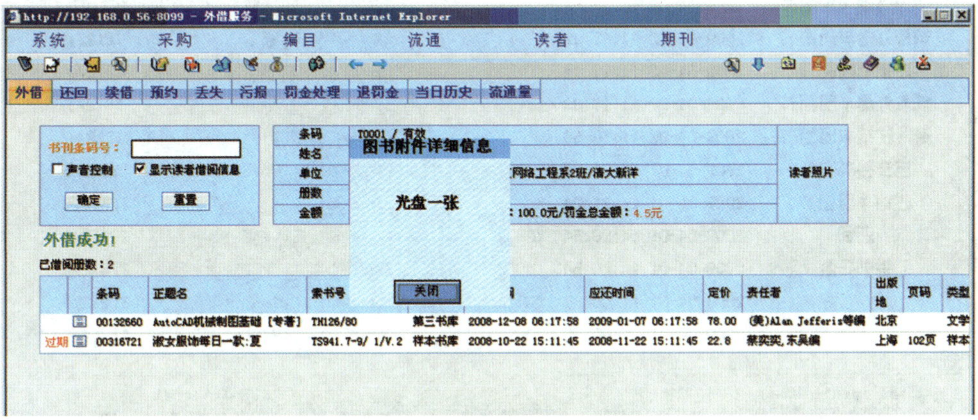

图 3-3-15　流通出纳页面

系统还对图书的预约进行了详细的规则划分，预约到书自动添加，图书馆工作人员可以对已经预约的队列进行手工调整。预约到期可以自动取消，也可以手工取消。

催还通知和预约通知的操作可以直接发送到读者的电子信箱。

为了配合图书馆对社会开放的需求，流通系统融入了公共馆的特色，增加了阅览室的刷卡消费、一卡通的费用处理等功能。

读者可以通过网上预约和续借功能，根据自己的权限续借和预约本馆和其分馆的图书，这增加了对读者的有效引导。

通过流通系统，操作员可以清楚查询当日的操作历史，并形成按典藏、分类分组合计，如图 3-3-16 所示。

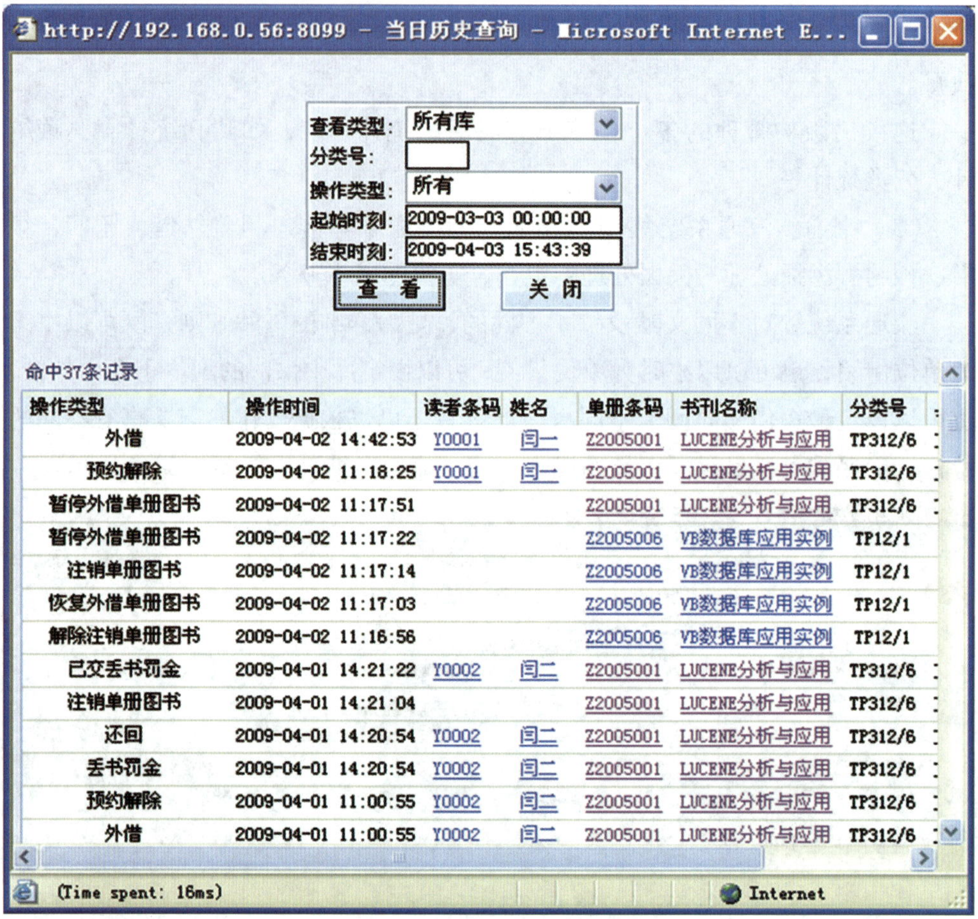

图 3-3-16　当日历史查询

（6）检索系统。检索系统主页面如图 3-3-17 所示。利用检索系统检索时，可选中心服务器或分馆服务器。在中心服务器上检索出书目数据后，还可以查看每个分馆的馆藏和借出情况，甚至可以检索到图书在馆的每个环节和该环节的数量（图书馆也可以根据本馆的实际情况关闭某些环节）。

检索系统基于完全的 B/S 模式，读者可以借助网络，利用浏览器进行方便的馆藏查询（支持馆内检索和网上检索）。读者还可以将自己的需求反馈给图书馆工作人员，图书馆也可以将好书、新书推荐给读者，加强图书馆与读者之间的互动，提高图书馆的社会效益和经济效益。

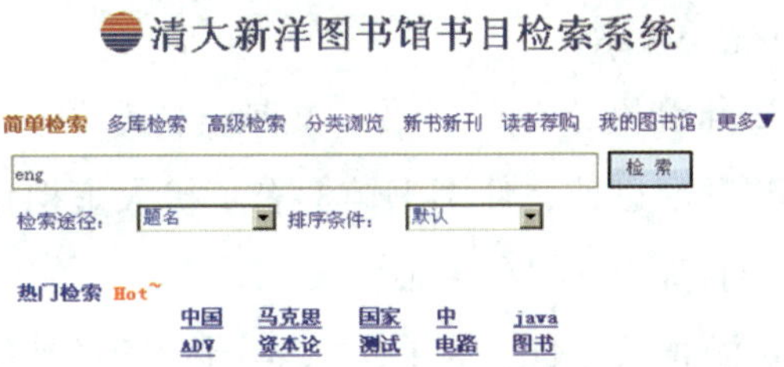

图 3-3-17　检索系统主页面

读者检索自己的借阅信息时，显示的信息会自动分类，如中文图书、外文图书的借阅信息会自动分开，如图 3-3-18 所示。

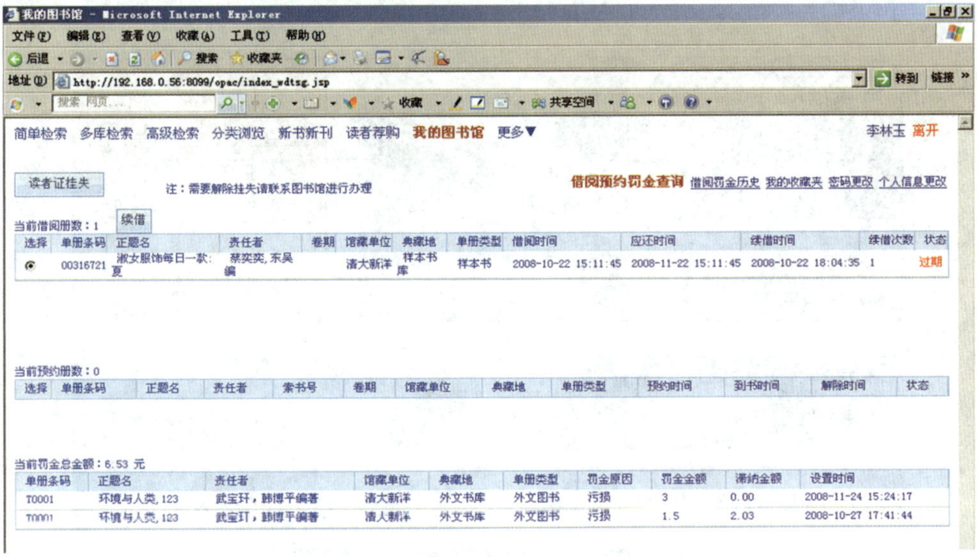

图 3-3-18　检索借阅信息

检索系统还提供信息发布功能，预约到书通报、图书催还通知、超期欠款通知等也可以由系统自动生成。

（7）管理系统。中外文图书与中外文期刊的管理集成在一个系统，由于管理员给不同的用户定义不同的角色（如流通操作员、编目员等），不同角色的用户进入系统看到的界面是不一样的。这种集中的管理使用户的数据处理变得简单，权限角色的自由定义使集成系统变成了一个个小系统，每个操作员面对的功能全是与自己业务相关的模块。

系统自由扩充：由于采用 B/S 的模式，系统的扩充变得非常容易。用户只要修改菜单配置文本文件，即可自己开发模块。

4. 资源整合与统一检索平台

随着近年来信息化和网络化的发展，文献资源数量大幅增加，电子图书、视频资源等数字资源发展迅速，使图书馆拥有了扩大虚拟馆藏的能力，但是也给图书馆的管理带来了新的挑战和困难。

由于每种数字资源格式不同，发布方式不同。读者查找资料时往往需要登录好几个系统，检索很多次，非常不便。GLIS 7.0 系统支持 CAS 统一身份验证和统一检索。

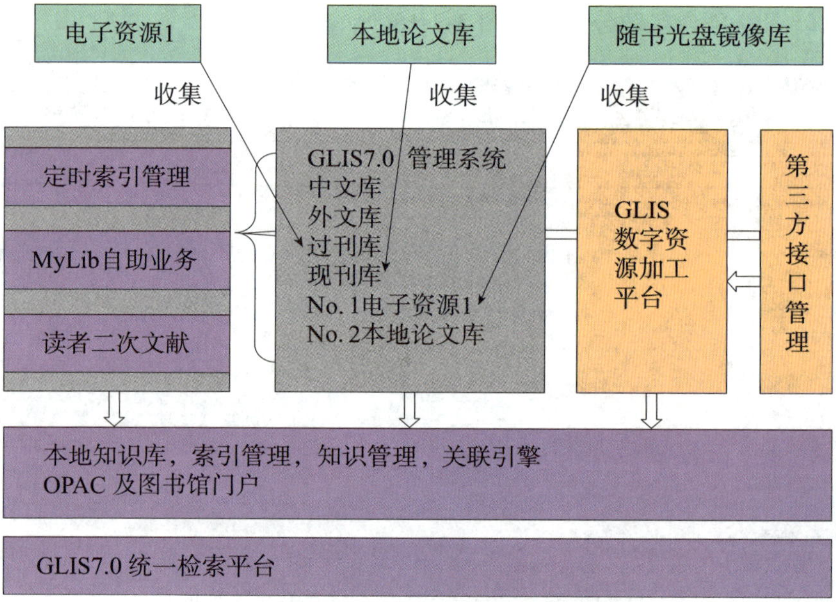

图 3-3-19　统一检索平台的资源整合

5. 馆际互借与区域性互借

GLIS 馆际借阅系统构建于 GLIS 图书馆集成管理系统平台之上，可以作为 GLIS 图书馆集成管理系统的一个模块运行，也可以单独运行。

GLIS 馆际借阅系统对传统的图书馆业务不会产生任何影响，因为其使用一个特殊的内部读者账号通过接口和 GLIS 图书馆集成管理系统进行数据交互。GLIS 馆际借阅系统的设计理念是低侵入的，在和原有系统无缝集成的同时，部分功能还可对原有系统进行扩充和加强。

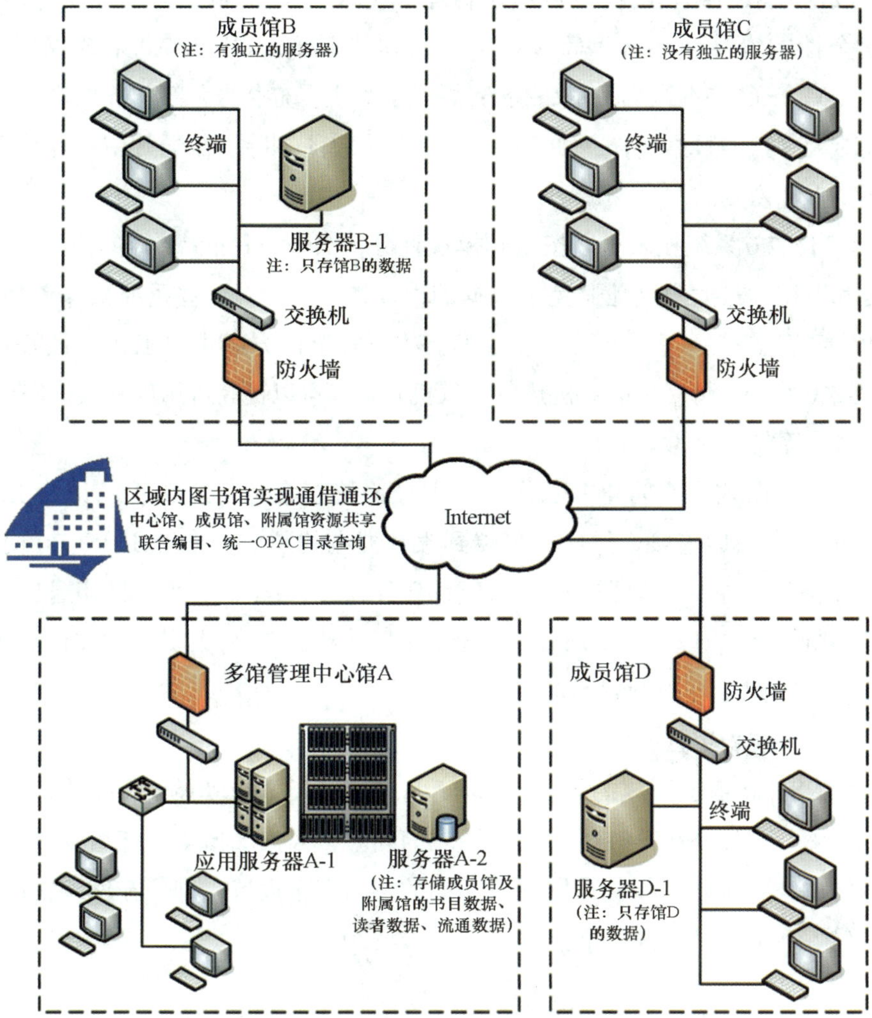

图 3-3-20　区域内多馆管理模式

6．常用接口方案

GLIS 7.0 支持接口广泛，支持一卡通、3M 自助借还设备、门禁等第三方系统集成，还支持教务数据接收。

7．安全性方案

GLIS 7.0 的安全性主要包括数据安全性、系统安全性和系统稳定性三部分。

（1）数据安全性。

GLIS 7.0 基于 J2EE 架构设计，可保证客户端数据到服务器数据的安全性。数据库采用成熟的商业数据库管理系统 SQL Server，其本身就有多种数据安全性的设计，如日志管理、各种备份工具等。GLIS 7.0 系统提供 ISO-2709（MARC 文本数据）的备份方式，可以对系统中的大部分数据进行备份。系统对大多数的数据操作，如 MARC 修改、单册删除、流通等留有操作日志，以便复查和恢复。

GLIS 7.0 系统权限可以按组和模块划分，操作员只能操作自己所属部门的功能和数据，最大限度地避免了数据的误操作；同时对一些重要操作单独作为模块，如存盘控制等，可以灵活组织。数据安全性方面主要工作是做好备份。GLIS 7.0 系统支持常见的双机热备、双机互备，可以提高可用性和数据安全性。

（2）系统安全性。

主要是防攻击，防止非法操作，保证系统正常运行。GLIS 7.0 为 B/S 结构，可采用 SSL 连接，保证客户端到服务器端的通信安全。GLIS 7.0 使用用户名和密码登录，可以监控用户登录 IP 及在线情况，并可强制其退出系统，同时还留有登录日志。GLIS 7.0 基于 HTTP 协议，支持大多数软硬件防火墙。GLIS 7.0 的借还可限制到固定的 IP 上。

（3）系统稳定性。

GLIS 7.0 基于开放的 J2EE 架构，除支持 MS Windows 系统外，还支持 Linux 及 UNIX 系统，在提供强大性能的同时，大大降低了系统遭受病毒攻击的可能性。同时 B/S 结构可以适应不同的网络安全设置，即便在网络情况不好的情况下，也可以正常工作。

二、金盘智慧云图综合服务平台

北京金盘鹏图软件技术有限公司成立于 1995 年，主要业务面向全国各高校图书馆、政府机关、军队院校、科研机关、大中型企业情报和信息服务机构等部门，提供商品化的信息系统、信息系统设计、信息系统产品开发、软件系统集成和服务。

（一）系统平台技术阐述

金盘智慧云图综合服务平台（V2.0）采用多层架构体系，如图 3-3-21 所示。数据层采用索引和 NoSQL（非关系型数据库）文件存储；服务层由微服务集群提供所有的 REST 服务，并在网关中提供统一身份认证及权限管理；业务应用依照网关提供的 API 进行开发。

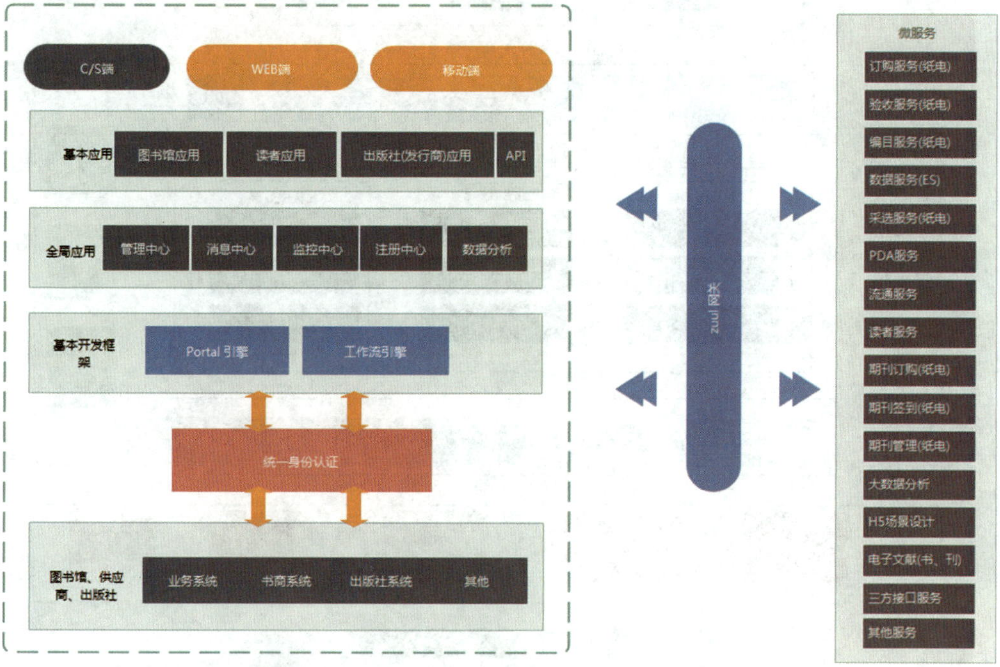

图 3-3-21　金盘智慧云图综合服务平台（V2.0）多层架构体系

1. 技术框架及开发语言

微服务架构（Microservice Architecture）的主要作用是将功能分解到离散的各个服务当中，从而降低系统的耦合性，并提供更加灵活的服务支持。微服务架构如图 3-3-22 所示。

金盘智慧云图综合服务平台（V2.0）主要使用 JAVA 开发语言，采用 CALIS 推荐的 FOLIO 作为微服务的开发框架，这样在以后的多系统耦合、集成、数据交换等方面不需要再做任何标准化，真正做到了平台无关性。

2. 系统框架及特点

基于微服务的图书馆系统框架支持多馆多校区模式、单馆多校区模式，以及多馆多校区和单馆多校区的混合模式，如图 3-3-23 所示。

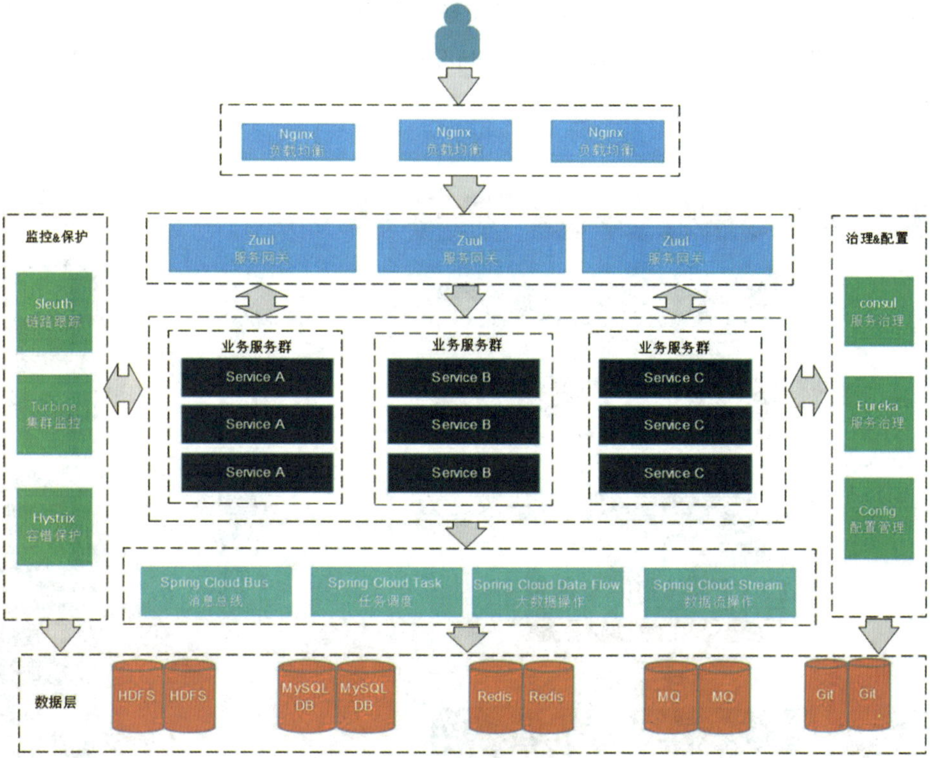

图 3-3-22　微服务架构

图 3-3-23　典型应用场景

（1）直接使用公有云。各个图书馆可直接使用公有云服务进行业务管理，以降低成本，如图 3-3-24 所示。

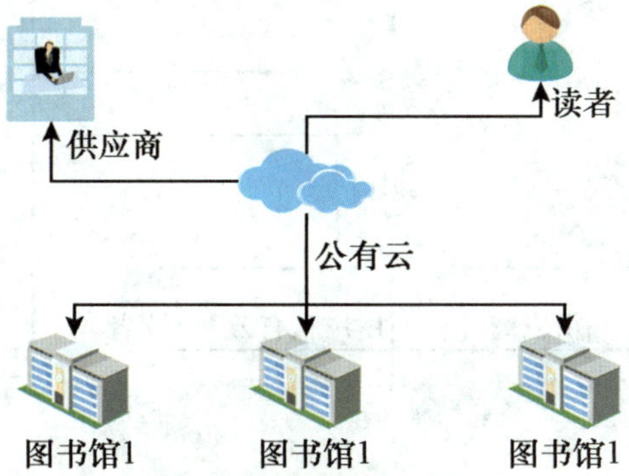

图 3-3-24　公有云

（2）使用私有云。用户可以架构自己的私有云，所有服务都在私有云上，公有云提供目录和大数据统计等服务，如图 3-3-25 所示。

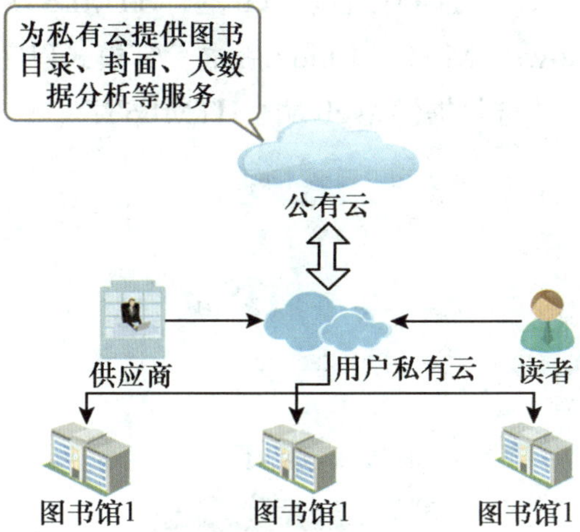

图 3-3-25　私有云

（3）公有云与私有云混合使用。用户搭建自己的私有云，服务设在私有云上，链路不允许其他馆的服务在公有云上运行。在混合使用模式下，通知对收割后的数据进行分析，为决策提供参考。

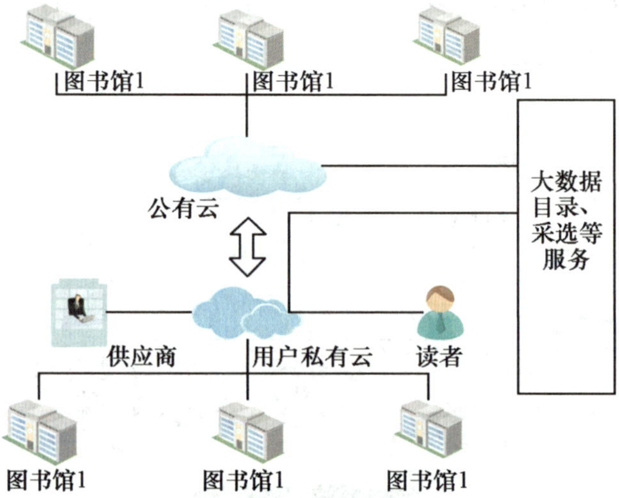

图 3-3-26 公有云与私有云混合使用

3．平台框架及基础业务

（1）应用构成：平台支持多终端。与业务相关的管理，如纸质文献管理、流通外借、期刊管理等，可同时通过 Web 端、HTML5 端和 C/S 程序提供服务，同时提供 Windows、MAC、Linux 版本 C/S 模式程序。与读者服务相关的服务，如 OPAC、采选等提供 Web 端、HTML5 端、App 以及小程序。

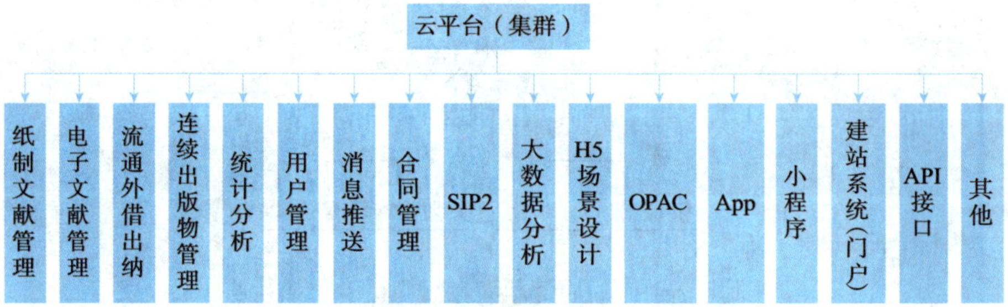

图 3-3-27 云平台框架

（2）基础业务系统介绍：基础业务系统构建在微服务平台上，前端包括 Web 端、HTML5 端和 C/S 端。

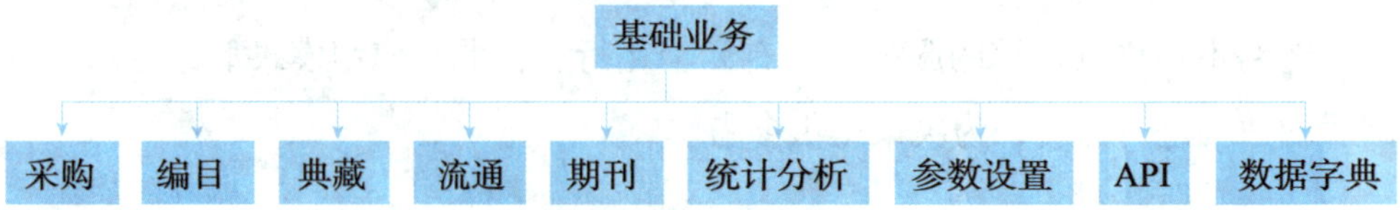

图 3-3-28 业务端模块

图 3-3-29　读者端模块

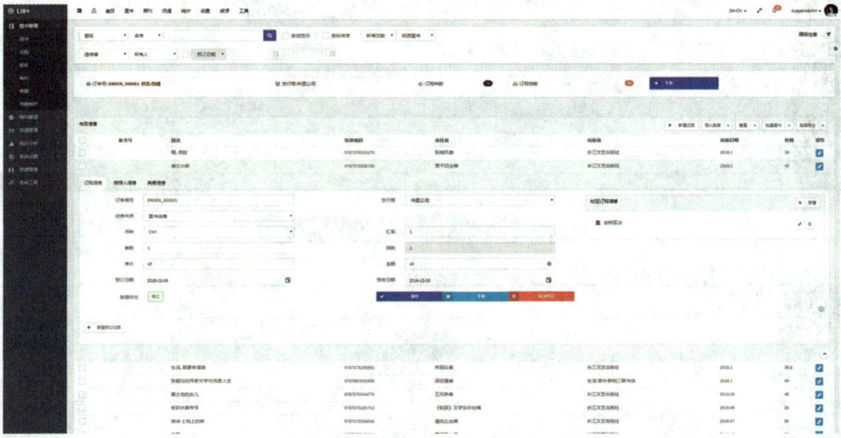

图 3-3-30　图书订购

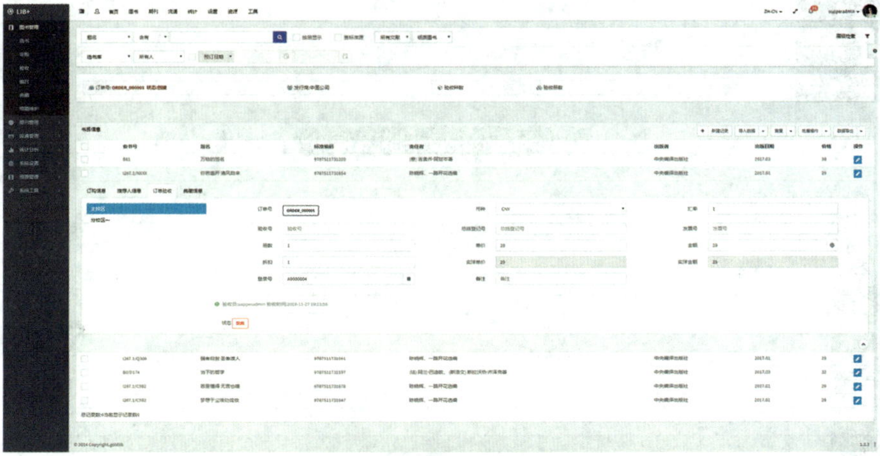

图 3-3-31　图书验收

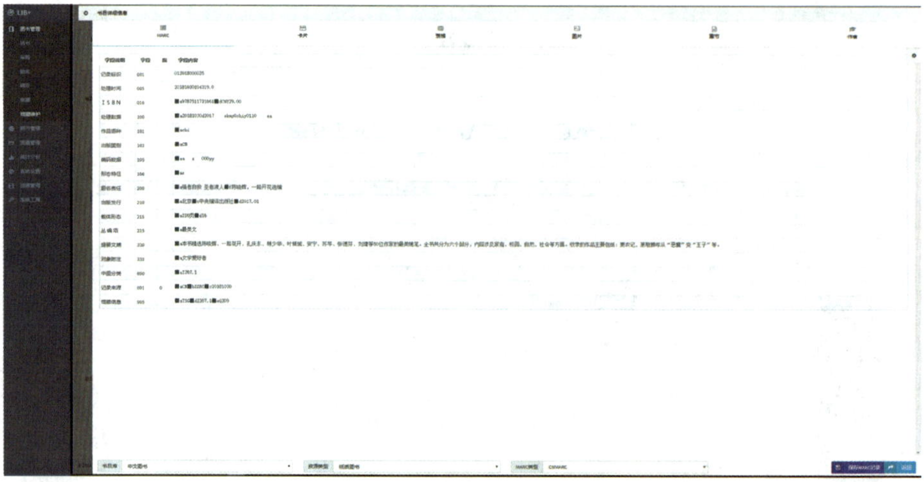

图 3-3-32　书目 MARC 信息

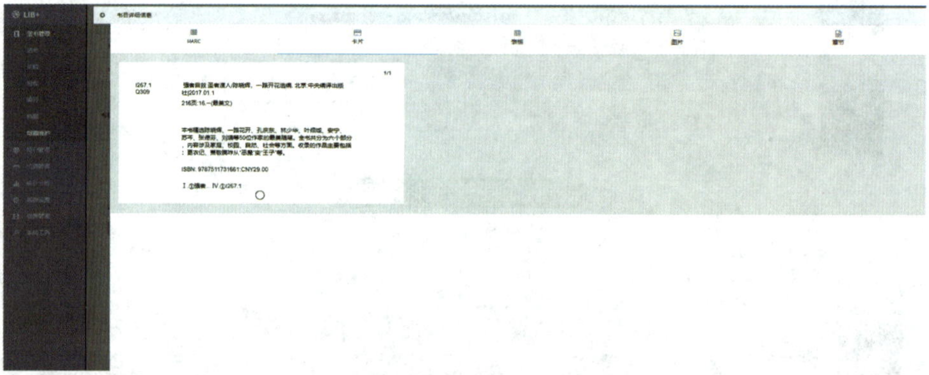

图 3-3-33　书目卡片信息

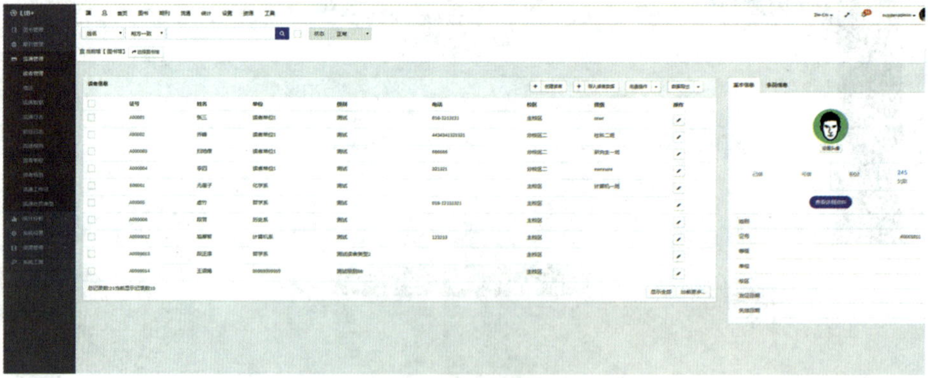

图 3-3-34　读者管理（一）

图 3-3-35　读者管理（二）

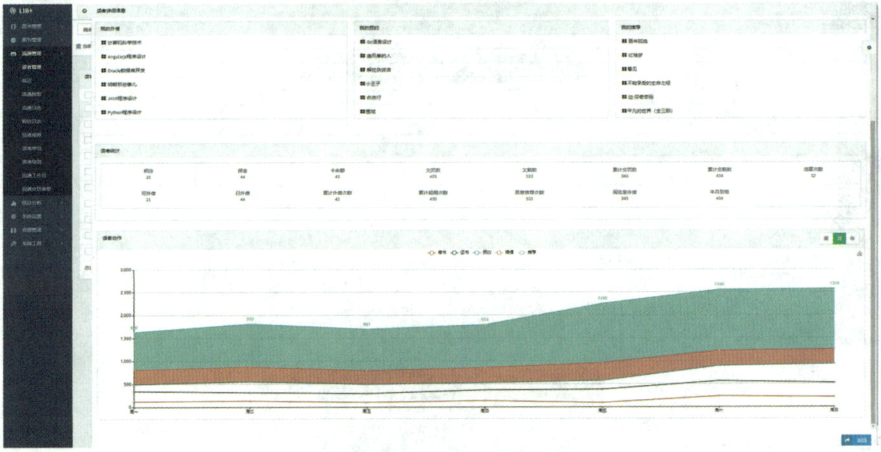

图 3-3-36　读者管理（三）

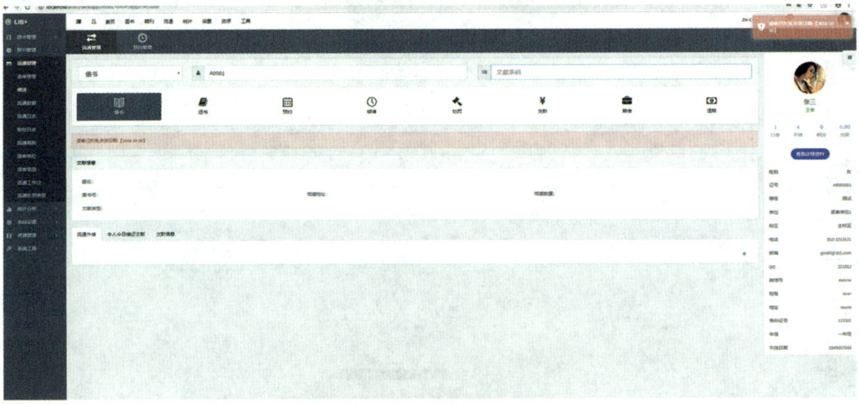

图 3-3-37　读者管理（四）

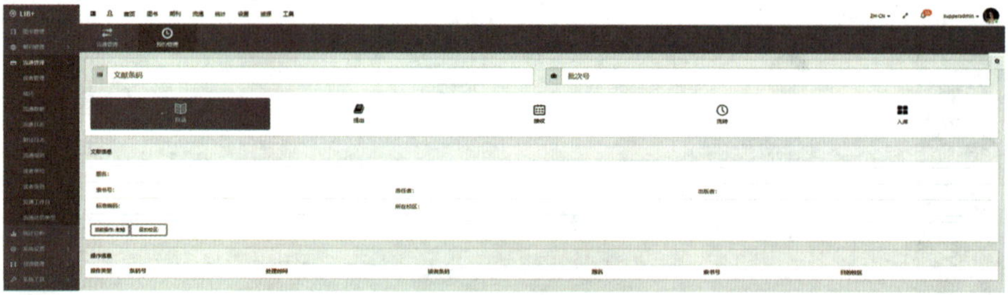

图 3-3-38 流通管理

图 3-3-39 读者单位管理

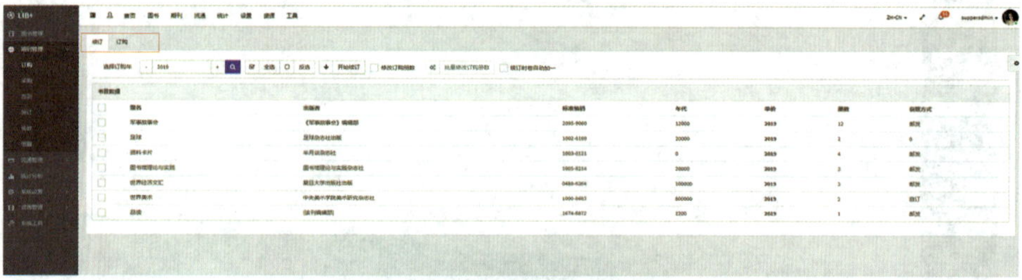

图 3-3-40 期刊预订 / 订购

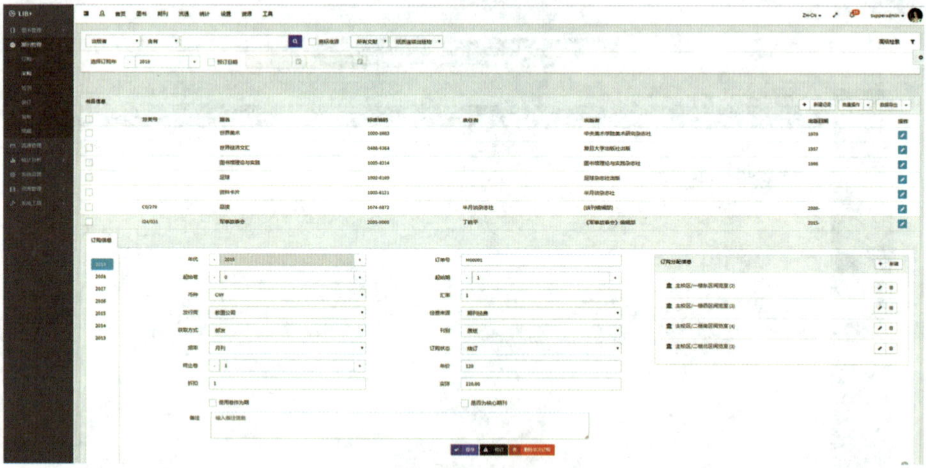

图 3-3-41 期刊采购

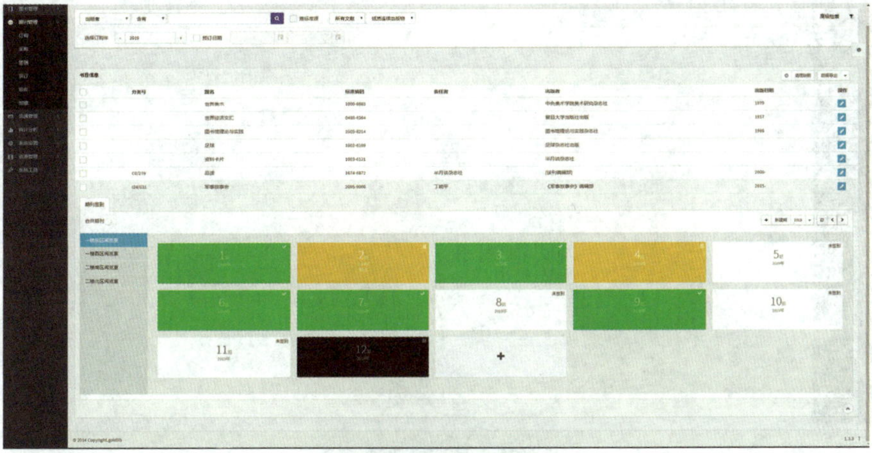

图 3-3-42　期刊签到

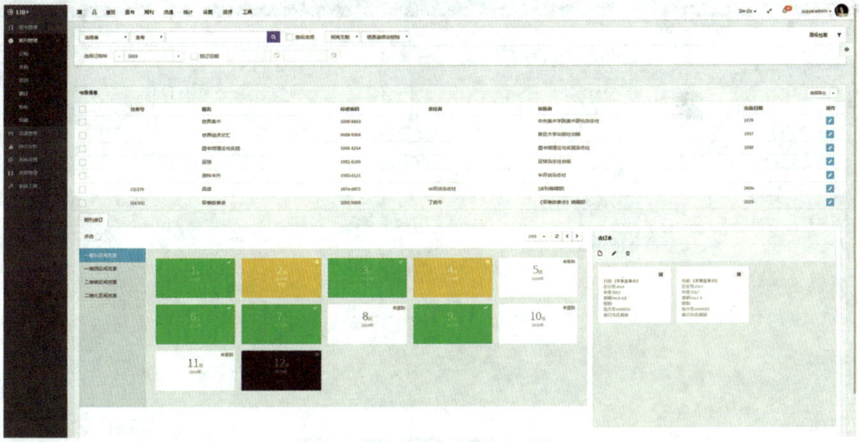

图 3-3-43　期刊装订

图 3-3-44　期刊验收

图 3-3-45　期刊馆藏

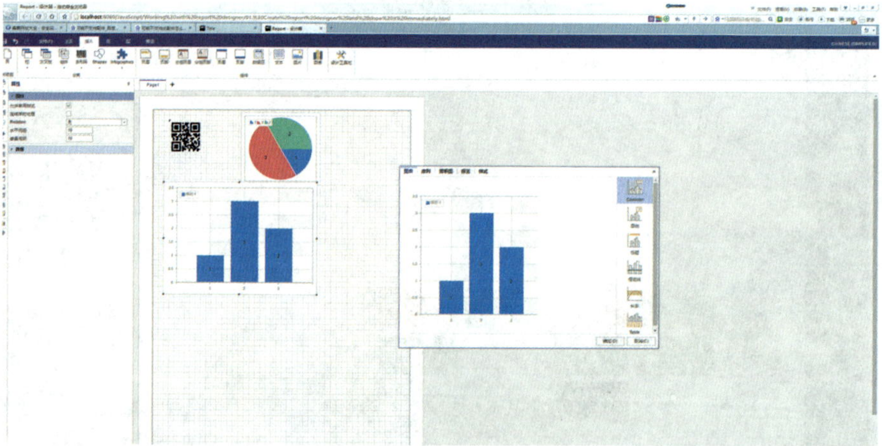

图 3-3-46　报表设计（一）

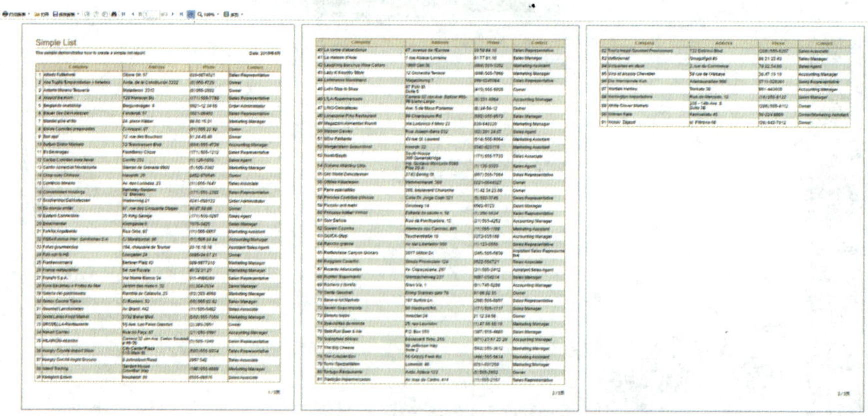

图 3-3-47　报表设计（二）

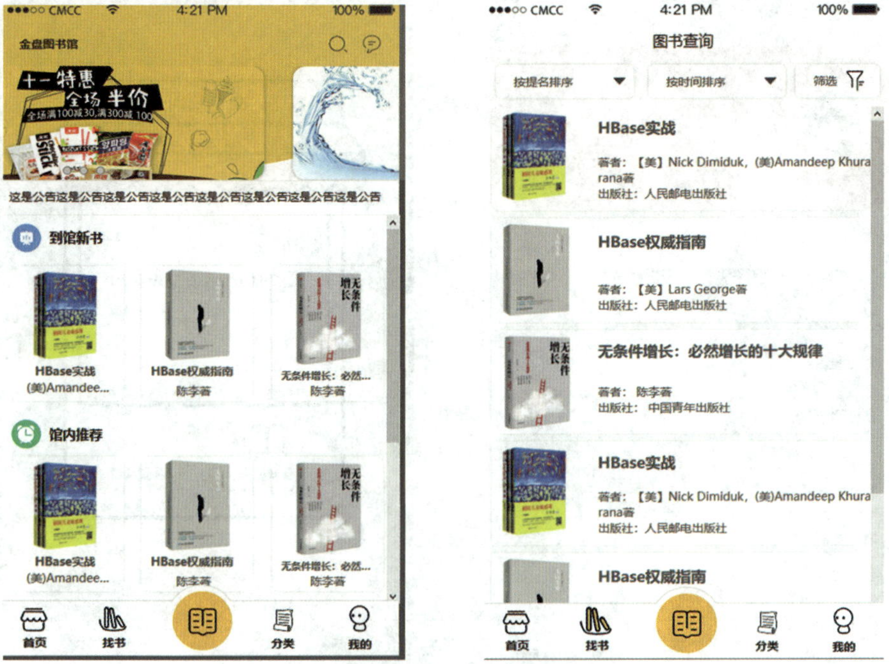

图 3-3-48 OPAC（App）（一）

图 3-3-49 OPAC（App）（二）

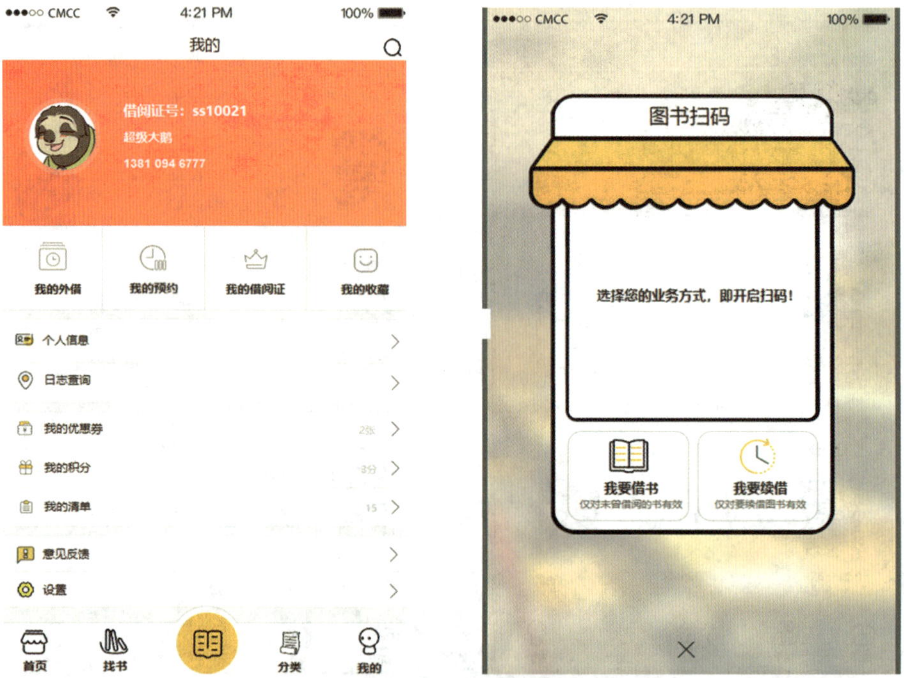

图 3-3-50 OPAC（App）（三）

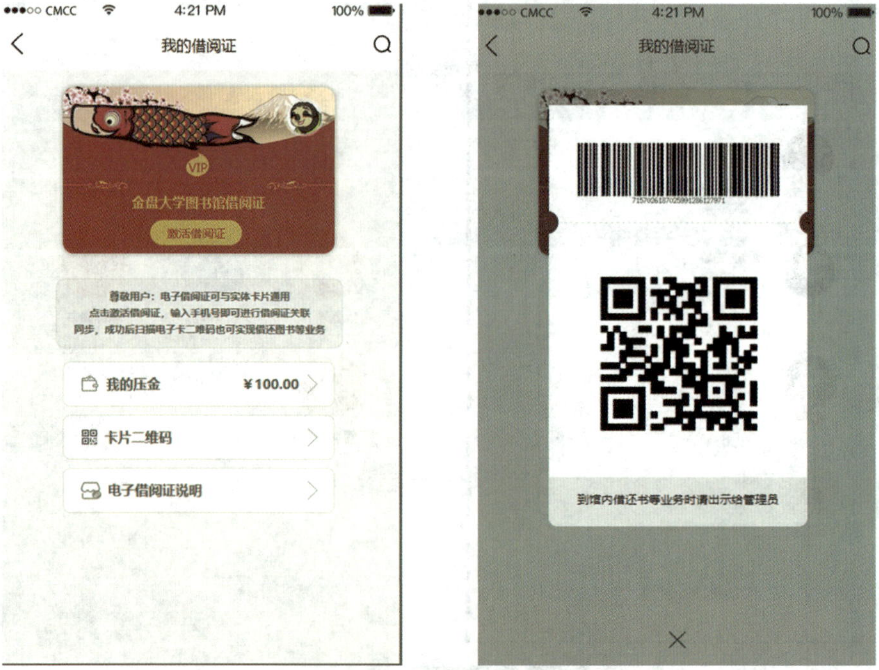

图 3-3-51 OPAC（App）（四）

三、深图 ILAS 图书馆自动化管理系统

深图 ILAS 图书馆自动化管理系统采用 B/S 模式或 C/S 模式，两种模式都具有完整的采访、编目、典藏、流通、连续出版物、系统管理员等功能。

目前国内绝大多数校园图书馆已采用一卡通管理模式，图书馆作为学校的一个部门，也要通过一卡通管理完成读者的身份认证。ILAS 系统可提供数据同步程序，即将一卡通中间库中的数据同步到图书馆管理系统中，通过实时同步的方式保证读者信息时刻保持最新状态。

（一）采访功能

ILAS 系统采访功能可实现纸质文献的预订、采购、验收、入藏的自动化管理，支持多渠道来源（目录订购、集体订购、零购）纸质文献的订购处理，验收流程多样化，处理趋于规范化。此外，还提供验收情况统计和财务（原单册价、原整套价、采购价、分册价）的灵活统计。数据接口允许标准 MARC 数据的导入，允许第三方软件对纸质图书与电子图书进行查重和匹配操作。

（1）征订管理：征订目录管理、征订数据导入导出。

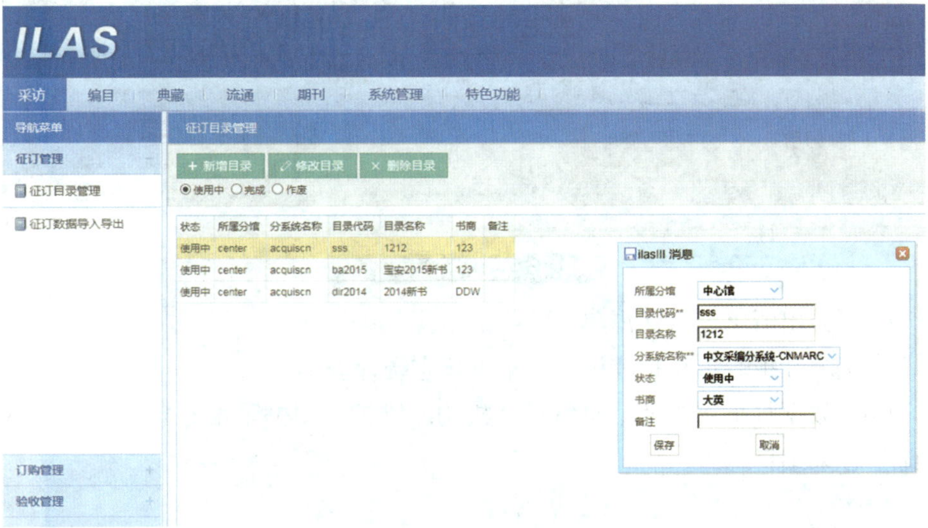

图 3-3-52　征订目录管理

（2）订购管理：订购批号设置、征订订购处理、普通订购处理。

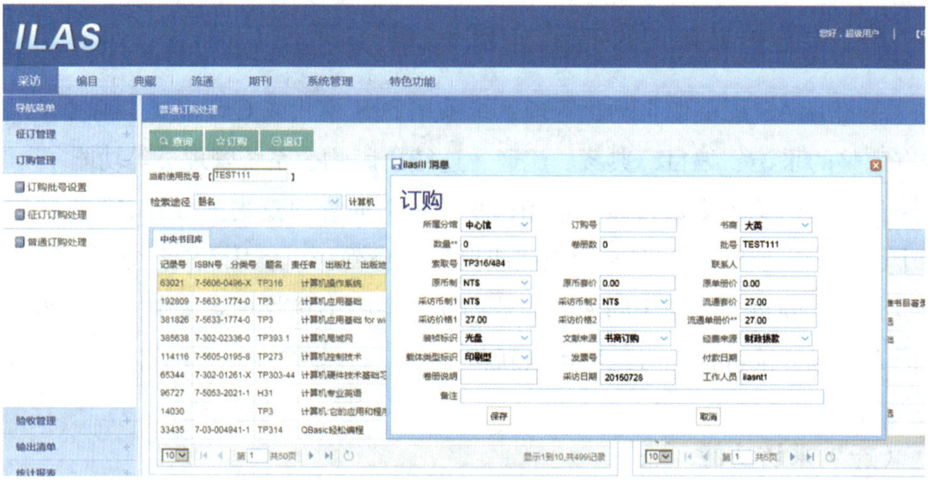

图 3-3-53　普通订购处理

（3）验收管理：验收批号设置、订购验收处理、到书验收批号设置、到书验收处理。

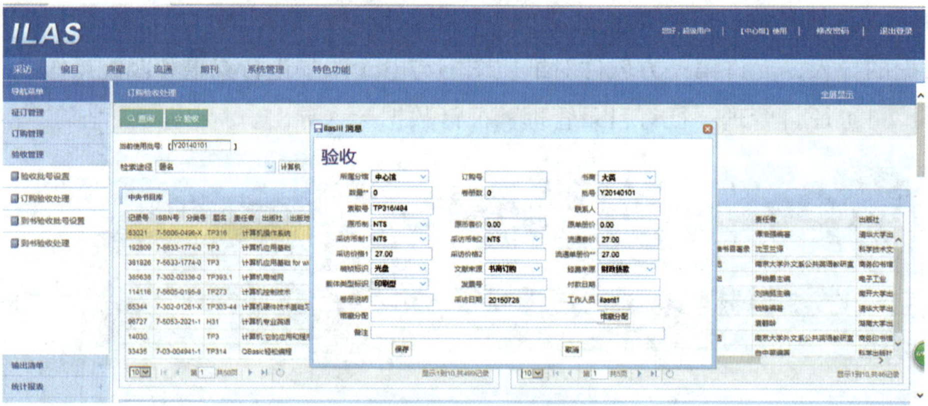

图 3-3-54　订购验收处理

（4）输出清单：订购清单、验收清单。

（5）统计报表：总括登记账、采编日志统计。

（6）数据维护：书商信息维护、机构库维护、图书采编参数设置、中央书目维护、采编日志维护。

（二）编目功能

ILAS 系统提供两种编目界面，即表格填空式简单编目和采用标准 MARC 编辑器进行所有字段的灵活编辑，支持双屏编目，也支持区域内联合编目，并设有中心编目库，具备校验核对功能。系统遵循国内外相关规则，支持CNMARC、USMARC等多种标准格式，并可同参数定义实现对其他MARC标准的支持，支持Z39.50数据下载。该系统可根据学校实际情况设置总分馆，且允许分馆自行编目，但总馆要对分馆提交的编目信息进行查验。

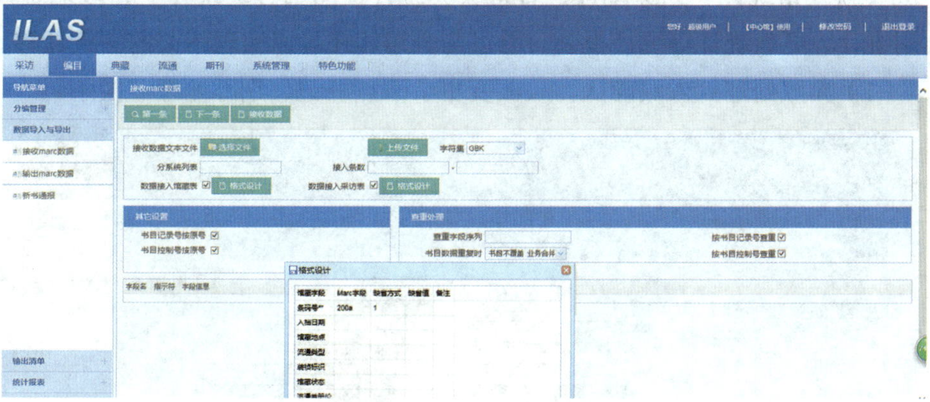

图 3-3-55　编目功能

（1）分编管理：到书验收批号设置、联机编目（Z39.50）、回溯建库、审校数据批交送。

（2）数据导入与导出：接收MARC数据、输出MARC数据、新书通报。

（3）输出清单：输出书标、输出书目清单。

（4）统计报表：书目分类统计。

（5）数据维护：编目日志查询、图书采编参数设置、种次号管理。

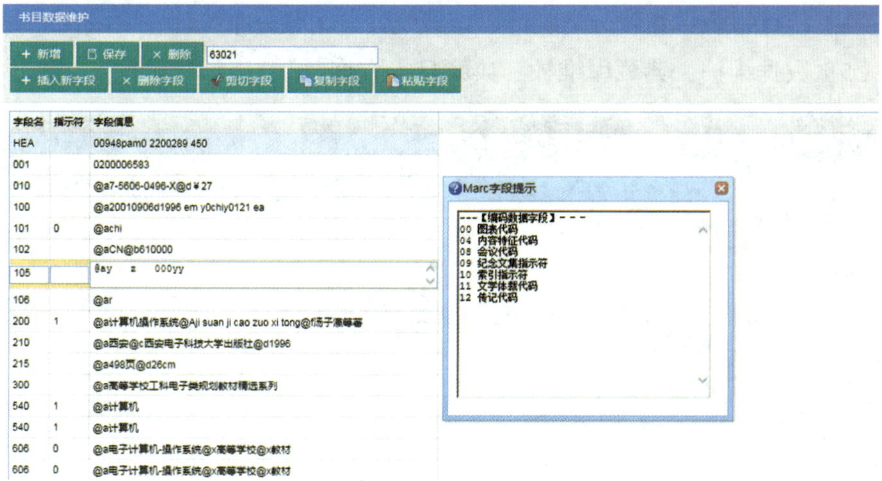

图 3-3-56　书目数据维护

（三）典藏功能

ILAS 系统能够准确定位图书的典藏位置，对图书馆藏状态进行单本处理和批处理，包括馆藏变更信息处理、馆藏信息的剔除、图书条码的置换等，并生成文献入馆统计、剔除统计、日常丢失统计、图书分类统计、馆藏地统计、利用统计、更新统计等统计报表。总馆与分馆间还可以实现图书的划拨迁移。

（1）典藏处理：入藏确认、入藏变更、清点登记、剔除处理、换条码。

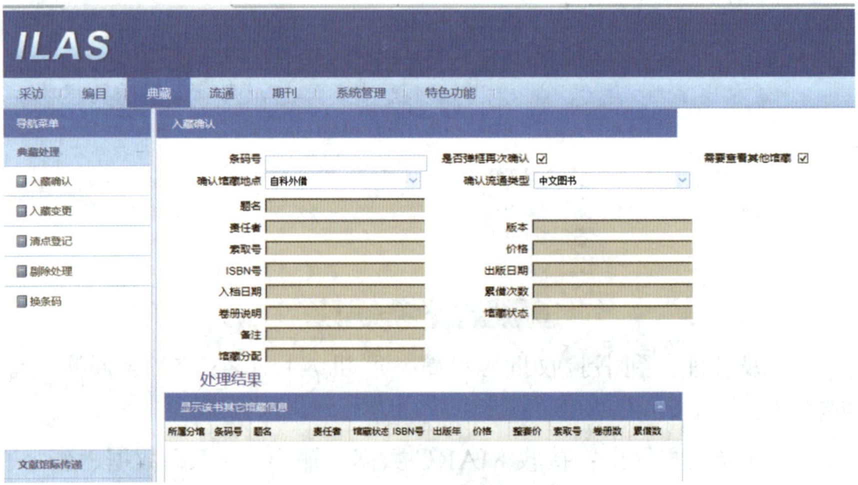

图 3-3-57　典藏处理

（2）文献馆际传递：馆际文献传递、文献批传递。

（3）馆藏输出：馆藏图书单。

（4）统计报表：馆藏分类统计、馆藏统计、馆藏分布统计、馆藏日志统计。

（5）数据维护：典藏库维护、典藏日志查询。

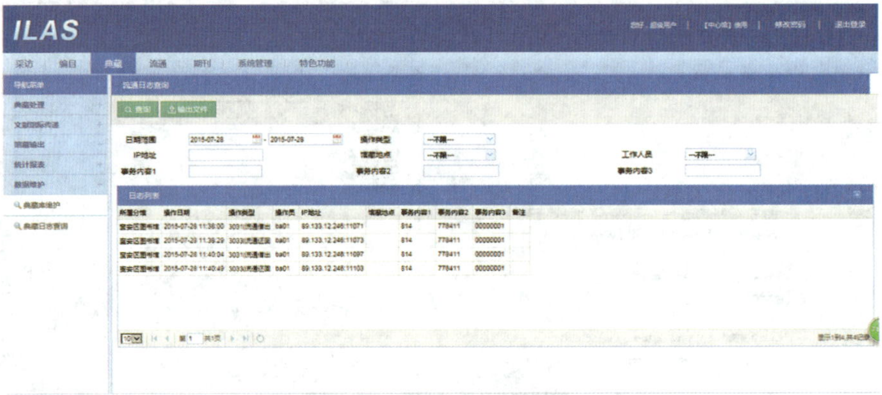

图 3-3-58　流通日志查询

（四）流通功能

ILAS 系统设有借阅规则管理，可以定制差异化的借阅规则、期限，例如可以根据读者类型、文献类型、借阅权限、文献所在馆进行定制。系统还可以根据学校特点，设置学生年级管理的自动批升级、毕业归档等批处理。

流通功能包括文献的外借、还回、续借、预约、催还、丢失、污损、馆际互借等功能，进行流通处理时需查检读者信息和文献信息。

（1）读者事务：读者记录管理、读者财经事务查询、读者数据批导入、读者照片批导入、输出读者清单。

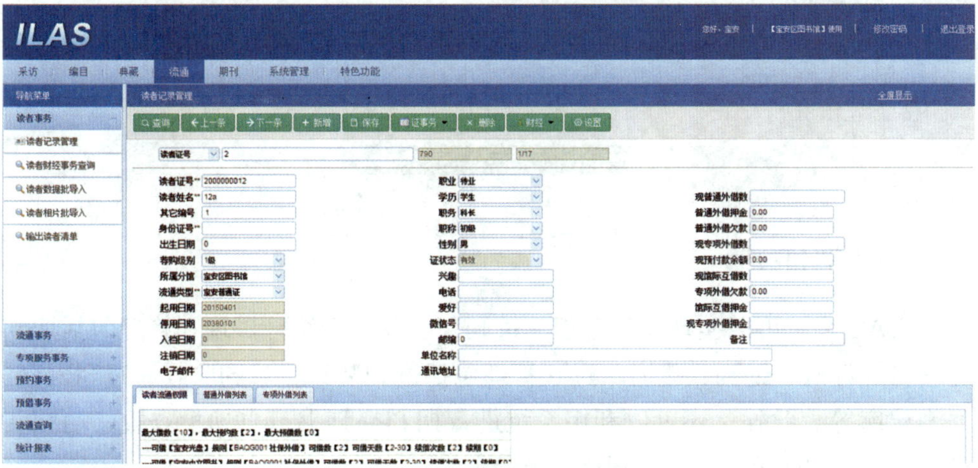

图 3-3-59　读者记录管理

（2）流通事务：借出处理、还回处理、按书续借、按证续借、污损处理、丢失处理、集体借书、脱机借书。

（3）专项服务事务：专项外借服务、专项阅览服务、专项阅览图书登记。

（4）预约事务：预约登记和取消、预约图书回库。

（5）预借事务：预借登记与取消、预借图书回库。

（6）流通查询：图书当前借阅查询、读者当前借阅查询、图书借阅史查询、读者借阅史查询、流通财经状况查询。

（7）统计报表：图书借阅统计、读者借阅统计、图书借还册次统计、图书借还人数统计、图书借还人次统计、流通财经统计、读者统计。

（8）数据维护：流通日志查询、馆藏记录维护。

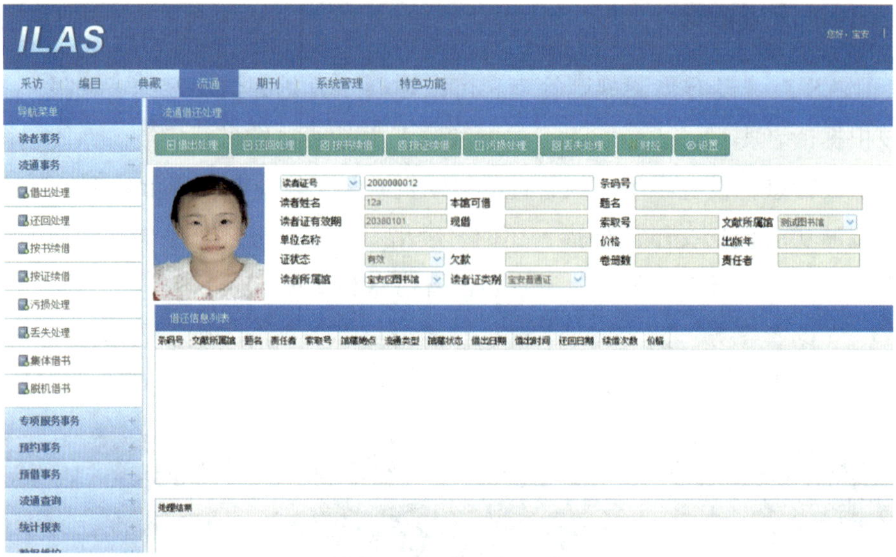

图 3-3-60　流通借还处理

（五）期刊功能

ILAS 系统可以实现现刊管理、过刊管理及期刊统计。现刊管理包括期刊的编目、订购、记到、流通，过刊管理包括过刊装订、过刊验收、过刊入藏、回溯建库等。此外，还可以利用系统进行期刊征订书目自动批查重、期刊装订、装订期刊回馆验收、期刊流通等操作。

（1）订购编目：期刊联机编目、期刊订购处理。

（2）现刊管理：期刊记到处理、装订处理。

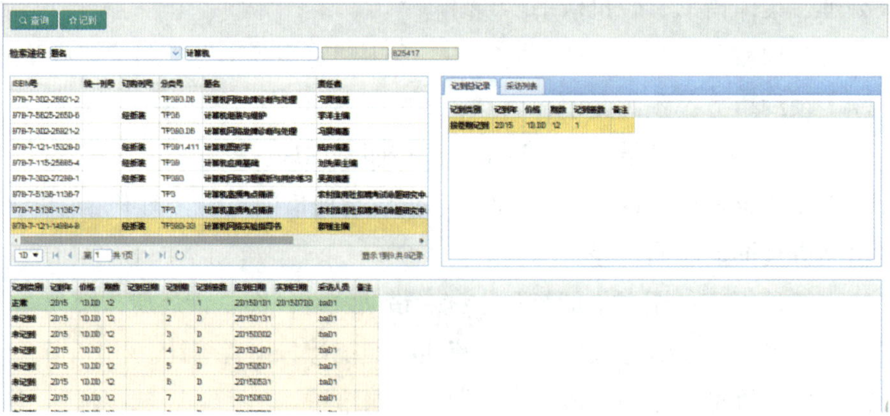

图 3-3-61　期刊查询 / 记到

（3）过刊管理：装订验收处理、装订批交送。

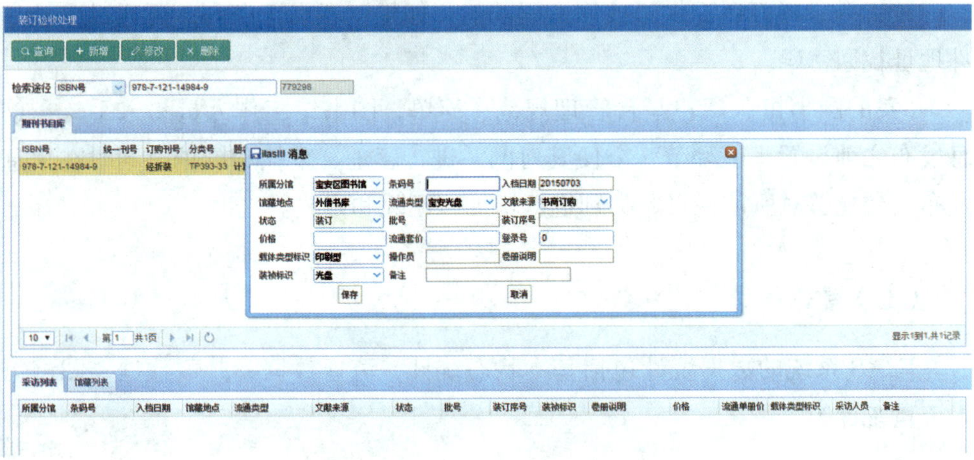

图 3-3-62　装订验收处理

（4）输出清单：期刊订购分类统计、期刊记到分类统计、期刊装订分类统计、期刊日志统计。

（5）统计报表：期刊订购分类统计、期刊记到分类统计、期刊装订分类统计、期刊日志统计。

（6）数据维护：期刊日志查询、期刊采编参数设置、种次号管理。

（六）OPAC 检索

利用 ILAS 系统可随时随地进行图书、期刊、非书资料的检索查询，查询结果显示具体信息及分布地点等详细信息，还可以查看新书通报、进行预约或续借、查看借阅史（生成个性化的阅读记录清单）、查看超期图书催还通告、发表书评等。

ILAS 知识门户检索平台为“我的图书馆”，读者登录后就可以进行个人资料、密码的更改，或进行借阅历史、借阅权限等查询。读者若有续借权限，还可以对已借书籍进行续借。

（1）我的预借：对不能及时到馆借阅的图书，可进行预借操作，并查看预借书籍情况。

（2）我的预约：对已借出的图书，可以进行网上预约。

（3）我的荐购：查看读者推荐图书馆工作人员购买的书籍信息。

（4）我的评论：查看读者对书籍的所有评论。

（5）我的书架：把准备借阅或感兴趣的书籍放入书架，可方便查看此书信息。

读者登录界面还提供了找回密码功能，如果读者忘记密码，可通过电子邮件地址找回密码。

“我的图书馆”门户平台管理规范、简单，图书馆工作人员易入手，在信息发布之前设置审核环节，方便其对网站进行管理、审核和维护，同时在信息发布后台能够对所需栏目、类别进行增加、删除和修改。

（七）数据统计

ILAS 系统的数据统计包括基本状态统计，流通数据、典藏数据、图书馆人流量统计等。

四、四川省中小学信息化管理系统

2012 年，四川省教育厅与新华文轩签署战略合作协议，开始进行四川省中小学图书馆（室）信息化建设。其信息化管理系统采用“全域四川、顶层设计、四级分布”的建设模式，纵贯一个省级管理平台、21 个市（州）级管理平台、183 个区（县）级管理平台与近 10000 个学校管理终端，具有图书馆自动化借阅流通管理与数据统计分析、数字化图书资源汇聚及阅读应用进校到班的管理与应用功能。

管理系统以中小学图书馆信息化管理与应用平台为支撑，以相关教育主管部门、学校、图书馆、学生、老师、家长和相关企业之间的信息流通和互动为基础，按照不同主体的角色分工，实现对图书馆的精准化、高效化管理。

（一）具体建设内容

1. 平台建设

采用 PHP 语言和 MySQL 数据库搭建系统平台，并以借阅系统为基础，构建了云计算中心、图书 CNMARC 数据中心、图书馆馆藏流通统计分析系统、阳光阅读频道、数字图书馆、班级图书馆等管理与应用系统。

自 2012 年项目启动以来，成都市 1000 余所学校率先进行试点建设。2013 年，成都市试点工作全面完成。2014 年，项目组开始在其余 20 个市（州）稳步地推进系统建设的相关工作。

图 3-3-63　校园图书中心

2．系统建设

借阅系统是建设在平台数据和架构基础上的学校图书馆应用管理终端，是全省图书馆信息化管理系统数据（馆藏、流通、更新、剔旧）的来源。

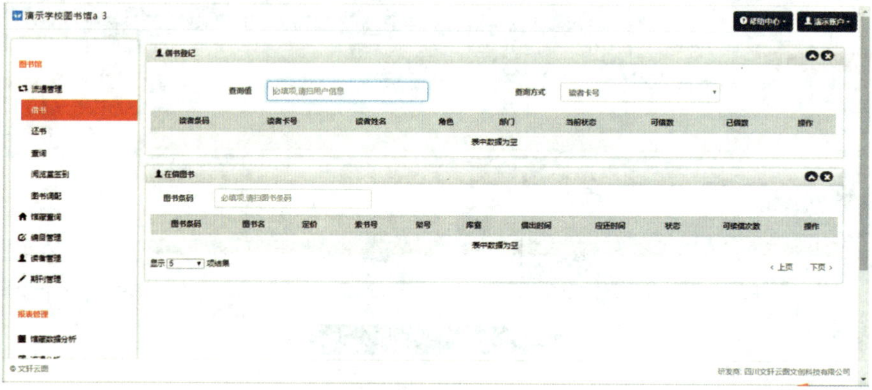

图 3-3-64　借阅系统

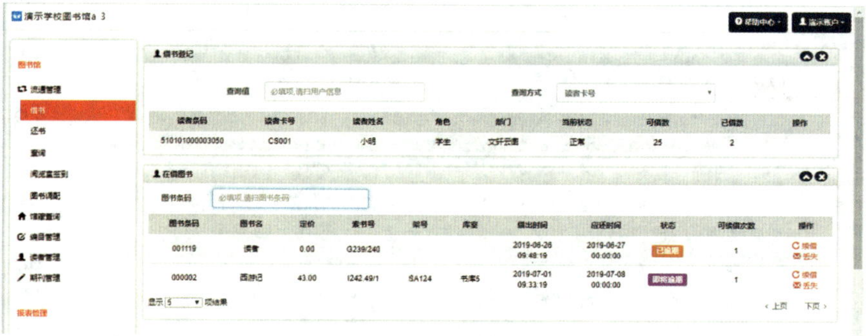

图 3-3-65　借书界面

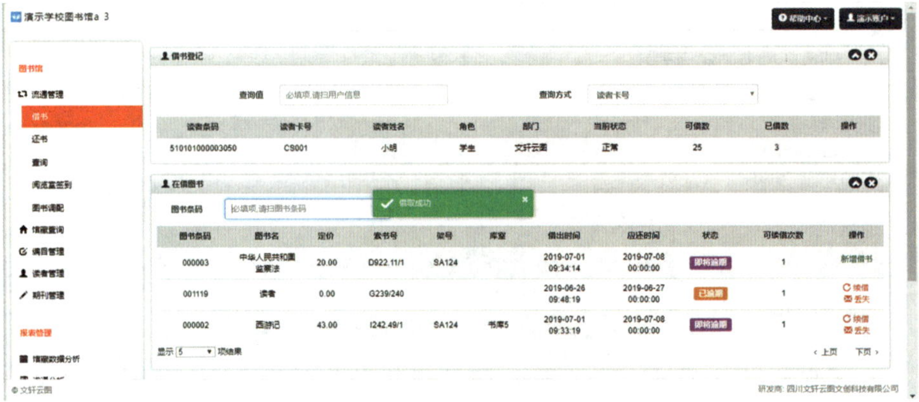

图 3-3-66　借书操作

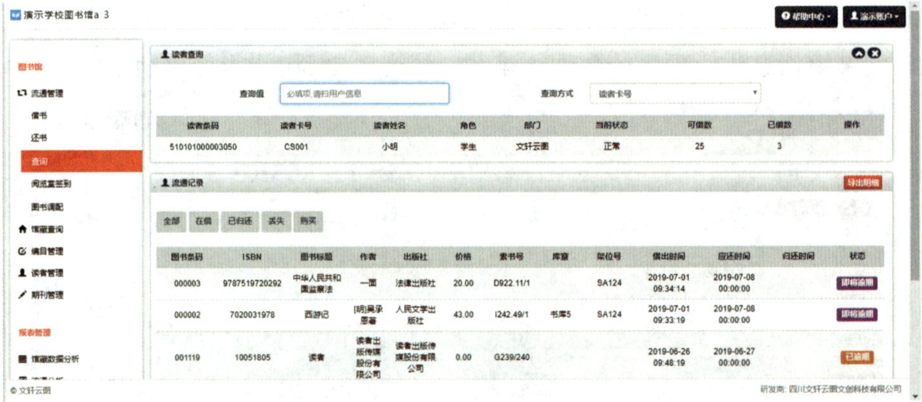

图 3-3-67　图书查询

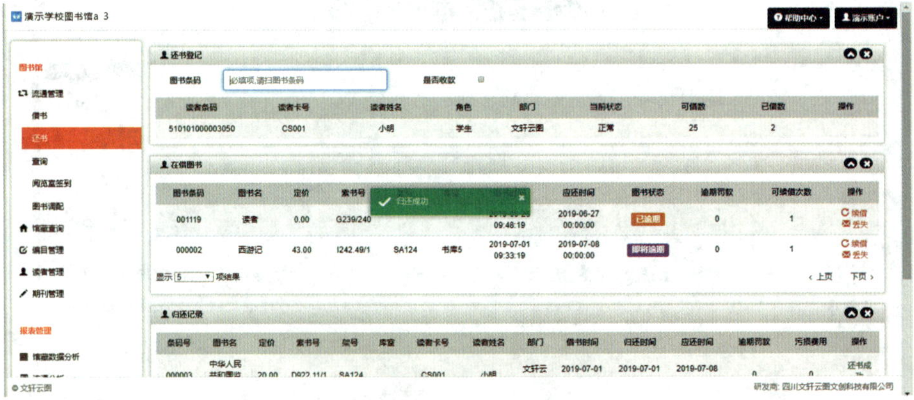

图 3-3-68　还书操作

3．硬件建设

在成都西信中心建立云计算中心，实现应用虚拟化部署，以及系统与应用高可靠性与弹性负载、松耦合和冗余配置。2016 年，为优化应用体验，平台在优化网络与系统架构，实现应用负载立体化和数据服务扁平化的同时，又对云计算中心进行了硬件设施的全面升级改造，提高了服务器的处理性能，扩充了存储空间，健全了安全备份机制。

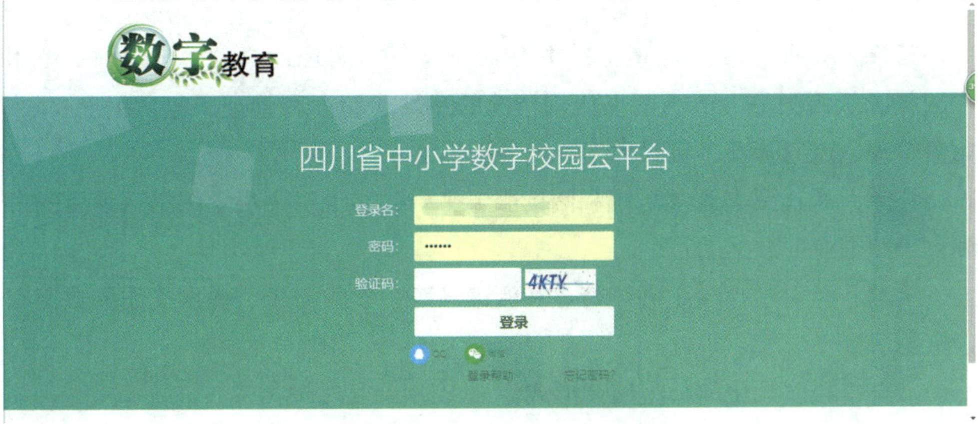

图 3-3-69　数字校园云平台登录界面

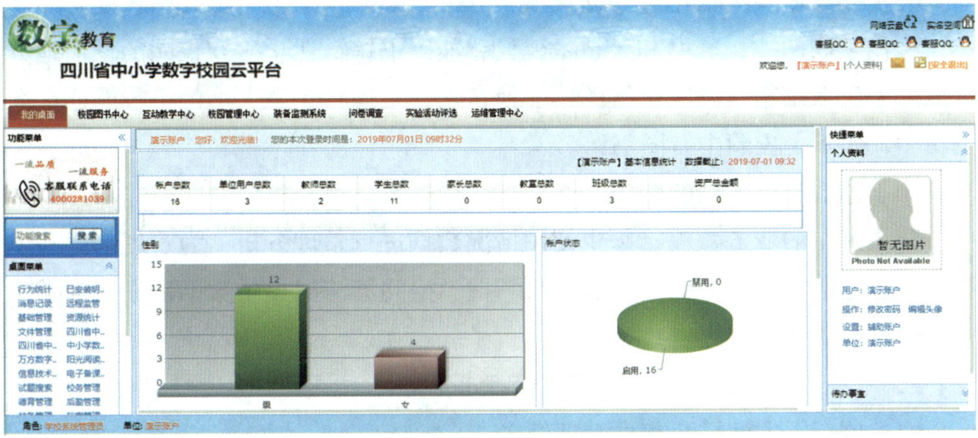

图 3-3-70　数字校园云平台首页

4．线上阅读环境建设

平台还搭建了四川省中小学阅读交流平台——“阳光阅读频道”，并依托“阳光阅读频道”建立了线上读书活动的长效机制。截至目前，“阳光阅读频道”已成为四川省中小学校师生开展阅读活动的重要阵地。

（二）建设特点和作用

1. 系列创新

（1）创新“互联网 + 阅读”的中小学校园应用模式。

通过“云端 + 终端 + 资源”的模式，利用计算机、云计算等技术，创新了中小学图书馆的管理和服务模式。

云端：在省、市、县（区）、校四级架构下，实现对全省中小学图书馆用户数据和纸质图书、电子图书使用情况的一站式储存和管理（包括用户权限、馆藏管理、流通管理、实时数据统计分析等）。

终端：通过图书管理系统和阅读服务平台，实现对中小学图书馆纸质图书和电子图书业务数据的管理。

资源：针对中小学生阅读特点和阅读教育教学的需求，提供优质的数字阅读资源。

（2）搭建多元化的师生阅读形式。

通过搭建切合师生阅读需求的班级图书馆，利用互荐图书、家藏图书、阅读课用书等形式，为师生提供阅读交流、阅读分享、阅读推荐的线上应用。

（3）搭建校园泛在化阅读场景。

利用互联网、物联网和云技术建设智能图书馆，让学生在校园的任何地方都能随手获取书籍，随时进行阅读。换言之，实现真正意义上的将校园建在图书馆中，而不是校园中有图书馆。

（4）创新阅读数据的应用。

将图书馆的业务数据、师生使用情况数据进行整理分析，为管理部门和学校提供管理决策支撑，为老师、家长掌握学生阅读情况提供数据依据，为学生把握自己的阅读进度提供数据信息。

2. 旨在提高全省中小学图书馆管理水平

（1）创新图书区域化集群管理模式。

项目的建设实施实现了省、市、县（区）、校四级统一的数据联动，将过去的一校一馆、相互独立的信息孤岛状况转变为全省一馆、上下联动的资源共建共享模式，进一步实现了对全省中小学图书馆的统一运维与管理，保障了中小学图书馆信息化建设过程中软硬件及信息数据与应用的互联互通。

（2）创新开展阅读活动。

为落实全民阅读进校园的方针政策，切实在全省范围内营造书香氛围，创新性地开展了阅读活动。活动形式更加多样化，活动内容更符合师生的阅读兴趣和特点，活动的参与方式更加便捷，活动的资源更加丰富，活动的场景更为多元。

通过开展一系列的创新活动，四川省中小学阅读活动全面开展，并以阅读活动为切入点，引起了相关教育部门对阅读教育教学的重视，带动了阅读相关教育政策的颁布，如成都市的阅读三进活动（阅读进课程、阅读进课堂、课堂进图书馆）。

（3）促进中小学图书馆（室）信息化相关标准的制定。

项目的建设和应用，提高了四川省中小学图书馆（室）信息化建设和管理水平，实现了对省、市、县（区）、校图书数据的四级管理。

通过项目的实践应用和经验积累，四川省根据实际情况，制定了《中小学图书馆（室）信息化建设及管理规范》地方标准，为省内的信息化建设，尤其是图书馆信息化建设和应用做了全面的指导。此外，成都市也通过项目的建设和应用，制定了适用于成都市的地方标准，为中小学图书馆的建设、应用和考评提供了依据。

参考文献

[1] 李广建，张智雄，黄永文．国外图书馆自动化系统的现状与趋势[J]．现代图书情报技术，2003（3）：33-36．

[2] 三牛．什么是“图书馆集成系统”？[J]．国家图书馆学刊，2004（3）：8．

[3] 张翼燕，刁剑萍．国外图书馆自动化市场发展特点[J]．图书馆杂志，2008（1）：45-47．

[4] 周爱民．高校图书馆信息技术应用实务[M]．南京：东南大学出版社，2008．

[5] 靳丽娟．浅析图书馆集成管理系统软件的评价指标[J]．太原科技，2006（7）：15-16，19．

[6] 刘炜．建设2.0版的图书馆集成管理系统[J]．数字图书馆论坛，2007（4）：1-7．

[7] 张泽梅．国内高校图书馆管理集成系统的选择[J]．图书馆学研究，2006（1）：53-54．

[8] 胡维青．图书馆集成系统的应用标准[J]．枣庄学院学报，2006（2）：79-84．

[9] 张树华，董焱，蔡金钟．中小学图书馆工作导论[M]．北京：北京图书馆出版社，1998．

[10] 李青，张丽红．中小型图书馆数字化建设应用读本[M]．北京：北京图书馆出版社，2007．

[11] GLIS 7.0 图书馆自动化管理系统软件介绍．北京清大新洋科技有限公司．

思考题

1. 图书馆自动化集成系统有哪些系统架构模式？

2. 图书馆自动化集成系统包括哪些主要功能？

第四章
数字图书馆系统

第一节　数字图书馆概述

一、数字图书馆的概念

数字图书馆是指以数字技术为基础，对各类信息进行采集、加工、处理、存储的新型图书馆模式，通过网络实现数字资源的集成、利用、展现，并为读者提供更多的数字资源。

数字图书馆是一个数字化系统。它将分散于不同载体、不同地理位置的信息资源以数字化的形式储存，以网络化的方式互相连接，其核心是数字化和网络化，其实质则是形成有序的信息空间。数字图书馆是一个大系统，它具有分布的、大规模的和有组织的数据库和知识库，用户或用户团体可对系统内的数据库和知识库进行一致性的访问，获得自己所需的信息。数字图书馆打破了传统图书馆时间与空间的限制，使读者可以随时、随地获取信息。因此，数字图书馆在20世纪90年代之后成为现代图书馆的主要发展方向，并具有智能化、多元化和共享化等特征。

数字图书馆还进一步增强了图书馆与读者之间的交互性，读者可以通过虚拟的服务平台检索信息资源，图书馆工作人员也可以通过信息资源的流向分析读者的行为，以提高信息服务的针对性，并将隐性知识进行显性化处理，提高知识资源的共享性。此外，数字图书馆的服务对象不仅限于广大读者，还向图书馆工作人员提供相应的服务，如馆际数据交换、数据协作、联合编目等。

关于数字图书馆的概念有很多版本，为了让大家更好地理解数字图书馆，现从以下几方面来解读：①数字图书馆是图书馆在线服务系统；②数字图书馆是以数字形式存储和处理信息的图书馆；③数字图书馆是指图书馆所有的工作流程都基于计算机，而且馆藏资源都实现数字化；④数字图书馆是指通过多种技术将各种文献数字化，并将其组织起来在网上提供相关信息服务的信息中心或数据库；⑤数字图书馆实际上就是人们所说的电子图书馆、虚拟图书馆、无墙图书馆，不同的称谓只因人们从不同的角度描述数字图书馆的特征；⑥数字图书馆为国家信息基础设施建设提供关键性的信息管理技术，同时提供主要的信息源和资源库。

二、数字图书馆的体系结构

（一）数字图书馆的基本体系结构

世界上已有许多国家进行数字图书馆建设，但到目前为止，并不存在一个通用的数字图书馆体系结构，这是信息技术和相关标准不断发展的结果。怎样基于现有的技术并考虑未来技术的发展，构筑一个灵活强大的数字图书馆体系结构，对于数字图书馆的建设是至关重要的。数字图书馆要为用户提供各种简单易用、功能强大的知识服务，其基本体系结构包括资源库、用户界面、命名系统、搜索系统等。数字图书馆建设涵盖各种数字资源的创建、管理、查询、利用、存储的整个过程。自从 William Y.Arms 等于 1997 年提出数字图书馆的信息体系结构以来，数字图书馆的体系结构在不断完善和发展，许多试验项目仍在不断改进。

数字图书馆采用的基于分布计算网络平台技术是三层体系结构，这种体系结构也是 Internet 最基本的结构，即用户通过 Web 服务器获得数据库中的信息，在 Web 服务器与数据库之间存在中间件，中间件是系统集成的黏合剂，对于保证系统的可靠性起着至关重要的作用。

从 20 世纪 90 年代开始，以支持应用互操作的应用需求为核心的分布式构件技术迅速发展，其中以面向对象技术为主要特征的分布式构件技术进入成熟期，为解决数字图书馆的互操作提供了技术支持。

1．资源库

建设数字图书馆的首要工作是将纸质资源数字化，同时，还要考虑将网络上现有的电子文档、视频资源、图像等其他资源集成的问题，并依此构建数字图书馆的资源库。资源库的功能包括存储和管理各种数字对象，通常由关系型数据库来管理。应用程序通过资源库提供的库访问协议（RAP）来访问资源库，实现访问、存储、复制、移动和删除数字对象等操作。与 Web 上的信息不同，数字图书馆中的数字资源是以数字对象的形式进行封装的。一个数字对象包括：

（1）一个全球唯一的、独立于地址的长期标识符。

（2）数字资料，即存储数字图书馆的资料，也就是用户最终需要获取的信息内容，如经 XML 置标后的文本、一本电子图书等。

（3）元数据，即关于数字资料的数据。一般情况下，元数据有三种：第一，描述性元数据，用于发现和标识一个对象，如 MARC 和 Dublin Core。第二，结构性元数据，为用户显示和导航一个对象（包括该对象的内部组织信息），如一本书由很多章节组成。第三，管理性元数据，描述该对象的管理信息，如创建日期、文件格式、访问权限、知识产权等。

2．命名系统

命名系统是针对长期标识符的分配、管理及解析的一个综合系统。CNRI 为数字图书馆提出了完整的命名系统——调度系统（Handle System）。它是一个独立的系统，职能是负责数字资源的全球唯一的、长期的、独立于地址的命名的分配、管理和解析。在调度系统中，本地名称空间通过获取一个调度系统的命名授权，就可以纳入全球调度名称空间，这样所有的本地名称在全球调度名称空间中将是唯一的。

3．索引与搜索系统

索引的创建可以由机器自动扫描，可以手工录入和干预，还可以两者结合。客户机把查询式提交给索引服务器，即可返回相匹配的数字对象的 URN（统一资源命名，如调度码）。索引服务还提供被索引信息的元数据和查询机制。

4．用户界面

用户界面是用户与数字图书馆的接口，数字图书馆向用户提供的最终服务都是通过用户界面来实现的。一般情况下，数字图书馆将通用的 Web 浏览器作为其用户界面工具。此外，用户界面的内容编排和服务方式是很复杂的，不同的用户需求是不同的，用户对数字图书馆简单灵活的需求首先就表现在用户界面上。

（二）数字图书馆的逻辑架构

数字图书馆平台采用分层的架构设计思想，包括基础设施层、资源中心层、支撑服务层、业务应用层和终端设备层。底层的基础服务为上层的业务应用提供服务，总体逻辑架构如图 4-1-1 所示。

（1）基础设施：包括服务器、存储设备、网络设备、操作系统、数据库管理系统，为整个平台提供网络服务器环境、通信链路上的支持，同时通过系统软件和数据库管理软件对应用系统提供数据和运行环境上的保障。

（2）资源中心：负责存储平台涉及的各种资源及数据，包括元数据库、校本资源库、网络资源库、书目数据库，是整个平台的数据中心。

（3）支撑服务：采用 SOA 的设计理念，为业务应用系统提供底层的支撑服务，包括与数据操作相关的各种服务和为业务应用系统提供支撑的各种公用模块和中间件。

（4）业务应用：是整个平台的核心应用系统，包括资源采集系统、资源加工系统、资源管理系统、资源发布系统和集成单点登录功能的统一身份认证系统。

（5）终端设备：是指交互式数字阅读设备，在终端设备上运行阅读客户端软件，是系统平台与最终用户的人机交互界面。

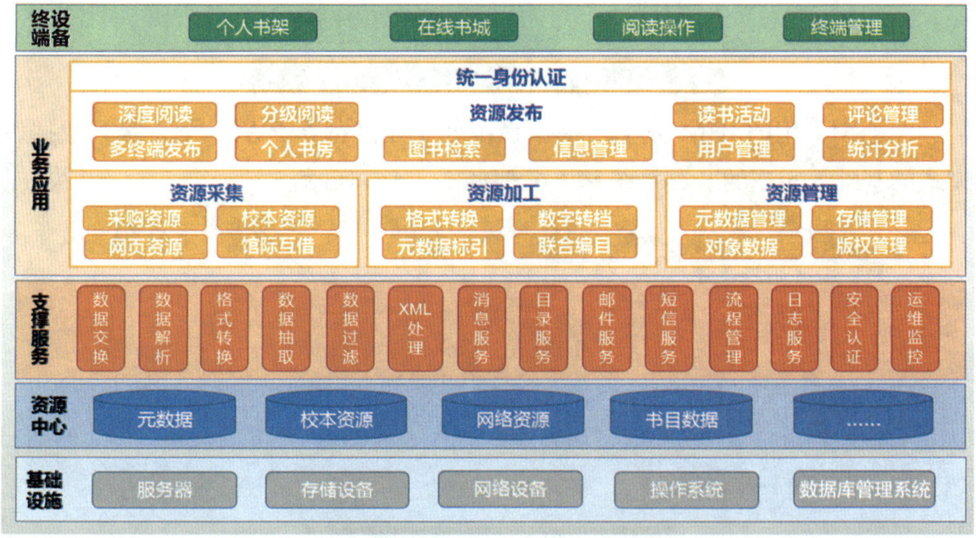

图 4-1-1 数字图书馆逻辑架构

（三）数字图书馆的主要模式

数字图书馆是在软硬件基础之上于内容与功能上的融合。目前，图书馆用来处理数字存取的主要模式是以网络为中心的用户机 P 服务器（CPS）模式和由此演化来的以 Web 为中心的浏览器 PWeb 服务器 P 数据库（BPSPD）模式（后者也称为 Web 模式）。世界上已运行的数字图书馆系统大多采用这两种模式。用户机 P 服务器模式通过消息传递机制对话，用户机向服务器提出请求，服务器进行相应处理计算后将结果传递回用户机。在此种模式中，服务器往往只负责数据库的管理和查询，因此客户机任务比较繁重，须配备大量的软件，尤其是较多的客户机软件和应用程序。在 Web 模式中，传统的服务器被分成两部分，即 Web 服务器和数据库服务器。Web 服务器负责 Web 页面的管理、组织、传递和数据库查询请求的提出，而数据库服务器则负责接受 Web 服务器的查询请求，并提供运算处理结果。因此，在这种模式中，客户机的任务比较轻松，只要配备操作系统、网络协议和浏览器等软件即可。浏览器的作用只是从 Web 服务器下载 Web 页面。Web 模式在资源配置、系统安全等方面比简单的客户机 P 服务器模式要好得多。Web 模式的系统结构如图 4-1-2 所示。

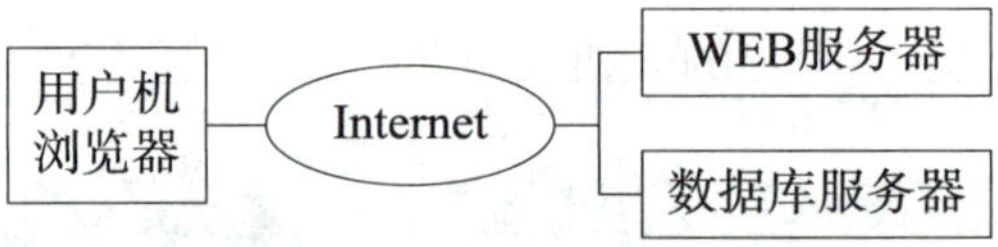

图 4-1-2　浏览器 PWeb 服务器 P 数据库模式

图书馆采用的 IBM 数字图书馆系统就是在浏览器 PWeb 服务器 P 数据库模式的基础上实现的。其系统基本框架如图 4-1-3 所示。

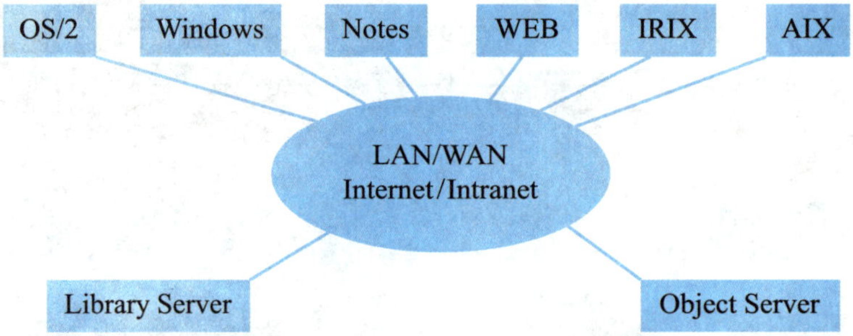

图 4-1-3　IBM 数字图书馆系统框架

在这个系统中，用户、图书馆服务器和对象服务器构成系统信息传递的三角形框架。用户登录图书馆服务器，并进行查询，图书馆服务器将用户的请求转交给相应的对象服务器，对象服务器则将查询到的信息直接传送给用户，这样就实现了数字对象的发布。在 IBM 数字图书馆的三角形构架中，用户只能访问图书馆服务器，这保证了存储在对象服务器中的数据的安全性。数据量大的数据对象（如图像、声音和动画等）及频繁使用的数字对象可以放在接近用户的地方，这样可以减少数字对象复制和传达的次数，减少网络的数据传递量，提高系统的性能。

（四）新一代体系结构

1. 基于 Web 的集中式文档协作体系结构——COLLATE

COLLATE 系统是一个服务于分布式用户群体的基于内容和注释工作的资源服务环境，它既可为单个用户提供服务，也可为某一领域内专家之间的资源共享和合作研究提供服务。虽然 COLLATE 系统设计的初衷只是针对历史影片领域的资源，但因其采用基于模型的模块化设计思想，其基础框架也适用于其他领域资源的服务和项目开发。

COLLATE 系统提供协作行为的支持，例如可实现专家之间的协作研究行为。专家们可以通过摄取组件向系统提交数字材料，系统自动将其传送给数据管理组件并进行存储。另外，其他专家提交的各类相关元数据信息（如目录元数据、索引元数据和注释元数据），COLLATE 系统也可以实时协同建立。这样，对系统文档实施检索行为的专家，可以在文档相关元数据存在的情况下随时丰富其元数据的内容。

COLLATE 系统对文档中的文本和图表部分分别建立动态索引访问机制，对所检索的文档建立动态分析机制，即与文档的相关注释创建关联关系。在 COLLATE 系统中，注释作为一种深度分析机制，既可由用户个体单独创建，也可由多用户联合创建。通过文档的相关注释，用户可以实时了解文档及文档存储路径等各项情况。

2. 面向服务的松散的数字图书馆体系结构——BRICKS

BRICKS 系统的目标是设计、开发和实现一种面向服务、面向用户的知识资源共享机制，为用户提供一个共享文化遗产领域知识和资源的空间。

目前，传统的集中式 DL 体系结构已不能很好地解决因 DL 服务对象的高度异构性所带来的各种应用问题。于是，BRICKS 系统计划设计一种新的 DL 体系结构，以既能解决现实中所面临的问题，又可低消耗地进行新旧系统的整合。另外，新的体系结构要求是高度柔韧的，即允许资源实体和服务实体随时随地加入和离开，而不会影响整个 DL 系统的运行。BRICKS 系统依托

Internet 为中枢，构建一个松散的、面向服务的 DL 基础架构，具有明显的可扩展性、可预测性和互操作性。

在信息访问方面，BRICKS 系统借鉴 COLLATE 系统的相关设计思想，采用了一种基于作业的索引注释和协同工作机制。用户可通过动态注释服务查询文档相关说明信息，注释服务将根据用户给出的搜索主题和作业目标进行查询。另外，BRICKS 还保证了动态产生的链接信息与对应文件的实时联系。

3．基于网络的虚拟数字图书馆体系结构——DILIGENT

DILIGENT 系统的目标是构建一个适合大量动态虚拟 e-Science 组织进行知识共享和合作研究的安全、动态、可协调的试验平台。DILIGENT 系统的体系结构构架在网格化可共享 DL 基础架构之上，主要用于虚拟数字图书馆（VDLs）的动态构建和管理。VDLs 的研究和构建顺应了现代科学研究多学科、跨专业、大规模协作的新趋势，解决了研究人员合作使用和创建知识过程中所遇到的新问题。在 DILIGENT 系统中，规定 DL 服务、资源收集实体和元数据收集实体都以网格资源的形式存在，并基于 DILIGENT 系统的基础架构对其进行注册和调用。

EGEE 项目作为 DILIGENT 系统开发的合作伙伴，正在进行网格基础架构的革新研究，并提供了 DILIGENT 系统所需的基础功能，例如资源的动态定位、跨组织的资源共享和一整套的安全配置服务。但是，要满足对 VDLs 创建和管理的需求，仅仅有这些功能是远远不够的。DILIGENT 系统仍需一些增值服务，例如支持大规模数据存储的服务、动态数据分发、元数据代理、元数据和信息内容的管理、资源高级代理、分布环境下信息内容的安全传输和内容工作流的管理服务等。另外，DILIGENT 系统也在研究如何将已有的传统 DL 服务和资源收集服务包装成可在 DILIGENT 系统下使用的网络资源。

（五）数字图书馆的建设原则

体系结构是数字图书馆建设的关键，它关系到系统的信息组织（即数字对象的存储）和检索方式。影响数字图书馆体系结构的因素有很多，包括社会与法律环境、通信基础设施和网络技术、软件工程、软硬件环境、系统安全、访问权限、数字对象类型和数量等方面。美国数字图书馆研究的重要成果之一是提出了建设数字图书馆的八项原则，并得到学术界的普遍认同。

1．数字图书馆的技术框架存在于法律和社会的框架之内

由于社会网络进程的不断加快，数字图书馆将存在于一个广泛的经济、社会和法律框架内。这就意味着，法律体系必须根据迅速变化的经济和社会框架制定新的法律，包括知识产权、通信法、国际法等。此外，数字图书馆的体系结构必须能够保护著者和所有者的权利，考虑其涉及的经济、社会和法律问题。

2．数字图书馆概念的统一理解

数字图书馆中的对象称为数字对象（Digital Object），它们存储在仓储（Repository）中，用句柄（Handle）来标识。存储在数字对象中的信息称为内容（Content），内容被分为数据（Data），关于数据的信息称为属性（Property）或元数据（Metadata）。

3．作为基础的体系结构应和保存在数字图书馆中的信息相分离

数字图书馆中的内容是多种多样的，可以是文本、图片、动画、声频、视频、计算机程序、模型设计或由多种类型构成的复合文献。存储在数字图书馆中的这些信息往往和数字图书馆的体系结构相分离。适合于各种文献类型的特征是由体系结构规定的。这种特征通常包括适用于某类文献的特定的格式、协议和权限管理等。

4．名字和标识符是数字图书馆的基本建构块

名字用于标识数字对象，登记数字对象中的知识产权，记录所有权的变化，在引用、检索和对象链接中不可缺少。名字是唯一的，长期保持不变。句柄系统用于标识数字对象。用于标识的字符串称为标识符。

5．数字图书馆不仅仅是二进制数位的集合

在数字图书馆中，信息储存的是数字对象，不能简单地把数字对象看成二进制数位的集合。数字对象可由两部分构成，即内容数据和元数据。一个数字对象可含有多种类型的内容数据，如文字、图像、声频等。复杂的数据类型可由简单类型构成。元数据包括句柄、权限、访问方式、数字签名、交易日志等。

6．数字图书馆对象使用时和存储时的形态可能完全不一样

数字对象在使用时的形态和存储时的形态可能完全不同。例如，图像可以以小波（Wavelet）形态存储，使用时再利用小波生成图像；音乐作品可以以曲谱的形式直接传送给用户，也可在仓储中用合成器演奏后再将声频信号传送给用户。数字图书馆的体系结构必须仔细区分生成的原始数字对象、存储在仓

储中的数字对象和提交用户的数字图像。

7. 仓储应保管好所存储的信息

数字对象包含有价值的知识产权，仓储中的数字对象含有是否允许其在特定的经济和社会框架中被存储的信息。仓储必须妥善管理，提供参考引用、安全控制等措施，以确保对数字对象的操作的合法性。用户通过仓储访问协议与仓储交互，以屏蔽仓储的内部结构和数字对象的存储形式。

8. 用户需要的是供人利用的知识作品，而非供机器处理的数字对象

数字对象是数字图书馆的基本元素，但用户需要的往往是更为抽象的数据项，如报告、程序、音乐作品等，通常是指组合在一起成为一个有机整体的数字对象组。数字图书馆的体系结构必须提供组合数字对象的方法和相应的检索机制。

三、数字图书馆的原理与技术

（一）集成技术

数字图书馆系统集成主要包括图书馆内部的业务自动化和网络化系统，包括信息资源搜集整合系统、知识提取与揭示系统、各类信息资源数据库系统、跨库检索系统、信息交互系统、网络门户系统和办公系统等。同时，图书馆与图书馆之间、图书馆与用户之间的网络系统互连，图书馆与广大用户的实时信息咨询服务等也是数字图书馆涉及的重要内容。

数字图书馆系统集成的重点在于内容集成，主要包括信息源集成、业务过程集成和服务集成。信息源集成主要是指将正式、非正式出版的文献数字化、网络化。业务过程集成包括业务管理、进程模拟，综合任务、流程、组织和进出信息的工作流，以及业务处理中每一步需要的工具。服务集成主要采用国际通信标准协议实现，如 SOAP 标准协议等。集成的方式包括以下几种：（1）点对点集成，主要是应用程序之间通过应用程序接口（API）进行点对点的数据和信息交换；（2）结构集成，采用中间件工具来统一实现和控制数据的传输和交换；（3）流程集成，主要是业务流程得到集成，提高业务工作效率；（4）外部集成，即与合作伙伴进行外部集成，帮助用户建立业务处理过程，达到系统间高效通信与交流的目的。

（二）学科导航技术

数字图书馆学科导航技术主要体现在学科信息门户（Subject Information Gateway，SIG）技术。SIG 概念的最早提出人之一 T. Koch 将 SIG 的特点归纳为以下几点：（1）是一种联机服务，提供对其他若干站点和文档的链接；（2）通过人工选择和筛选信息；（3）智能产生包括注解和评论在内的内容描述信息（如元数据），可能的话，提供信息的分类和主题标引；（4）智能地构建分类浏览结构；（5）至少支持部分和手工构建单个信息资源的元数据。

学科信息门户提供专门学科领域信息资源导航、专题报道、科技新闻、信息检索、个性化服务、专家论坛、用户留言等服务，是参与网络信息资源开发的有效途径之一。它可以方便快捷地集中整合某一专题的各方面资源，供有关用户群体利用，既减少用户网络查询时间，节约成本，又能提高信息资源利用率。

（三）智能代理技术

智能代理技术可模仿人的行为执行一定的任务，而且在执行任务时不需要或很少需要人的干预与指导，因此，智能代理技术最初就具备主动提供信息的功能。智能代理技术的主要功能是管理个性化的信息代理库。当信息用户指定了特定的信息需求之后，智能代理技术能够自动检测到信息的变化和更新，进而将其下载的数据存储起来，并将该信息自动提交给用户。信息用户如果愿意在网上“冲浪”，智能代理技术能分析该用户感兴趣页面的所属领域，并向该信息用户建议与该领域关系更密切的页面链接。信息用户在网上搜索信息时，往往搜索到的信息太少或可用度差，而智能搜索能够根据信息用户的特定需求进行信息过滤，为用户提供更精确的搜索信息。智能代理技术还能依据所存储的信息，动态地生成网络页面（Webpages），给信息用户提供一个适宜而友好的浏览界面。此外，智能代理技术还具有监督代理、协调与解决冲突等功能。

（四）识别技术

识别技术，也称为自动识别技术，即通过被识别物体与识别装置之间的交互自动获取被识别物体的相关信息，提供给计算机系统作进一步处理。

识别技术覆盖的范畴相当广泛，大致可以分为语音识别、图像识别、光学字符识别、生物识别，以及磁卡、IC 卡、条码、RFID 等识别技术。语音识别技术（Automatic Speech Recognition，ASR）是一门研究如何将人类的语音自动转换为计算机能够识别的字符的技术。语音识别的研究工作开始于 20 世纪 50 年代，60 年代动态规划和线性预测技术引入语音识别，80 年代隐马尔可夫模型理论在语音识别中得到成功的应用。90 年代以来，语音识别技术在产品化方面取得了长足的进步。

图像识别技术也称为视觉识别技术，是指利用计算机对图像进行处理和分析，辨识物体的类别并作出有意义的判断。图像识别系统一般由预处理、分析和识别三部分组成。预处理包括图像分割、图像增强、图像还原、图像重建和图像细化等诸多内容。图像分析主要指从预处理得到的图像中提取特征，最后分类器根据提取的特征对图像进行匹配分类，作出识别。

光学字符识别（Optical Character Recognition，OCR）是指计算机将文字的图像文件进行分析处理，并最终获得对应文本文件的过程。这是伴随扫描仪技术衍生的一项自动识别技术，可以看作一种特殊的图像识别技术。OCR 技术的关键在于识别方法，例如统计特征字符识别方法、结构字符识别方法、神经网络识别方法等。

（五）信息传递技术

数字图书馆是在网络技术、计算机技术等技术的支持下产生的，利用这些技术，可以实现信息快速、可靠、安全的转移，实现各种信息资源的缓存、复制、发送等。各种通信技术均属于这个范畴，广播技术也是一种传递信息的技术。由于储存、记录可以看成一种从“现在”向“未来”或从“过去”向“现在”传递信息的活动，因此也可将它看成信息传递技术的一种。信息传递技术的控制可以采用动态流量分配实现，在用户访问请求下，引导用户实施就近访问，对网络运行中存在的网络堵塞问题进行处理，提高用户的访问响应速度。

（六）知识产权保护技术

数字图书馆的重要特征就是信息量大而且丰富，这也进一步说明，信息的知识产权保护是一大难题。当前，知识产权保护是全社会都在关注的问题，并且受到社会结构、伦理等因素的影响。为了保证数字图书馆中信息资源的安全性，知识产权保护技术按照网络浏览版权法的应用，对用户的访问范围进行合理的设置，还可以在一定程度上为用户提供浏览服务，但是不提供复制服务。

（七）数据压缩技术

1．数据压缩的概念

数据压缩，就是以最少的数码表示信源所发出的信号，减少容纳给定消息集合或数据采样集合的信号空间。所谓信号空间，一是物理空间，如存储器、磁盘、磁带、光盘等数据存储介质；二是时间区间，如传输给定消息集合所需要的时间；三是电磁频谱区域，如传输给定消息集合所需要的时间。信号空间的这几种形式是相互关联的，存储空间的减少也意味着传输效率的提高与占用带宽的节省。数据压缩就是在不丢失有用信息的前提下，缩减数据量以减少存储空间，提高其传输、储存和处理效率，或按照一定的算法对数据进行重新组织，达到减少数据冗余和节省存储空间的目的。

2．数据压缩的意义

（1）数据压缩可以节省大量的存储空间。在建立数据库时，采用压缩技术可以取得显著的经济效益和社会效益。

（2）数据压缩可以减少数据传输时间。在给定传输率的条件下，信息的传送率与价格成反比。为了降低成本，必须进行数据压缩，尽量缩短通信时间。

（3）数据压缩可以节省频带宽度。在相同的通信时间内，传输率相等时，需传送相同的信息量，压缩后的数据和未经压缩的数据所需的频带宽度相比，压缩后的数据所占的频带宽度要小得多。

（4）数据压缩后可以使数据保密。由于采用了压缩技术，原来可以直接阅读的原始数据不能直接阅读了。只有知道压缩编码规则和解码方式的人，才能将压缩数据恢复成可直接阅读的形式。

（5）数据压缩技术可以使在现有条件下还不能使用的项目达到使用水平。

3．数据压缩技术的基本原理

数据压缩技术就是对原始数据进行数据编码或压缩编码。目前常用的压缩编码有冗余压缩法（无损压缩法、熵编码）和熵压缩法（有损压缩法）两类。前者是冗余度压缩，是一个可逆过程，其编码包括 Huffman 编码、算术编码、行程编码，以及主要用于文本压缩的基于字典的 LZ 和 LWZ 编码。后者是熵压缩，是利用某些变换来尽可能多地去掉数据中间尤其是相邻数据之间的相关性而实现的压缩，如图片中色彩均匀的背影，电视信号相邻两帧之间的少量变化，声音信号有时具有一定的规律性和周期性等。但这种压缩方式有时会带来不可恢复的损失误差，因此叫作不可逆压缩。其编码包括预测编码、正交变换编码、向量量化编码、分层编码、频带分割编码等。冗余度压缩法的压缩比通常只有几倍，在数字图书馆中一般用于文本压缩。熵压缩法的压缩比高但有损，在实际应用中用于数字音像信号压缩，同时换取更高的编码效率。熵压缩主要有特征抽取和量化两种方法，指纹的模式识别是前者的典型例子，后者则是一种更通用的熵压缩技术。

4. 数据压缩的主要方法

数据压缩的主要目的是减少数据的存储空间和传输数据的时间，从而降低成本。一般的压缩技术包括删去重复和不必要的部分，或者使用专门的编码技术。在众多的压缩方法中，逻辑压缩和物理压缩是其中的典型代表。逻辑压缩是根据对数据有关字段数据的分析统计结果而进行编码压缩的一种方法。创建数据库的第一步，就是要分析数据。在数据库文献中，有些字段的取值是有限定范围的，逻辑压缩是将取值的所有可能性进行逻辑排队，然后编码压缩。物理压缩不同于逻辑压缩，它是将物理存储时较稀疏的信息密度换成密集的信息密度时的编码方法。它与字段的取值范围无关，仅对整个文件进行紧缩处理。

（八）数据描述技术

数字图书馆所提供的信息资源来源广泛，内容丰富。但目前精确返给用户的信息还远远达不到要求，一个重要的原因是，信息提供者只重视信息资源内容的建立，而忽视了信息资源的描述、组织和管理。数字图书馆的易用性和长期维护的简易性主要取决于对所提供的信息资源的描述类型和质量。为了更有效地解决组织、管理、检索、使用海量信息资源的问题，实现资源共享，标准的数据描述技术遂成为数字图书馆发展的迫切需要。

元数据（Metadata）又叫“描述数据”，简单地说，就是关于数据的数据，是对数据内容的描述。围绕 SGML、XML、HTML 环境，元数据有了长足发展，出现了各种元数据规范。这些元数据共分为三类，包括描述性元数据（如 MARC，DC）、管理性元数据（用于数据资源管理，如 AC、METS）和结构性元数据（描述相关个体对象之间的联系，如书目、小标题等）。对信息内容的检索起决定性作用的是描述性元数据（Descriptive Metadata）。描述性元数据的功能有二：（1）为检索工具提供发现信息资源的线索；（2）对所发现内容提供充分理解的信息。常用的描述性元数据是 MARC 和 Dublin Core（DC）。

MARC 即机读目录，是以代码形式和特定格式结构记录在计算机存储载体上，能够被计算机标识、编辑、输出书目信息的目录形式。由于它的产生，计算机技术和网络通信技术在图书馆编目工作中得到广泛应用。利用计算机网络按 MARC 格式进行联机合作编目，已成为地区、国家乃至世界范围内书目数据资源描述的主要途径之一。

DC 是国内外最有影响的元数据规范。它是联机计算机图书馆中心（OCLC）等组织于 1995 年制定的一种网络资源描述规范，目的是发掘数字资源。MARC 已经很好地解决了传统图书馆纸质文献的数据描述问题，成为一种可被计算机处理的、可共享的世界标准数据，受到图书馆界的青睐。随着网络的发展和网上信息资源的增多，MARC 也相应地增加了描述网上信息资源的字段，如 USMARC 中 856$U 就是用于描述 URL 的，但 MARC 对于图像、声音文件和其他新的媒体类型都没有设计相应的字段和子字段。虽然基于 XML 的 MARC 已经出现，但其还没有大量应用于实践。而且 MARC 的实现需要专门的计算机软件支持，编制 MARC 的工作人员也需要经过严格的培训，这些都不利于对呈指数增长的网上信息资源的描述，影响了数字图书馆的信息处理速度。

DC 与 MARC 相比，不需要专门软件支持，不需要工作人员专门培训，描述元素只有 15 个，简单、清晰、明了，支持对任何领域的内容资源进行描述，而且还允许对特定的学科领域以加入新字段的方式进行个性化描述，并且通过内嵌在 HTML、XML 语言中实现其对网络资源的描述，通用兼容性强。数字图书馆为了使用户共享信息，需要采用标准化和规范化的数据描述技术，元数据技术正是数字图书馆不可或缺的技术。为了增强数字图书馆的互操作性，建立一致的元数据标准是至关重要的。DC 显然提供了广为人们接受的机制。

（九）数据存储技术

目前，数字图书馆开发者提出要在线大量收集数字对象。首先，这些数字对象是海量的，为了以适当的形式快速供用户检索，这些数字对象需要重新组织，如抽取元数据、建立索引等，使得现有数据量比原始数据多了几倍；其次，为了保证数据的安全，通常要建立备份系统，以便当系统出现故障时立刻启动运行；再者，数据的快速增加、程序运行过程中要建立大量临时文件以及用户的权限管理等，都迫使我们要考虑存储设备的容量、数据库技术和数据压缩技术。目前与数字图书馆相关的数据库技术主要有关系数据库技术、面向对象数据库技术、非结构化数据库技术、多媒体数据库技术等。

除此之外，还有数据仓库技术。数据仓库是集成的、面向主题的、非易失且随时间变化的数据集合。其数据主要用于支持数据分析、查询、报表生成和与长期积累的历史数据的对比，从而进行信息分析，支持决策功能。数字图书馆中的数字对象多种多样，信息分别被存放在不同用途的数据库中。因此，数字图书馆要利用上述数据库技术，使其发挥各自所长，协同完成数字图书馆的信息组织功能。

1．权限管理数据库

由于数字内容具有易复制、易传播的特点，因此数字图书馆加强了权限管理功能。数字图书馆的信息很多是授权使用的，用户通过认证才能访问，而权限管理的基础是建立权限数据库。这种数据库存储的数据类型一致而简单，结构化程度高。这一特点可以发挥关系数据库以二维表方式管理数据的优点。由于关系数据库在结构定义上限制极强——字段不重复、无子字段、字段长度固定、数据类型事先定义，从而保证了关系运算的准确和检索的快速与完备，因此，可以应用关系数据库技术进行权限管理。

2．元数据数据库

元数据有利于发现信息和对所发现的信息提供更多的理解和帮助，因此对元数据进行组织，是一项十分重要的工作。不同的元数据有不同的属性和结构。例如，MARC 数据结构极其复杂，包括对信息内容、外部特征和过程处理的描述，用 USMARC 定义的字段就多达 800 个。更困难的是字段、子字段可以重复，有的字段包含众多的子字段，且字段长度和子字段长度不固定。MARC 数据的这些特点用关系数据库不能得到很好的解决，而非结构化数据库突破了关系数据库结构定义不易改变和数据定长的限制，支持重复字段、重复子字段和变长字段的处理，在处理连续信息和非结构化信息时有着传统关系数据库无可比拟的优势。因此，对元数据进行组织，可利用非结构化数据库，通过倒排文档来实现记录的快速定位，提高检索速度。

3．多媒体数据对象

数字图书馆中提供的数据是多种形式的，不仅包括文本，还包括声音、动画、声频、视频等，每一种媒体又包含多种格式。对于这些数据对象，可以利用不同的数据库技术进行管理。

（1）文本信息。单纯的文本信息可以利用关系数据库和非结构化数据库。如果利用关系数据库，可通过建立索引文件，采用 SQL 进行检索。如利用非结构化数据库，可通过建立倒排文档实现对数据的全文检索。

（2）图像信息。图像信息可以作为一个记录存储在多媒体数据库或非结构化数据库中，也可以用数据库中“存放地址 + 外部文件”的方式进行组织。无论用哪一种方式，利用 BLObs（Binary Large Objects）字段类型都可以方便存储。国外数字图书馆的研发实践证明，目前多数图像尺寸趋于统一，因此我们可以预先设定数据库存储图像信息字段的长度。为了便于检索，可以为图像信息建立索引和元数据。这些索引和元数据是文本信息，可存储在关系数据库中。

（3）声频信息。声频信息大小受抽样速率、单声道还是立体声、磁道的数量和数字格式的影响。声频信息应该由非结构化数据库或多媒体数据库技术进行组织，为其建立的索引和元数据文件可以存储在关系数据库中。

（4）视频信息。视频信息实际上是连续的图像和声频信息的组合。影响其大小的因素有：黑白还是彩色、彩色的颜色深度、每秒的帧数和格式。视频信息与前几种信息不同，只能保存在外部文件中，而不能保存在数据库中。

（十）数据检索技术

信息的价值取决于它们被查找、发现、获取、过滤和管理的难易程度。多媒体信息资源是数字图书馆中最有特色和最有价值的信息资源。如果利用数据库只是对信息进行存储，不对这些数据库存储的信息进行检索或者检索的效果不理想，那么这些信息对人们来说便是无意义的。由于对包括文本、图形、图像、声频、视频在内的信息资源的检索效果是用户最为关心的问题，因此，研究相应的检索技术是数字图书馆研究的重要课题。

1．基于关键词的检索技术与基于内容的检索技术的比较

传统的数据库检索技术即基于关键词的检索技术，通过提供一些关键词或关于所需信息的描述，方便地定位相关信息源，从而找出满足用户需求的信

息。对于多媒体数据内容，常规方法是用关键词或其他结构化文本标识，再根据这些文本信息进行检索。但这种标识都是人工处理，主观性强，可能由于标记错误或分类不正确导致存储在数据库中的记录不精确，而且用自然语言的文本描述提供复杂信息的图像、视频、声频，很难找到合适的关键词。因此，传统的检索方法难以适应多媒体数据库的检索。

随着多媒体信息的出现，近年来出现了新的检索技术，即基于内容的检索（Content-Based Retrieval，CBR）。基于内容的检索根据媒体对象的语义和上下文联系对文本、图像、声频、视频等信息内容进行检索，是一种基于内容相似度的检索。它可以根据用户提交的查询示例（如一幅图像或一段视频）进行检索，其实现思想是根据示例的特征，从多媒体数据库中找出与之匹配的图像、声频或视频片段。

与传统的信息检索相比，CBR 有如下特点：（1）相似性检索。CBR 摒弃了传统的精确匹配技术，采用相似性匹配的方法和技术，通过相关反馈逐步获得查询和检索结果。（2）直接从内容中选取特征。CBR 直接对文本、图像、视频、声频进行分析，从中抽取内容特征，然后利用这些内容特征建立索引并进行检索。

2．基于内容的检索技术的应用

利用基于内容的检索技术对图像和视频信息进行处理，应注意内容特征的抽取。

（1）图像信息。图像特征是图像视觉效果的量化表示，好的图像特征能较好地表征人对图像的视觉感受。图像特征可以分为三个层次：原始特征，如颜色、形状、纹理；逻辑特征，如各种图像中的对象；抽象特征，如发生在同一场景的图像。原始特征又称为低层特征，逻辑特征和抽象特征又称为高层特征或语义特征。现有的技术仅能利用低层特征进行有效的查询，因此，应特别注意对图像颜色、形状和纹理特征的抽取。

（2）视频信息。视频检索实际上属于图像检索的范围，视频是一组图像按时间的有序连续表现，它的表示与图像序列、时间关系有关。基于内容的视频检索系统首先要构造视频结构，将视频序列分割为镜头，并在镜头内选取关键帧，用这些少量的关键帧来代表复杂的视频，再通过提取这些帧的底层信息建立索引，然后将镜头的抽象内容概括为计算机能理解的数字化特征。这些特征既包括文本型，也包括视觉特征（同图像），还包括不同于图像的运动特征。

运动特征反映了视频的时域变化，是用视频例子进行检索的重要内容。基于内容的视频检索系统提取这些视觉特征，作为一种检索机制存入视频数据库。

3．文本检索技术

数字图书馆的文本检索技术可以实现跨地域、跨文库的信息资源检索，并按照用户的要求得出精密文本信息。文本检索技术可以根据用户的实际信息需求，对信息进行进一步分析，制定信息检索方案，并根据信息检索方案对用户需要的文本信息先进行分布式的检索，再实施精确检索，以提高文本检索的质量和准确性。常见的文本格式为DOC、TXT、RTF、PDF，图像格式为BMP、TIF、GIF、WMF、PICT、PCD、TGA、JPG等，动画格式为ANI、FLI、FLC，视频格式为AVI、MOV、MPG等，声频格式为WAV、MID、AUD等，程序格式为COM、EXT。数字图书馆运用文本检索技术进行文本信息、图像信息、声视频信息的检索、获取时，可先进行相似性检索，然后直接从内容中选取相应的文本信息特征，进行信息检索。

4．异构检索技术

数字图书馆的异构检索技术，也称跨库检索（Cross-Database Search）、一站式检索（One-Stop Search）、多数据库检索（Multi-Database Search）技术等，借助单一的检索接口，利用统一的检索方法，实现对分布式异构信息资源的检索。分布式异构信息资源不仅包括馆藏的图书、期刊、科学文摘、全文数据库信息，也包括来自网络数据库的期刊论文、会议文献、OPAC书目信息、E-print资源等，甚至是通过主题搜索引擎发现的Web网页信息。异构检索技术将数量庞大、内容复杂的信息资源进行集成、整合、处理后，形成统一的检索结果，并按用户定制的方式提供服务。

（十一）云计算技术

数字图书馆面对的信息量是巨大的，并且其仍在以指数级的速度增加，因此，数字图书馆必须具备处理海量数据存取的能力。目前，云计算技术已经成为解决数字图书馆海量信息存取问题的关键。云计算技术具有整合网络资源（包括信息资源、服务资源等），高效地进行大规模数据存取的特点，将云计算技术应用于数字图书馆已成为目前数字图书馆研究的热点。云计算技术以其特有的优势，影响着数字图书馆的信息资源、信息用户、信息人员与信息设施，进而推动了数字图书馆的发展。其主要方法是利用分布式方式存储数据，以及利用基于Map Reduce的检索技术提高数据处理和查询的速度。大数据时代，数字图书馆的安全隐患分为外部的网络攻击和内部的信息安全两个方面。数字图书馆通过网络向用户提供信息服务，不可避免地面临着来自网络的各种攻击，需要设定系统的安全级别。同时，数字图书馆中存储了海量数据，需要考虑存储和访问的安全问题，利用云计算技术有助于制定合理的安全存储和访问控制策略以及相关标准和政策法规，以保障图书馆的合法权利和数据安全。

四、数字图书馆的主要特征

随着图书馆的建设和发展，作为服务于人的数字图书馆，首先必须具备信息资源数字化、信息资源多元化、信息资源共享化等特征。除此之外，还有一些其他特征。

1. 信息资源数字化

数字图书馆最大的特征，就是运用了多媒体管理系统和互联网信息技术，使得馆内信息数字化。数字图书馆中的文献资源大多为电子出版物，阅读的手段一般是通过联通互联网的多媒体设备。文献资源数字化主要是利用现代信息技术，对传统的文献进行数字化处理。它不仅包括个体文献的数字化，而且包括整体文献资源的数字化，需要采用信息转换技术、信息识别技术、信息压缩技术、信息储存技术和信息保护技术等进行处理。

2. 信息资源多元化

数字图书馆已不再局限于拥有纸质资源，还拥有数字资源，如多媒体、光盘、影音设备等，把读者的需求拓展为集文字、图像、声音于一体的多媒体形式。例如中国国家图书馆为读者提供了多样的信息资源，包括电子图书、电子期刊、电子报纸、电子论文、古籍、工具书、声视频、地方资源、少儿资源等。

3. 信息资源共享化

数字图书馆运用信息技术和网络技术，实现资源共享。信息技术和网络技术打破了地域的界限，使数字图书馆可以不受时间、地域、访问人数的限制。数字图书馆数字化系统平台的建立和发展，还有助于图书馆建设“联合图书馆”。数字图书馆建设并不是某一个或某几个图书馆之间的事情，它涉及整个文献信息领域。建设数字图书馆的主要目的在于实现全社会对文献信息资源的共享。例如，馆与馆之间可以进行合作探讨、建立联合目录、馆际互借、馆际采购协调等，使得图书馆在互联网环境下，馆与馆之间真正实现信息资源共享。

4．分布式的图书馆群体

分布式的图书馆群体是数字图书馆区别于传统图书馆最为显著的特点。数字图书馆通过网络，将不同地域内孤立的图书馆和各种信息资源进行整合，打破时空限制的同时，将所有的信息进行相应的储存，以一种最为方便的形式提供给读者。这样的特征使得读者在任何时候都可以进行信息的检索，同时还可以实现对信息的高度共享与整合。

5．面向对象的数字化多媒体信息库

数字图书馆的储存媒介已经不再局限于传统图书馆中所使用的纸质资源，其具有文本、声画、图像、光影、影视等多种媒体形式。所以，数字图书馆利用多媒体或者超媒体技术，为人们提供了信息化的检索方式，从而让读者在获取信息的同时可以更为直观形象地感受到信息内容。

6．强大的信息传播与发布功能

数字图书馆和传统图书馆相比，具有极其强大的信息传播和发布功能。数字图书馆可以为读者提供主动式服务，可以通过随时发布文献资源信息，对读者进行引导，向读者介绍和提供更多数字资源及服务内容。

7．元数据的使用

在早期的数字图书馆研究中，面临的一个问题是如何制作图书目录、分类和材料来源说明，也就是如何定义元数据，以便让用户更容易查找。早期的数字图书馆使用列表、摘要、目录等来解决这个问题，而数字图书馆的一个最大特征就是元数据的使用。

8．文献信息工作产业化

数字图书馆的建设过程不是一个简单的文献工作过程，既涉及一般文献工作，也涉及信息技术工作；既涉及信息整序工作，也涉及信息产品的创造工作；既涉及信息网络工作，也涉及网络咨询工作。数字图书馆建设充分体现了产业化的特征。尽管学术界仍对信息产业化持不同的看法，但信息产业化是历史发展的必然趋势。

9．文献信息提供智能化

在数字图书馆信息管理中，信息工作者主要从事两个方面的工作：一是在对文献进行数字化的同时，进行数据库的开发研究。例如，建立不同门类的数据库，进行学科前沿信息的整理分析，建立学科前沿数据库，进行地方特色文献研究，建立地域特色数据库等。二是进行信息传播和咨询工作。网络信息的提供将不再是文献提供，而是知识提供。如果文献信息中心不进行连续不间断的知识更新和建造更多的知识资源库，终将会被淘汰。

10．服务个性化

个性化服务是一种为不同用户提供不同服务策略、不同服务内容和不同服务功能的新型模式。它有三个层面的隐形要求：第一，每个用户都有自己的知识需求；第二，作为服务的提供者，需要有一个明确的目标，并可以对结果进行检验；第三，服务的提供者和接受者能相互合作，使双方都感到满意。

个性化服务的理念是以用户为中心，倡导以人为本的思想，因此对数字图书馆的建设具有重要的意义。其重要性主要体现在以下三个方面：（1）数字图书馆的可持续发展需要个性化的服务，甚至趋向于传统图书馆和数字图书馆的复合发展模式。（2）数字图书馆将面向公众的模式转变为面向个人。一方面可以为用户节省时间，另一方面有助于培养个性化，引导需求，最终促进社会向多元化发展。（3）数字图书馆以用户为中心，将知识经济的理念应用于图书馆的建设，优化了图书馆信息的分布，能够发挥其功能，提高质量和效率。

图 4-1-4　歌德电子书借阅系统个性化定制示例

第二节　数字图书馆系统

一、数字图书馆系统的基本功能

数字图书馆系统是一个由网络连接的“互联空间”或“信息空间”，是一种管理和应用数字信息的方法，它有以下五项基本功能。

1．信息获取和信息数字化

这是数字图书馆首要的基本功能，它将储存在物理介质上的图、文、声、像等信息转化为数字信息。如将报刊、古籍等文献资源中的各种文字和图像（包括地图）以及缩微制品（包括缩微胶卷和缩微平片等），利用计算机和相关设备数字化。

2．数据的存储和管理

数字图书馆根据数据的特点，按照信息组织的原则和数据结构，借助各种现代化手段，通过选择、生成、标识、描述和整合，对数据进行存储和管理。数字图书馆大多采用客户机 / 服务器的模式，客户、图书馆服务器和对象服务器构成信息传递的核心结构。图书馆服务器主要管理数据的目录、索引和查询，而对象服务器用于管理数字化的对象（即各种类型载体的原文献），当对象数据传送给客户的时候，就实现了图书馆对象数据的传送。它可存储和管理的数据量是巨大的。

3．检索和查询

对数字图书馆中的信息进行属性检索，提供文本搜索工具以进行全文检索。除了文本检索外，还需要提供先进的基于数字化图像、影像或声音内容的查询技术。

4．数字化信息发布和传播

数字化信息的发布基于面向对象机制，信息资源的应用者可以选择多种方式进行信息发布。相对于目前网络的处理能力来说，数字化的信息对象如图像、声音、活动影像等数据量较大，必须依靠高速网络技术及宽带综合数字网进行多媒体数字信息的分发。

5. 系统管理和版权保护

通过网络访问和存取数字化信息，需要有效的权限管理来保护信息所有者的利益，并用相应的技术确保版权人的资源不被滥用。因此，数字图书馆的信息安全和权益管理解决方案，必须保证系统的安全性和可用性。

二、数字图书馆系统的现状

（一）国外现状

美国于1993年率先开始数字图书馆研究。由总统的信息基础设施特别工作组和竞争政务会决定将美国的数字图书馆项目纳入国家信息基础设施虚拟图书馆中，列在美国全球资源项目之下。

1994年，美国国家科学基金会正式公布了一项为期四年、投入2440万美元的“数字图书馆首创计划”。该计划由美国国家科学基金会、国防部先进技术局和国家宇航局联合出资，由科学基金会机器人学与智能系统信息分部负责协调。从1995年起，美国国会图书馆全力开发“美国往事”数字图书馆。1998年，美国国家科学基金会正式启动了美国国家科学、数学、工程与技术教育数字图书馆计划。1995年，法、日、美、英、加、德、意、俄八个国家的图书馆联合推出了G8全球信息社会电子图书馆项目。G8电子图书馆是一个分布式的多媒体信息系统。早在1994年，日本政府就规定政府各部门必须将有关的政府信息组织为“电子图书馆”。1995年，由政府投入并由通产省组织国内十家一流的信息公司联合进行“下一代数字图书馆系统的研究与开发”项目，达到了相当高的水平，在日本互联网上称为“公共图书馆数字图书馆系统”。

2012年，美国推出了一个名为“Open E-Book”的书库，该书库没有数字版权管理的限制，读者能够通过不同的设备获取电子资源。2013年，美国的首家全数字图书馆BiblioTech于第三季开幕。BiblioTech是一间位于美国得克萨斯州比尔县的图书馆，是全球首家推行无纸化的图书馆，由法官纳尔逊·沃尔夫创立，占地约5000平方米，馆藏逾万种电子文献，并设有多部笔记本电脑、平板电脑及电子书阅读器供读者借出使用。2014年，美国的各类图书馆，包括美国高校图书馆和公共图书馆，都在积极地进行转型工作，不局限于一个藏书地。高校图书馆正在寻找开创性的方式使图书馆的空间能够再利用，更加注重给学生营造一种学习的氛围。

其他国家也着手对本国的数字图书馆的研究。英国于1992年开始了对数字图书馆的研究。英国数字图书馆建设的主要特点表现在立足现实的需求，注重实用的效果，重视资源建设的整合，着眼于后续的发展，以信息服务为主导，强调建设复合图书馆形态。法国于1997年对外开放了法国国家数字图书馆Gallica。Gallica建馆之初，就已经拥有2500种数字资源。目前，Gallica的数字资源文献种类已超过200万，其中部分种类来源于与其合作的图书馆。法国数字图书馆建设的特点主要表现在法定呈缴馆藏数字化、数字资源法定呈缴、与商业机构的合作、与公共机构的合作。日本政府也非常重视本国数字图书馆的发展，在数字图书馆建设方面投入了大量的资金。日本数字图书馆建设的主要特点在于以政法主导并联合地方投资，组织国家级的资源单位，重点建设历史珍藏的资源。

（二）国内现状

我国的数字图书馆建设起步较晚，但是发展速度很快。我国正式提出数字图书馆的概念是在20世纪末召开的第62届国际图联大会上，随后与之相关的资源体系构建、配套技术开发和统一标准制定等多方面的研究课题相继启动。我国数字图书馆的资源建设也取得了可喜的成绩，建设了很多研究项目，如中国试验型数字式图书馆项目、中国数字图书馆工程、中国高等教育文献保障系统（CALIS）、国家科技图书文献中心（NSTL）、国家科学数字图书馆（CSDL）和国家知识基础设施（CNKI）等。我国数字图书馆建设从偏重于馆藏资源的数字化，逐步开始向注重结合实践、重视标准规范建设、优化馆藏结构、提升用户服务体验和注重知识产权等方向转变。

数字图书馆从20世纪90年代起被一些发达国家重视和大力推进。我国数字图书馆研究的起步基本与国际同步，但在发展上比发达国家落后好多年，这也是整个国内计算机普及程度和互联网大环境所致。90年代中后期，中国的互联网用户呈几何级数增长，网站的数量也不断增加。随着人们对互联网需求的增长和深入了解，其中的一些缺陷和瓶颈问题一一浮出水面，最突出的就是网络上有价值的信息数量缺乏与有用信息的封闭性之间的矛盾。如何让两者更好地结合以提升双方的价值成了迫切需要解决的问题。

经过十几年的不断探索和不懈努力，我国在网络平台建设、关键技术研发、数字资源建设和数字图书馆服务等方面都取得了重要的进展，为加快数字图书馆建设积累了丰富的经验，打下了坚实的基础。到目前为止，已经建设的一大批省、市、县级的数字图书馆，在为本区域的用户提供数字服务方面起到了显著作用。特别是各地方还结合本区域的特点，做了大量十分有益的探索，形成了多元化的建设模式。一个具有全国覆盖性的数字图书馆服务体系已初具规模。

国内通信工程数字资源的建设水平最高、规模最大的数字图书馆当属国防科技信息中心的国防科技信息服务系统。该系统对馆藏的纸质和缩微平片存储的国外科技报告、美国军用标准、国内外专业会议录、国防科技报告等资源进行了大规模的数字化加工，并广泛收集国内外数字资源，如科技期刊和 JANE'S 年鉴数据库等。采用 TRS 全文数据库平台实现了世界防务数据库、AD/NASA 报告、美国军用标准全文数据库、AIAA 会议文献全文数据库、SPIE 会议文献全文数据库、国防科技会议全文数据库、科技期刊全文数据库等资源库的跨库统一检索，建立了国防科技信息服务系统，并以镜像资源的方式为国内企业提供内网服务，创造了良好的效益。

三、数字图书馆系统的发展趋势

图书馆承担着资源积累、数据加工、知识传播、信息服务等多重职能，数字图书馆建设是图书馆的发展趋势。随着信息技术的飞速发展，特别是智能终端和互联网的普及应用，数字图书馆带来了全新的资源存储方式、随时随地的阅读体验和新颖的服务模式。《国家中长期教育改革和发展规划纲要（2010—2020 年）》中提到，要加快教育信息基础设施建设，推进数字化校园建设，实现多种方式接入互联网。“十三五”期间，政府投入数千亿元资金建立数字图书馆，各地方政府的数字图书馆专项资金专款专用接入到各地学校、文化馆、社区活动中心、图书馆和农家书屋。

数字图书馆是一个面向各级学校、政府机构和企事业单位的信息服务中心、数字资料中心、图书管理中心、电子传播中心等机构的网络应用软件平台。它是架构校园“信息高速公路”的核心框架，提供一个面向知识管理、知识检索、知识学习、知识传播的全方位解决方案。数字图书馆为实施“科教兴国”战略提供了重要条件，也是实现公民终身教育的大课堂。数字图书馆以其对信息资源的整理加工和有序组织，为“科教兴国”战略提供了最为便捷有效的发展环境。数字图书馆所提供的远程教育服务可以极大程度地消除中国目前教育资源分布的不均衡性和教育质量的差异，其个性化的服务特性，又克服了受教育者因素质和年龄的差异带来的障碍，为所有公民获得教育提供了充分的条件。所以，数字图书馆是“科教兴国”战略的实施者，对我国国民素质教育将起到巨大的促进作用。

（一）技术革新推动全面发展，数字图书馆由数据向智能演进

数字图书馆是在传统图书馆的基础上结合计算机技术与信息技术演变而来的，具有三个基本特征：一是数据化，将实体载体形式的信息资源加以编码分类，并构建数据库。一方面是对信息资源的名称、内容等进行信息化分类，从而实现更加方便高效的管理；另一方面是通过信息技术实现对图书馆信息资源的数字化、虚拟化。二是共享化，通过互联网传播，使用户能够突破时间与空间的限制实现信息共享，也能更为高效便捷地为用户提供广泛的信息资源。三是服务网络化，数字图书馆不仅可以使用户突破时空限制获取信息资源，还可以通过分析用户的个人行为轨迹和阅读习惯，为用户提供个性化的信息服务，并实现图书馆的智能化管理。

1. 以“数据驱动”为要素的初期数字图书馆

数字图书馆伴随图书数字化而出现。受西方图书馆管理技术的演进及信息技术发展的影响，我国国家图书馆于1999年开展图书馆数字化建设，于2004年推出了“畅想之星”图书馆数据库。该数据库包含29000册电子图书，品种涵盖中图分类法各个类别，被视为我国初期数字图书馆的典范。该时期的数字图书馆是以“数据驱动”为要素，其服务主要包含两种方式：一是利用馆藏书目数字信息资源检索的知识服务，即用户通过数字图书馆本地检索平台进入图书馆主页，点击书目查询按钮并输入作者、书名等检索关键词后，检索结果显示该书是否在馆及其馆藏地点、检索书号。二是利用购买的搜索引擎数据库检索的知识服务，即用户利用图书馆购买的外部数据库检索所需的信息资源。

2. 以“联网服务”为要素的第二代数字图书馆

受国家图书馆影响，上海图书馆、杭州图书馆等国内公共图书馆相继开展了数字图书馆建设。上海图书馆于2005年启动了手机图书馆服务，是国内最

早的手机图书馆实践者，2010 年又推出了 24 小时自助图书馆。杭州图书馆实现了基于互联网的多种技术的应用，开通了“文澜在线”，注册用户可以通过手机使用公共数字图书馆。这些从“手机图书馆”到“互联网服务”的实践，推动了我国数字图书馆的发展，被视为我国第二代数字图书馆的代表。这也意味着数字图书馆服务已不再仅限于数据化和共享化，而是开始体现服务网络化的理念。

3．以“移动互联智能化”为要素的第三代数字图书馆

随着移动互联技术的飞速发展，我国数字图书馆发展的核心内涵已由数据驱动、联网服务的单兵作战阶段发展到由移动互联驱动的综合性智能数字图书馆阶段，即从传统图书馆发展为集海量数据、智能管理、智慧服务于一体的智慧图书馆，实现个性化服务、智慧化服务和互动社交等功能。这是未来数字图书馆的最高形态与主导模式，也是数字图书馆的新定位、新形象与新能力。

（二）“服务为王”推进用户体验，数字图书馆优化精进的多个维度

以移动互联技术为代表的新一代智能技术的发展与国内数字出版的繁荣，使我国数字图书馆朝着以“用户驱动、服务能力驱动”为主的方向发展，即数字图书馆从简单的文献管理、读者服务等开始升级变革为以用户需求为主导的发展方向，追求读者效益和读者服务效果的最大化。受“服务为王”的发展方向引导，数字图书馆要在服务平台、内容平台与阅读平台这三个维度优化精进。

1．立足信息技术，建设多媒体服务平台

采用嵌入式技术，助力数字化信息的智能搜索。采用嵌入式技术的服务是一种主动的、定制的、个性化的数字资源搜索增值服务。一是大型图书馆借鉴“百度云”“阿里云”的大数据分析与应用，在数字图书馆的云端建立大数据中心，大规模采集读者的图书借阅信息、研修室预约信息、座位预约信息等，分析读者的阅读偏好、行为轨迹、信息素养水平和服务需求等，为他们提供数字化搜索推荐、图书馆读者培训信息和图书馆活动信息等服务，帮助他们逐步明确自身需求或直接为他们的信息需求提供引导。二是借助网络知识管理平台，融入用户的物理空间、虚拟空间、组织机构和社会网络的大数据，并随时根据用户信息需求内容、信息需求层次、信息需求行为的变化，为用户提供掌握专业知识所需的定期跟踪、文献综述、科学研究等服务。如 2016 年推出的学术搜索引擎语义学者（Semantic Scholar），就是通过数据挖掘和自然语言处理器

对数以千计的文章进行比较，使自身具备复杂的分析能力，并判断哪些研究与研究者的需求相符，进而为研究者提供与其需求定位相符的文章的相关数据，协助研究者发现需要的信息。

2. 借力数字出版，建设泛在式内容平台

数字出版作为资本、知识密集型的新兴产业，在媒介融合的驱动下呈快速发展态势，有力推动了出版业态的全面转型与升级，也为数字图书馆的发展提供了更加多样的内容资源。由于出版发行成本等因素，实体文献资源出版和传播始终受到制约。但在技术因素、时代因素等多重因素的作用下，数字出版作为泛内容平台，能够突破资源受限的藩篱。一是信息类型多样，数字出版不仅能承载各种形式的大众阅读内容，也能使用户对学术期刊等专业化内容进行全文检索。二是信息内容海量，以信息技术为载体，不同阶段的数据都以数字形式进行录入、编码，实现全网、全领域、全时段覆盖。三是能够进行在线编辑与反馈，移动互联的去中心化与实时交互性，使数字出版产品的传播者和受众能随时评价、分享甚至编辑内容，为内容的不断迭代提供支持。

3. 采用智能技术，建设个性化阅读平台

在信息的录入编码端，通过新型数字化技术制定统一的数字资源标准，一方面可以将传统纸质文献资源充分数字化，最大化地实现馆藏资源的数字化、实效化及规范化，另一方面可以加速与数字出版内容的无缝衔接，实现数字资源共享。在输出解码端，移动互联技术的发展与普及，使二维码扫描下载等新的互联方式与在线阅读分享、实时评价等新的共享方式得以充分利用，在实现资源与用户线上线下实时互动、实时体验的同时，实现了数字图书馆知识服务的全局性与跨界融合。

移动互联技术不仅可以为普通大众提供个性化的阅读内容推送服务，也可以为高校教师、科研人员以及企业提供个性化信息和准确的行业发展动态与竞争情报，实现精准开发，减少了人力、物力和财力的消耗。如利用在线身份技术，即通过为研究人员提供一个永久数字标识符，使研究人员形成网络身份与研究工作的独一性，同时利用大数据算法明确该研究内容与其他学术研究的关系，为研究人员推送与该研究内容相关的科研机构的文献，并与同一主题的已发表论文建立联系，为整个该领域的研究建立清晰的研究脉络，助力学术研究增值。最近开发使用的 ORCID 技术，通过将用户的 ORCID 记录与 LinkedIn 页面和其他专业账号连接起来，不仅能够帮助研究人员实现个性化的研究搜索，还能实现对科研人员学位论文、科研计划、学术论文的系统化管理。

（三）双重优势助力阅读升级，数字图书馆服务全民阅读的独特价值

数字图书馆集海量数据、智能管理、智慧服务于一体的智慧化发展，为全民阅读的普及优化提供了独特价值。

1. 数字资源类型的丰富性和内容的海量化，为推广全民阅读构筑了坚实的基础

图书馆具有推广全民阅读的重要使命。当下，由于数字资源数量庞大、类型各异的特点，其已成为图书馆信息资源的主体。因此，数字图书馆已经成为承载全民阅读的重要载体。随着网络技术和信息技术的不断发展，数字图书馆实现了信息种类的全网、全领域、全时段覆盖，能为读者提供交互式、趣味性、联网共享式的阅读体验，拥有了更加丰富且不断迭代的内容及呈现方式，在逐步满足不同受众群体愈加广泛的阅读需求的同时，进一步激发了读者的阅读兴趣，为全民阅读的普及优化提供了成本较低的阅读平台。

2. 数字服务的个性化和迅捷性，为推广全民阅读提供了构筑优化服务的关键

图书馆不仅提供采集与输出数字资源的服务，还提供组织、开发、管理与利用数字信息的全方位服务，其建设发展的宗旨是为读者提供需要的资源，让读者享受最贴心的服务。因此，图书馆推动全民阅读普及优化的关键是为读者提供更好的服务。与传统图书馆相比，数字图书馆在提供数字服务方面具有三点优势。一是在技术层面。由于采取了数字资源整合、数据挖掘、云存储和云安全的技术融合，不仅扩大了数字资源系统组织与开发的能级，也使用户能够更加便捷地获取信息资源，有利于数字资源的利用与共享。二是在管理层面。基于技术融合的数字图书馆，有利于建立图书馆数字资源利用服务绩效评价体系和图书馆数字资源管理机制，使图书馆的管理更加合理化、精确化、信息化、可视化，使数字资源的管理与利用更加高效。三是在服务措施层面。利用物联网技术，可以实现信息检索及阅读需求的个性化定制与信息互动共享；利用人工智能技术，可以为读者提供更为人性化的阅读平台和更为高效的图书借阅模式。四是在服务范围层面。构建图书馆业务系统的互联网络，形成图书馆的服务联盟。数字图书馆通过整理物联网上传的数据，充分挖掘和利用这些数据资源，以实现各个受体间的相互关联（如书书相联、书人相联、人人相联），

形成业务的全产业链整合，从而无限扩大数字图书馆的服务范围。

随着全球科技竞争的加剧，对于数字图书馆的研究已经成为这次科技竞赛的重要赛点，也是评估一个国家信息基础设施的重要标志之一。由于数字图书馆在很大程度上成为整个科学发展的关键节点，对国民的知识储备起到极大的推动作用，所以它对整个社会的可持续发展有很大的影响，决定了整个社会的未来走向。我们必须加大对数字图书馆的研究，以促进整个国家软实力的发展。其中，在数字图书馆的研究中，能够进行未来方向准确的预判并赶在其他国家之前快速实施是至关重要的。

国内外学者的许多研究表明，面向用户和服务用户的数字图书馆模式将成为未来图书馆发展的主要趋势。这种模式极大地关注人们对数字图书馆的感受，并围绕信息系统和用户的关系，为用户提供精确的服务。它强调针对用户的个性化服务，以此提高服务效率，减少用户时间和精力的不必要浪费。

第三节　元数据

一、元数据概述

元数据是关于信息资源或数据的一种结构化的数据，是用来描述数据的数据。通俗地说，就是数据的说明书，是介于对象数据和使用者之间的一种中间数据。其功能在于抽象和集中描述对象数据的相关要素，让机器可读，甚至可以理解，从而帮助计算机系统高效地识别、定位和管理对象数据，帮助使用者管理和检索数字资源。

从20世纪90年代至今，全球各行业已先后制定了数十种具有一定影响力的元数据，根据不同学科领域的使用，又衍生出多种类型的元数据。有用于教育资源的IEEE LOM和GEM元数据，有用于博物馆藏品或特藏的CDWA、VRA Core和REACH元素集，有用于地理空间资源的FCDC/CSDGM元数据，有用于手稿档案保存的EAD元数据，有用于政府信息的CILS元数据，还有广泛用于图书馆资源标识的MARC数据和DC元数据。我国一些学者也很早就开始对元数据标准规范进行研究，包括古籍元数据、音乐元数据、拓片元数据、电子论文元数据等。大家一致认为元数据的标准化是数字化建设的需要，是基础性工程，也是促进元数据在跨学科资源描述过程中使用的重要保障。

基于元数据标准独特性、多元化的特点，数字化的发展要求不同的元数据之间建立一种机制，实现互操作。而语义一致性、语法一致性等是元数据互操作的关键。

二、元数据与MARC数据

就元数据的含义而言，它和MARC数据以及卡片目录具有很多相似之处，如都是描述对象数据的一些重要特征，以便于进行研究和检索。元数据从本质上来讲就是关于数据的数据，TEI 标题、书目记录以及其他形式的描述都可以称为元数据。所以，元数据并不神秘，也并不高深。尽管如此，它同书目记录也存在一定的区别。元数据是当下网络时代的产物，它的出现可以使我们更加便捷地对网络信息资源进行检索和组织。因此，其内涵要远比书目记录更加丰富。有学者曾对其作过如下定义：元数据是一种基本信息组织方法，为计算机智能地识别、集成、处理各种信息内容、信息过程和信息系统提供工具，为分布的由多种和多层内容构成的信息系统提供互操作和整合的纽带，为信息系统各个层次的内容提供规范的定义、描述、交换和解析机制。这一定义较为全面地阐述了元数据的内涵。

三、元数据标准

元数据标准是指描述某些特定类型资料的规则集合，包括语义层次上的著录规则和语法层次上的规定。语义层次上的规则是描述所使用数据在不同领域的含义，包括类、属性、约束等，是元数据元素的具体描述方法。语法层次上的规定是描述所使用的元语言，文档类型定义使用的语法（包括格式、结构的描述方法）。元数据从诞生至今，其标准不断修订，不同应用环境下的元数据标准也在不断地完善。截至 2012 年，元数据术语集已经由 15 个核心元素发展为 55 个术语。2011 年开始，国外学者对元数据标准的研究由单一的元数据标准应用转向多种元数据集标准的应用。JingWan 等的《基于博物馆都柏林核心数据的多层元数据标准设计》就是基于都柏林核心可扩展的元数据标准，通过介绍核心元数据术语、定义、报名规则和说明、选择的术语和精炼的原理进行了讨论。

目前已有多种元数据格式存在，这些元数据分别用于不同的资源领域，对各领域不同特征的资源进行著录和标引。数字图书馆的概念提出后，图书馆的资源收录范围与传统图书馆相比有了大幅度的延伸，除了传统纸质文献的收录以外，很多数字资源也被列入图书馆的收录范围，图书馆馆藏的内容、种类和服务方式开始变得更加多样。

DC 元数据即都柏林核心元数据集，建立的初衷是为了解决大量数字资源描述和发现的需求。DC 元数据元素集由 15 个核心元素组成，其中有 7 个内容描述元素、4 个知识产权元素，以及 4 个外部属性元素。DC 元素通过这 15 个核心元素，对信息资源的外部特征和内部属性进行描述。

表 4-3-1 都柏林核心元数据（DC）元素集

内容描述元素	知识产权元素	外部属性元素
题名（title）	创建者（creator）	日期（date）
主题（subject）	出版者（publisher）	类型（type）
描述（description）	其他责任者（contributor）	格式（format）
来源（source）	权限（rights）	标示符（identifier）
语种（language）		
关联（relation）		
覆盖范围（coverage）		

第四节　数字版权

随着网络技术和数字化技术的快速发展，网上交易和传播的电子图书、音乐、电影、图片、游戏和软件等数字资源越来越多，网络出版和传统纸质作品的数字化不可避免。然而，由于最终用户有意或无意地对有价信息进行任意拷贝和粘贴，尤其是不可避免地进行二次传播（如磁盘复制、网络共享等），以几何级数的速度消耗了潜在的用户资源，给相关权利人造成巨大的经济损失，挫伤了他们使用互联网扩展业务的积极性。在网络环境下，各图书馆纷纷建设自己的特色数据库，收纳大量的电子图书资源。如何防止这些数字资源被盗版和侵权，已成为数字内容市场管理的重要课题和图书馆面临的严峻挑战。

一、数字版权的概念

许多学者在文献中都提到了数字版权的概念。郝振省在《2008 中国数字版权保护研究报告》中提出“数字版权是从作品流转、传播环节角度对其界定为在这一过程享有的保存、复制、发行的权利”；屈爱红在《数字版权亟待保护》中提出“数字版权是从作品流转、传播介质角度界定为在这一方面享有的权利”；周荣庭在《网络出版》中提出“数字版权是从客体作品类型、表现形式的角度将其界定为数字作品的版权”；徐跃权和徐兆英在《数字环境中图书馆与出版发行活动的行业关系构建》中提出“数字版权是从词义扩充角度将其解释为数字化作品的产权所有权”；李月红在《数字版权法律问题研究》中提出“所谓的数字版权，是指作者及其他权利主体对其文学、艺术作品在数字化复制、传播等方面依法享有的一系列精神权利和经济权利的总称”。

数字版权其实就是各类出版物和信息资料在数字化制作、复制、传播等方面所享有的权利的总称，包括可以通过新兴的数字媒体传播内容的网络出版权，也包括制作和发行各类电子图书、电子期刊、手机出版物等的版权。

数字版权的特点主要有以下四个：第一，数字版权主要是面向数字化复制和传播的专有权利；第二，数字版权包括精神权利和经济权利两个方面，虽然在现实生活中经济权利更受重视，但是作为权利主体应该享有的署名权、发表权、修改权和保护作品完整权等精神权利也应当得到尊重和保护；第三，数字版权对作品类型和作品表现形式并没有特殊要求，只要能以数字形式传播就属于数字版权范畴；第四，数字版权的主体包括作者及其他权利主体，如依法享有相应权利的传播者。

进入数字化时代以后，数字版权在内容方面得到很大的扩充，不仅包括各类数字出版物的版权，还包括专利、商标、原产地名称等无形产权。除了传统的复制权、发行权、信息网络传播权以外，数字版权还应当包括未经作者允许其他人不得随意接触作品的接触权，集传播权、放映权、信息网络传播权于一体的公共传播权，以及包括改编、翻译、注释行为在内的演绎权等。

二、数字版权现实问题

（一）数字版权保护意识淡薄，法律法规不完善

在数字环境下，上传、下载资源的行为无时不在、无处不在，免费使用已成为大家的思维定式。在我国，当互联网还没有成为一个产业，仅仅表现为一种新的传播媒介的时候，网络上普遍存在的免费与共享的传播模式逐步造就了人们普遍形式的免费与共享观念。图书数字化以后，盗版极其容易，复制品与原件一模一样，而且复制几乎没有什么成本，这就使得网络出版的版权控制更加困难。在目前的数字环境下，一些人对复制图书、上传他人作品、下载盗版声视频资源等已经习以为常，而且没有认识到这些行为违法，数字版权保护意识淡薄。

近年来，数字版权保护问题越来越突出，文档、音乐、影视等不同类型作品的侵权行为频繁出现，相关的数字版权保护法律也经历了从无到有的发展过程。虽然我国 1990 年颁布了《中华人民共和国著作权法》、2006 年颁布了《信息网络传播权保护条例》、2009 年颁布了《中华人民共和国侵权责任法》等法律法规，但是关于数字版权保护的法律依然较少或滞后，且现有的法律法规难以应对数字化时代下的数字版权保护问题。因为法律法规的不完善和滞后，数

字出版领域的版权纠纷频发，且呈愈演愈烈的趋势。

（二）网络环境不安全，盗版情况时有发生

数字资源的传播要经过供应商、网络平台、后台操控等环节，因此，其传播过程相对来说不够封闭和安全。同时，由于电子资源的即时性与传播的广泛性，盗版现象十分普遍。另外，一些公共网络、微信公众号为了增加访问量，擅自传播作品内容，任由用户下载和阅读，严重侵犯了作者的知识产权，损害了图书馆的利益。

（三）版权权利种类较多，版权保护非常复杂

在网络环境下，数字资源涉及的版权种类较多，主要有署名权、复制权、保护作品完整权、发行权、改编权及网络传播权等。这些权利都需要经过数字资源作者的授权，可见版权保护十分复杂，这就导致图书馆在购买数字资源版权与权利鉴别方面存在困扰，在后续的数字版权保护过程中也极易产生漏洞与死角，使一些不法分子有机可乘。

（四）版权授权有瑕疵，支付渠道不通畅

和国外相比，我国的著作权保护制度起步较晚，网络环境下图书馆的电子图书数字版权在很多方面还存在概念模糊、责任不明的问题，一些非正规的电子图书出版商也存在没有获得作者授权便对其作品进行传播的行为，权利人和责任人不确定的问题时有发生。目前，我国多数电子图书版权掌握在作者手中，电子图书出版商在洽谈版权获取的过程中，面临着授权难的困境。此外，电子图书版权费用支付也存在一些问题。首先，电子图书版权没有统一的收费标准，存在一定的随意性，不利于电子图书市场的健康发展。其次，电子图书版权费用支付渠道不够畅通。

三、数字版权保护方法

（一）加强数字版权相关法律法规建设

从 20 世纪初开始，我国就不断完善与著作权保护有关的法律法规，但主

要是针对纸质文献而言。有关数字资源的版权保护方面的法律法规尚不健全，现有的法律法规已不适用于目前的网络环境。因此，适应数字资源产业发展的版权法律法规建设有待进一步完善。首先，法律法规应明确数字出版、互联网出版的基本概念，明确不同出版方式的权利与义务范围。其次，应规范数字版权的归属，避免责任人的不明确性。最后，应规范数字资源的版权支付标准及市场交易相关规定。

（二）完善著作者授权管理制度

在网络环境下，图书馆要想保护数字资源作者的权益与读者享受正版资源的权利，就必须完善数字资源著作者授权管理制度。首先，图书馆要对数字资源出版商进行资格审核，确保数字资源的授权许可是真实有效的。其次，图书馆应依据自身的专业优势，帮助权利人进行授权，维护数字资源出版商和作者之间的合作关系。最后，在版税方面，图书馆应及时向作者或数字资源出版商支付版税，保证版税的透明度。

（三）提升技术防范措施

图书馆在提供数字资源网上借阅服务，对资源进行公开传播时，首先应防范的是非法下载和拷贝。防止盗版活动，除了应用法律武器外，还应借助高科技手段保护数字版权。目前，数字版权保护技术措施主要有数字水印技术、软件和数据加密技术、数字签名技术、论证技术、入侵检测技术等，这些技术能较好地保护信息网络传播的安全性。例如，采用多种密码算法，能防止通过网络传输的数据被修改、删除、插入、替换，保证合法用户接收和使用数据的真实性。

（四）提高数字版权保护意识

网络环境下数字资源版权的保护，不仅要依靠法律、制度和技术，同时还要获取大众的广泛支持。例如，媒体可针对数字版权保护问题加大宣传力度，提高人们的版权意识，让民众远离盗版。此外，图书馆也可定期举办有关版权教育的知识讲座，让读者了解数字资源生产、发行与传播的流程，提高版权意识和对数字资源付费阅读的认可度，为网络环境下图书馆数字资源的传播引领良好的宣传导向。

四、数字图书馆的 DRM 系统

目前，在数字版权保护方面主要有两大类通用的技术：一类是数字水印（Digital Watermark）技术。这种版权保护方法借助一些技术手段，将特定信息隐蔽地嵌入公开的数字内容中，实现对数字内容的鉴别，从而发现泄密者或擅自拷贝传播者。数字水印技术虽然能通过检测水印达到版权鉴别的目的，但是只能在盗版行为发生后用于版权鉴定，并不能在真正意义上阻止盗版行为的发生。另一类则是基于加密认证的 DRM 技术。它主要是通过加密手段防止非法用户的使用和拷贝。数字图书馆的 DRM 系统可以分为三个层次：内容管理层、流通管理层和客户端。

（一）内容管理层

内容管理层实现内容接收和存储管理功能，是图书馆与数字资源出版商的交易接口。数字资源出版商利用 DRM 技术（软件工具）对电子图书进行加密和授权（针对图书馆电子图书交易量大的特点，可采用数字资源打包的方法），借用图书批量加密工具对电子图书进行加密，形成电子图书包，再针对特定的电子图书包按照统一的拷贝数对特定的图书馆授权。授权的结构是一个授权文件，授权文件也是针对标识的，所以图书馆不能任意拷贝和传播授权。获得这个授权文件之后，电子图书进入图书馆数据库，入库工具接受图书包授权文件和图书内容文件，校验授权完整性和标识信息，确认授权是否正确，检查图书包是否完整、入库是否重复等，然后将图书信息添加到图书馆数据库中。

（二）流通管理层

流通管理层负责实现数字对象标识、权限管理和内容分发功能。数字对象标识功能主要为数字内容分配唯一的数字对象标识，并存储、管理和解析这些标识。权限管理功能是系统的核心功能，负责身份验证、权限控制、许可证发放和许可证管理。内容分发功能是直接与用户打交道的功能，它负责用户注册管理、发布内容、处理许可证申请、下载请求和交易查询等，在此基础上实现电子图书的借阅和归还。图书外借是一个授权过程，将为读者提供具有时间、访问次数、流量和访问类型等限制的授权。此授权是针对首次下载设备的稳定标识的。这个稳定标识的记录在阅读过程中是可以随着阅读设备的改变而改变的。在外借过程中，系统将图书记录标记为外借状态，并将授权情况记录在案。图书的归还需要借还双方两个 DRM 代理共同完成。归还有两种情况：一种是主动归还。这时要求阅读器 DRM 代理向图书馆发出交易（归还）请求，阅读器 DRM 代理在得到请求认可之后删除本机上该版权的数据。由于有安全 DRM 的支持，这种删除是不能被恶意恢复的。图书馆认可请求后，将存储的该版权记录设置为未借出状态。另一种是在版权条件不满足情况下的自动归还，就是到期归还。到期归还要求阅读器的 DRM 代理记录时间，阅读器 DRM 代理可以校验和更新本地版权授权的有效性。

（三）客户端

客户端负责跟踪用户，包括在借阅期内强制归还、防止复制和支持跨平台阅读等。图书的阅览是由电子图书阅读器和其内置的 DRM 代理共同完成的。电子图书阅读器是用于阅读电子图书的阅读软件。电子图书阅读器的 DRM 代理主要完成版权校验和内容解密两项工作。版权校验是用来验证版权授权的标识。电子图书在客户机上仍然是加密存储的，只在阅读时才会被解密，从而可以较好地保护数据安全。电子图书阅读器还必须具有一定程度的防破解功能和权限控制功能。比如电子图书阅读器通过版权控制信息文件，决定是否可以拷贝文字、打印、屏幕拷贝等。目前一些 DRM 系统，如 Apabi，对数字图书馆的电子图书已经不采取防拷贝技术，而是在授权文件中写入归还日期，在到归还日期时，任何电子图书的拷贝都将变为无效。电子图书阅读器还会采用一定的手段，比如检测屏幕拷贝、检测剪贴板、检测系统 API、检测调试（如 SoftICE）等来防止恶意破坏版权规则。电子图书阅读器同时提供大量的阅读工具，使得阅读电子图书的质量尽可能接近阅读纸质文献的效果，使电子图书的阅读接近于传统纸质文献的阅读习惯，例如翻页、批注、画线、书签、查找等，甚至可以同常用的中英文电子词典软件相关联，通过屏幕取词，对电子图书中的词进行翻译。

（四）版权保护功能

版权保护是一个独立软件模块，在终端系统中运行，也可以作为个人应用客户端的一个功能模块。版权保护的功能包括：接收用户对于某个资源包实施权限的请求；收集用户的身份标识信息，从 DRM 许可服务器获得许可；认证执行权限实施的应用程序，如个人应用客户端；从许可中得到密钥，解密内容，并发布给个人应用客户端。

五、部分数字图书馆介绍

（一）CNKI 中小学数字图书馆

CNKI 中小学数字图书馆（http://www.cfed.cnki.net/）是以教育资源库建设为中心，集教育参考类和人文科技类期刊、报纸、图书、教材、教育教学素材库及百科知识于一体，同时具备网上资源实时采集、网上备课、网上协作性学习、创建个人数字图书馆等多种功能的数字图书馆。网站通过智能化的知识挖掘技术，使资源库群既独立成库，又建立了相互链接的关系，构成真正意义上的智能化网络数字图书馆，成为以减轻教师负担、提升教师信息素养、实现创新教育为目标的网络互动平台。

图 4-4-1　CNKI 中小学数字图书馆主页

目前，CNKI 中小学数字图书馆主要包括教科研资源、教与学资源和外文资源，集合了基础教育的期刊、博硕士和会议论文，以及中小学基础教育的动画教具、名师微课、教学案例、多媒体教辅和理化生实验室的资源，并整合了协同备课平台、名师工作室、课题管理平台、校本资源编创平台、研究型学习平台等信息化软件服务。

（二）万方数据中小学数字图书馆

万方数据中小学数字图书馆（http://edu.wanfangdata.com.cn，以下简称“万方数据”）是一个针对中小学教、学、研应用的数字资源网站，主要为全国中小学教师、教研人员和学生提供“一站式”教育教学资源服务。网站最大特点是利用万方数据公司自主开发的知识链接技术，将信息技术与学科课程整合，围绕学科知识点，实现了微课、期刊文献、视频、试题、教案等多种异构资源相互关联。除此以外，万方数据收录了课外阅读数字资源，用户可以通过 PC 端、触摸屏端、手机微信端等多个终端阅读与使用这些资源。

图 4-4-2　万方数据中小学数字图书馆

万方数据中小学数字图书馆收录的资源情况如表 4-4-1 所示。

表 4-4-1　万方数据中小学数字图书馆收录资源情况

序号	名称	数量
1	基础教育期刊全文数据库	期刊 2500 余种（其中核心期刊 720 余种）全文 1400 万篇以上
2	基础教育学位论文全文数据库	16 万余篇
3	基础教育会议论文全文数据库	3 万余篇

续表

序号	名称	数量
4	基础教育专题数据库	400 余个
5	基础教育图书数据库	10000 多册
6	基础教育微课数据库	4000 余部
7	基础教育视频数据库	14000 余部
8	有声绘本数据库	2200 余部
9	试卷数据库	8400 多份
10	在线组卷系统	110 多万道
11	科普视界数据库	2300 余部

万方数据有如下特色：

（1）资源类型多样。涵盖与基础教育领域紧密相关的近十类资源。

（2）数据量大，更新速度快。资源总量 1400 余万条，每年新增各种数据数十万条。

（3）检索便捷，使用方便。设置了简单检索、高级检索，以及专题、学科、地区检索等多种检索方式。

（4）采用独有的异构资源关联技术。基于学科知识点，将微课、教研文献、同步视频、教辅材料等进行关联，呈现的结果可集中展示与推送，方便教师的教学与学生的学习。系统还具有在线组卷功能。

（三）读秀知识库

读秀知识库（http://www.duxiu.com/）是由海量资源组成的庞大知识库系统，以 300 多万种中文图书资源为基础，为用户提供深入图书内容的书目和全文检索、文献试读，以及通过 E-mail 获取文献资源等服务，是一个知识搜索及文献服务平台。读秀知识库由北京世纪读秀技术有限公司提供技术支持，其检索界面如图 4-4-3 所示。

图 4-4-3 读秀知识库主页

读秀知识库的特点：

（1）信息量大，种类齐全。读秀知识库提供知识、图书、期刊、报纸、学位及会议论文、声视频、专利、标准、案例等搜索频道，涵盖的学术资料类型多，内容丰富。

（2）整合各类资源，使用户快速获取需要的文献信息。读秀知识库最大的特点是将本馆已有的纸质图书和电子图书、读秀知识库资源以及各种异构数字资源整合到统一平台，用户检索时，可以直接获取本馆内与之相关的纸质图书书目信息、超星数字图书馆内的电子图书全文和读秀知识库所辖各频道的文献资源内容。在基本检索框内输入任意一个检索词，会同时得到与检索词相关的人物、事件、概念、图片、视频、图书、报刊、学位及会议论文、网页等多方面、多角度的文献信息。

（3）图书检索结果呈现具体章节、全文，提供部分页试读及文献传递服务。

（四）超星发现系统

知识发现是以知识挖掘和数据分析为基础，通过现代技术手段将资源整合、知识发现、信息推送融为一体，实现知识价值的再造。目前，国内基于文献资源数据库的知识发现系统主要有超星发现系统、中国学术搜索、智立方发现系统和学知搜索等。

超星发现系统（https://www.chaoxing.com/）是目前国内应用最广的中文知识发现系统之一，具有知识挖掘和情报分析功能。它以海量元数据为基础，利用数据存储、资源整合、知识挖掘、数据分析、文献计量学模型等相关技术，进行复杂异构数据库的集成整合，实现高效、精准、统一的学术资源搜索。

图 4-4-4　超星发现系统首页

图 4-4-5　超星发现系统检索

（五）中文在线数字图书馆

中文在线数字图书馆（http://chineseall.digitallib.com/）是“十五”规划教育部重点课题专题项目“中小学数字图书馆建设研究”的研究成果，是专门针对中小学校需求而量身定做的数字图书馆。该项目由中央教育科学研究所（今中国教育科学研究院）教育信息研究中心与清华大学、中文在线共同承担，于 2002 年正式启动，2003 年 4 月推出第一阶段成果，包括数字图书馆应用管理平台和基础藏书数据库。2006 年，该项目被列入“十一五”规划课题范围，继续开展持续性的建设研究。

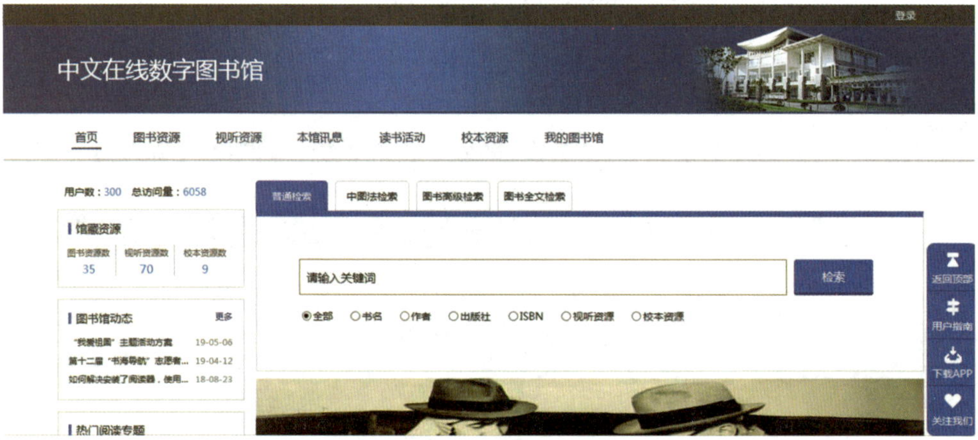

图 4-4-6　中文在线数字图书馆

中文在线数字图书馆收录数字资源超过 100 万种，内容包括图书、声视频、多媒体资源等，其中适合中小学生阅读的数字图书资源约 5 万册。在数字阅读产品方面，提供移动阅读（包括“中文书城”“书香云阅”“微书房”“汤圆创作”等）、互联网阅读（主要有“17k 小说网”“书香中国”等）、“书香中国——互联网数字图书馆”（已开通“书香首图”“书香荆楚”等省市服务和“书香清华”“书香川大”等高校服务）。除此以外，还提供将数字作品纸质出版、将数字作品改编成影视剧、将数字作品改编成游戏等服务。

（六）方正 Apabi 数字图书馆

Apabi（阿帕比）分别代表 Author（作者）、Publisher（出版者）、Artery（流通渠道，包括销售商和图书馆等）、Buyer（读者，即购买者）和 Internet（网络）。作者、出版者、发行商和读者是传统出版产业链的有机组成部分，也就是说，Apabi 是以互联网为纽带，将传统出版的供应链有机地联结起来，实现完全数字化的出版。

目前，方正数字出版系统的中华数字书苑（http://www.apabi.com/jigou）是方正阿帕比最新推出的服务全行业的知识服务综合平台。在数字化时代，中华数字书苑收录了中华人民共和国成立以来大部分的图书全文资源，全国各级各类报纸及年鉴、工具书、图片等特色资源。通过中华数字书苑，各类图书馆、企业、政府等机构客户及其所属读者实现了在线阅读、全文检索、离线借阅、移动阅读各类数字内容，满足了数字时代的基本需求。

在平台架构上，除支持原有中华数字书苑的功能外，同时打造了方正知库（方正知库是方正阿帕比在知识服务时代推出的全线数字内容产品的总称）。未来，在方正知库中将融入更多的数据库应用。

方正数据公司自主开发 DRM 技术，持续性更新海量资源，针对中小学教育的特点，为学生提供对应年级、对应课程、对应知识点的资源服务（图书、声视频、图片等）和学生课外阅读书籍。其中小学教育类图书达 6381 册，初中教育类图书达 7330 册，高中教育类图书达 7022 册，并且数量还在不断增加。

方正阿帕比还与近 500 家出版社全面合作，在销电子图书达 65 万种，每年新增图书 12 万种；另有图片库、工具书库、年鉴库、报纸书刊等丰富的数字资源，内容涵盖教育、人文、科学、经济、历史等各个领域，提供在线阅读、离线借阅、移动阅读、下载、打印等数字内容和知识服务。

图 4-4-7　阿帕比中华数字书苑平台

（七）知好乐教育课程资源中心

知好乐教育课程资源中心（http://z.tfedu.net/）由课程资源管理平台和系

列专业的课程资源库组成，是集教师备课和授课、教育教学研究、学校特色资源建设于一体的信息化教学资源建设与应用服务平台。用户可以通过 PC 端、触摸屏端等多个终端阅读与使用这些资源。

图 4-4-8　知好乐教育课程资源中心

六、部分数字期刊介绍

（一）中国学术期刊（网络版）

中国学术期刊（网络版）（https://www.cnki.net/）又称中国期刊网，是目前国内最大的学术期刊数据库之一，收录自 1915 年至今（部分期刊回溯至创刊）出版的期刊 8688 种，1578786 期，全文 54110827 篇，且每日更新。

中国学术期刊（网络版）收录的期刊均已有印刷版，并全部获取版权。期刊内容涵盖自然科学、工程技术、农业、哲学、医学、人文社会科学等各个领域。全部期刊分为 10 个专辑，分别为基础科学、工程科技Ⅰ辑、工程科技Ⅱ辑、农业科技、医药卫生科技、哲学与人文科学、社会科学Ⅰ辑、社会科学Ⅱ辑、信息科技、经济与管理科学，10 个专辑下又分为 168 个专题。

图 4-4-9 中国学术期刊（网络版）主页

中国学术期刊（网络版）提供题录数据库、题录摘要数据库和全文数据库，用户可在网上免费检索查看题录数据库、题录摘要数据库的目次和摘要，但阅读和下载全文需付费。

（二）中国学术期刊数据库（万方数据知识服务平台）

万方数据知识服务平台（http://www.wanfangdata.com.cn/）于 1997 年 8 月开始对外服务，以收录科技信息为主，是集经济、社会、人文等相关信息于一体，实现网络化服务的信息资源系统。平台拥有期刊、学位论文、会议论文、中外专利、中外标准、科技成果、法律法规、科技报告、地方志和视频等十余种知识资源。

中国学术期刊数据库（China Science Periodical Database，CSPD）是万方数据知识服务平台的核心内容之一，期刊资源包括中文期刊和外文期刊。其中中文期刊收录自 1998 年以来国内出版的各类期刊 8000 余种，包括各类核心期刊 2300 余种（截止到 2019 年），涵盖自然科学、工程技术、医药卫生、农业科学、哲学政法、社会科学、科教文艺等各个学科；外文期刊主要来源于 NSTL 外文文献数据库和数十家著名学术出版机构，以及 DOAJ、PubMed 等知名开放获取平台，收录了世界各国出版的 4 万余种重要学术期刊。论文总数量 1000 余万篇，每年约增加 300 万篇，每周更新两次。

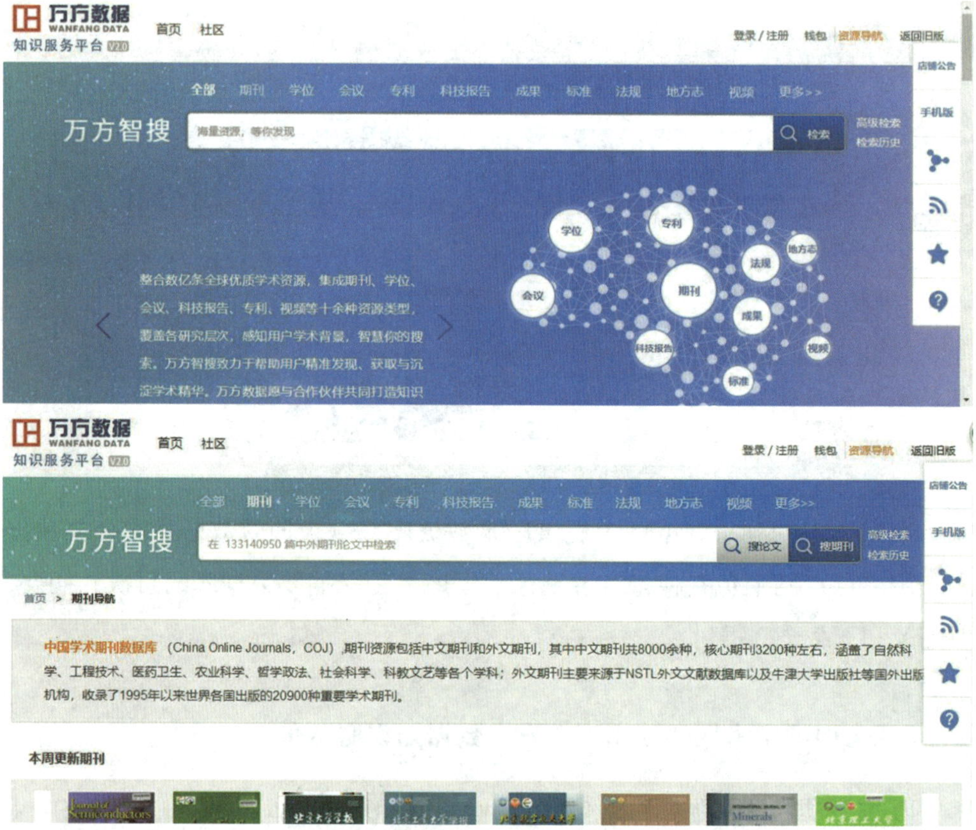

图 4-4-10 万方数据知识服务平台

数据库中的全部期刊分为八个专辑，即哲学政法、社会科学、经济财政、教科文艺、基础科学、医药卫生、农业科学、工业技术，每一专辑下分二级、三级类目。

（三）中文科技期刊数据库（维普资讯中文期刊服务平台）

维普资讯中文期刊服务平台（http://qikan.cqvip.com/）是以中文期刊资源保障为核心基础，以数据检索应用为基础，以数据挖掘与分析为特色，面向教、学、产、研等多场景应用的期刊大数据服务平台。

中文科技期刊数据库是维普资讯的核心产品，以理工为主，累计收录自1989年以来的各类期刊14600余种（截止到2018年），其中现刊9400多种，文献总量6600余万篇。全部期刊分为社会科学、自然科学、工程技术、农业科学、医药卫生、经济管理、教育科学、图书情报八个专辑，收录的期刊按学科分为医药卫生、农业科学、机械工程、自动化与计算机技术、化学工程、经济管理、政治法律、哲学宗教、文学、艺术等35个学科大类,457个学科小类。

图 4-4-11　维普资讯中文期刊服务平台主页

参考文献

[1] 鲁昉．大数据环境下的数字图书馆关键技术研究[J]．中国管理信息化，2015(6)：212．

[2] 邓佩珍．数字图书馆关键技术——数据压缩的原理与方法[J]．图书馆学研究，2008(11)：35-38．

[3] 王葵．浅析大数据环境下图书馆关键技术的应用[J]．知识经济,2015(7)：42．

[4] 毕强，牟冬梅，王丽伟．数字图书馆关键技术的比较研究[J]．图书情报工作，2004(5)：27-31，57．

[5] 董园园．基于Hadoop高校数字图书馆系统的设计与实现[D]．四川：电子科技大学，2014．

[6] 刘国柱．数字图书馆系统的设计与实现[D]．四川：电子科技大学，2012．

[7] 邹亚．数字图书馆系统[D]．湖北：中南民族大学，2016．

[8] 石捷元．元数据在数字图书馆的应用[J]．图书馆学刊，2017(8)：35-39．

[9] 江亮．2011—2015年国内外元数据研究现状和宏观分析[J]．图书馆杂志，2016(9)：38-49．

[10] 石捷元．元数据建设在数字图书馆业务中的应用[D]．兰州理工大学，2018．

[11] 谢蓉．图书馆电子书服务模式研究[J]．图书馆杂志，2013(11)：77-82．

[12] 李京．国外高校图书馆电子书利用权益相关问题探究[J]．图书情报工作，2013(13)：78．

[13] 刘芳，金松根，卢国强．数字版权管理与数字图书馆建设[J]．图书馆学刊，2011(4)：105-108．

[14] 刘月文．高校图书馆的数字版权问题探析[J]．学理论，2013(15)：214-215．

[15] 冯扬．图书馆数字版权困境与发展模式研究[J]．内蒙古科技与经济，2016(22)：157-320．

[16] 陈光．网络环境下图书馆电子图书数字版权保护的方法及策略研究[J]．河南图书馆学刊，2017(2)：80-81，90．

[17] 李月红．数字版权法律问题研究[J]．出版广角，2016(8)：40-42．

[18] 洪坚．网络级资源发现系统与图书馆信息服务——基于超星中文发现系统的思考[J]．图书馆工作与研究，2014(6)：42-45．

思考题

1. 数字图书馆的概念是什么？数字图书馆的基本体系结构包括哪些？
2. 美国图书馆界提出的建设数字图书馆的八项原则包括哪些？
3. 什么是元数据？都柏林核心元数据元素集包括哪些元素？
4. 什么是数字版权？

第五章
现代信息技术在图书馆中的应用

第一节　图书馆门户网站

所谓门户网站，是指通向某类综合性互联网信息资源并提供有关信息服务的应用系统。门户网站最初提供搜索引擎和目录服务，后来由于市场竞争日益激烈，门户网站不得不快速地拓展各种新的业务类型，希望通过门类众多的业务来吸引和留住互联网用户。如今的门户网站业务包罗万象，已成为网络世界的“百货商场”或“网络超市”。门户网站主要提供新闻、搜索引擎、网络接入、聊天室、电子公告牌、免费邮箱、影音资讯、电子商务、网络社区、网络游戏、免费网页空间等。在我国，典型的门户网站有新浪网、网易和搜狐网等。

门户的概念最早起源于雅虎等以搜索引擎为主的大型门户网站。随着互联网的飞速发展，越来越多的政府机构、学校、企业开始创建属于自己的门户网站。早在20世纪90年代中期，美国和欧洲一些国家就开始了对数字图书馆门户网站的具体研究。数字图书馆门户网站是一种网络服务，是数字图书馆面向用户的统一服务窗口，是能够把相关的资源与服务整合到一起，提供个性化、学科化的单点获取方式，并做到资源和服务无缝对接的平台。通过门户网站，用户可以根据自己的喜好和兴趣，方便地存储数字图书馆门户中的数字资源内容，使用数字图书馆的服务。

1977年，原国家计委批准立项关于“中国实验型数字图书馆”项目，这一项目是我国组织建立数字图书馆的一个重要标志。随着计算机、互联网的不断发展进步，以及我国各高校校园网的普及，高校师生从网络上获取自己所需的信息资源更为便捷。但是由于网络信息量大、来源范围广，很难找到真正适合的资源，也增加了信息检索的难度。数字图书馆的门户网站能够将网络资源进行整合，为使用者提供一个集中检索的环境，让用户能快速地找到自己需要的信息资源。同时，网络技术的发展也对传统图书馆的网上服务提出了更高的要求，因此，需要建设适合新时代的、有新技术和新发展的网上服务系统，即图书馆门户网站。

一、图书馆门户网站建设的原则

1．目的性

随着整个社会网络化进程的不断加快，无论是学校图书馆，还是公共图书馆，服务的对象都有了很强的针对性。就学校来说，图书馆不仅要满足本校的基础教学、科研，还要兼顾社会的热点话题；而公共图书馆在满足社会读者需求的同时，还要重视社会发展的需求，不断更新资源。

2．方便性

对于网站的设计，应最大限度地方便读者使用，让读者能更快地检索到自己想要的信息。除此之外，还要对网站进行定期维护，及时更新，保证网站 24 小时开放，让读者在任何时间都能登录查询。

3．统一性

网页设计的风格能在一定程度上帮助网站进行宣传和推广，因此，网站的设计应在标志、布局等方面实现具体的统一，进而提高读者对网站的利用率。具体的统一包括统一版面布局、统一栏目、统一标志区域等。

4．特色性

特色性原则是指图书馆要根据本馆的具体情况，在统一的基础上，建立具有自身特色的网站，以与其他馆进行区分。因此，无论是学校图书馆还是公共图书馆，应该将突出自己的特色作为主要工作之一，吸引用户，从而提高网站的知名度。

5．发展性

在对网站进行建设和管理的同时，还要保障在整个设计开发环节中能及时有新的、高素质人才的注入，以保持整个网站旺盛的生命力。除此之外，还应考虑网站建设的经费、网页更新换代的速度等问题。

目前，国外已经有权威机构制定了图书馆网站的具体设计标准，如英国的电子图书馆委员会（ELAC）早在 2002 年出台了相关的网页标准。目前，国内并没有相关的统一标准。

二、图书馆门户网站的基本模块

一个成熟完整的图书馆门户网站需要利用知识构建的相关原理和方法进行建设和改造，其最基本的功能模块包括以下几个方面。

1．基本信息模块

作为实现图书馆网站信息传递的功能模块，该模块主要包括图书馆的基本概况、部门分布、读者指南等最基本的图书馆信息，以及图书馆的最新动态信息。

2．数字资源模块

数字资源模块主要是为读者提供网站信息的功能模块。它将数字资源通过网站及时传递给读者，不仅提供具体的查询和链接功能，还提供各种图书馆资源的使用帮助文件。一般来说，常用的图书馆数字资源包括以下几部分：（1）电子图书，如方正的电子图书、超星的电子图书数据库、中国数字图书馆电子图书库等。（2）电子期刊，如中国期刊全文数据库、维普科技期刊数据库等。（3）光盘资源，纸质图书随书附带的光盘因平时借阅时无法提供，因此放在网上供读者自行下载。（4）影音类资料，来源于声频、视频光盘或互联网，可用于教学和娱乐。（5）教学参考资料，如名师微课、教学案例、模拟实验辅导等。

当图书馆的数字资源建设具有一定规模时，图书馆门户网站就应打破数据库的限制，把这些资源按照一定层次进行抽取，重新组合分类，建设导航库，并提供检索功能，使用户可以通过一个检索入口，检索到所有数据库中的相关信息。

3．咨询服务模块

此模块主要体现联系读者和教育辅导两个功能。这是一个图书馆与读者交流的平台，读者可以从这里寻找相关问题的答案，图书馆也可以从平台收集读者的意见和建议，并根据读者的提问形成专门的知识库，为后来查阅此类信息的读者提供方便。咨询服务模块最典型的是虚拟参考咨询系统。

4．网上业务模块

借助此模块，读者可以进行馆藏图书查询、检索历史查询、特定书刊预约查询，可以享受书刊催还、订购征询、期刊导航、虚拟书架等网络服务（目前这些业务基本上由图书馆自动化集成系统的开发商提供）。

5．个性化服务模块

基于用户的信息使用习惯、行为偏好和特点，图书馆门户网站应提供具有针对性的信息内容系统功能，满足用户个性化需求。这种服务通常也被称为“我的图书馆”。在“我的图书馆”中，读者可以定制自己喜好的数字资源，可以有针对性地进行咨询，可以及时获得图书馆最新信息和相关资讯，可以获得自己在图书馆内所需的各种信息。

6．图书馆 Web 日志数据库

图书馆 Web 日志数据库包含大量的用户信息。对这些信息进行分析研究，可了解网站各网页的访问量、每个数字资源的利用情况，掌握读者信息需求，为图书馆资源结构调整提供依据。

图书馆门户网站的建设还涉及很多方面，如操作系统、编程工具、服务器环境、数据库等。评价门户网站的质量高低可以从网页是否美观大方、层次关系是否清晰、功能是否完备、执行效率的高低、是否具有完善的后台管理、是否具有安全可靠性等方面考虑，这也对图书馆门户网站的建设提出了更高的要求。

第二节　移动图书馆

移动图书馆服务系统基于移动终端和4G/5G网络，以移动无线通信网络为支撑，利用移动终端和互联网的便捷性，有效解决了图书馆资源无法被充分利用和读者获取途径单一的问题。它是数字图书馆的一个分支，具备数字图书馆的一般特征，同时还具备“可移动”的特征。读者可以通过手中的便携数字图书阅读设备（如智能手机）来浏览、下载、阅读和分享数字资源。

移动图书馆服务系统以图书馆自动化集成系统平台和基于元数据的信息资源整合为基础，以适应移动终端一站式信息搜索应用为核心，以云共享服务为保障，通过手机、电子借阅机等智能移动终端设备，为读者提供搜索和阅读数字资源、自助查询和图书借阅、浏览，以及订阅最新的资讯和活动信息等业务，提高图书馆的服务效能。它是满足任何人在任何时间、任何地点获取所需的任何知识构建的信息移动服务平台。

伴随互联网和移动应用的发展，移动阅读近几年来高速发展，现处于市场规模稳健增长阶段。移动图书馆服务系统除了支持读者进行移动阅读外，还提供社交服务，如即时通信功能、构建社交集群功能等，使读者在阅读过程中通过社交集成阅读网络，进行社交式阅读。此外，移动图书馆服务系统支持图书馆线上阅读活动和阅读指导，对大力推广全民阅读具有重大推动作用。

一、系统建设目标

1. 提供移动式图书馆服务

当前，图书馆正在由信息服务向知识服务转型，呈现出服务前移的趋势。图书馆在建设过程中将服务拓展至移动端，可以为读者提供更便捷的服务。移动图书馆服务系统在移动端能为读者提供馆藏查询、借阅信息查询、续借等基本服务，还可通过多种方式发布图书馆公告、展现图书馆工作动态等。此外，移动图书馆还可以通过在线读者咨询、意见反馈工作台即时为读者答疑解惑，听取读者意见。

2．提供数字资源移动阅读服务

移动图书馆服务系统作为移动阅读平台，支持多种类型产品的移动阅读。除文献资源（图书、期刊、报纸）外，还有视频资源（如名师讲坛）和深受大众喜爱的声频资源（有声读物）。读者在移动图书馆内可方便快捷地获得自己喜爱的数字资源，除了能在线阅读外，还能一键收藏，打造个人专属的特色藏书房。

移动图书馆服务系统支持图书馆创建自己的特色资源，读者通过云平台建立、维护自己的特色专题后，图书馆可将本馆的特色资源推荐给读者。这将加强图书馆与读者之间的联系，更加完善地展现图书馆的服务特色。

3．提供阅读交流社区服务

移动图书馆服务系统提供即时通信和小组社区功能。通过小组阅读活动，读者在阅读过程中不再孤独，而是通过社交工具逐渐形成活跃的阅读网络。通过开展社交式阅读，推动阅读热潮；通过群聊，发起阅读讨论；通过分享阅读笔记，找到志趣相投的人……

移动图书馆服务系统还可提供阅读指导功能，如为读者推荐图书、为读者举办阅读活动等，全方位吸引并维持读者的阅读兴趣。

二、系统建设内容（以超星移动图书馆为例）

（一）首页建设

1．一站式统一检索平台建设

在超星移动图书馆中，资源统一检索服务系统通过与图书、期刊、学位论文等中外文资源调度系统和馆际互借系统集成，针对各种异构数字资源进行应用检索整合。该系统为读者提供统一的检索界面和统一的检索语言，使用户能进行本地和异地各种资源系统、多种异构资源、各种资源元数据联合仓库的跨库检索。系统检索功能包含以下几种：（1）元数据搜索。通过搜索元数据仓储中已经收割预处理好的元数据，实现搜索结果无重复，即对于同一篇文章同时存在于多个数据库的情况，系统可以列出文章所属的数据库列表，检索结果清晰全面。（2）全文检索。系统支持在移动终端中对文章内容的全文检索。平台历经6年的改进，成功对8亿页全文资料实现了全文检索，目前运行稳定高效。（3）快速检索。快速检索功能可以帮助用户像利用搜索引擎一样检索学术资源，提供二次检索和筛选，以及多种排序方式，帮助用户快速定位检索结果。（4）资源导航。可通过字顺列表、主题分类及其他查找方式，对各种数序资源进行导航。（5）语义分析。通过对检索词的自然语义分析，调整分词体系，达到精确检索和智能检索。

图 5-2-1　超星移动图书馆首页

用户输入关键字进行检索时，将获取与关键字相关的各种类型资源的检索结果，从书籍到影视，从研究方向到学习小组，从文史资料到学术论文，从全文资料到具体章节等方面。

2．轮播展示窗口建设

轮播展示窗口的建设能够让图书馆进行个性化展示。图书馆的图片、活动宣传、活动照片、紧急公告等都通过图片形式展现出来，以直观的方式向读者传达信息。

3．九宫格模块建设

九宫格是首页资源、信息、活动等集中展示给读者的模块。图书馆可根据实际需要，选择适合读者的各类数字资源、图书馆服务模块、活动模块等放置在首页。

对于数字资源，可选择图书、期刊、报纸、名师讲坛、有声读物等集成资源模块，以及“两学一做”“一带一路”、法律专题、安全教育等特色专题资源。

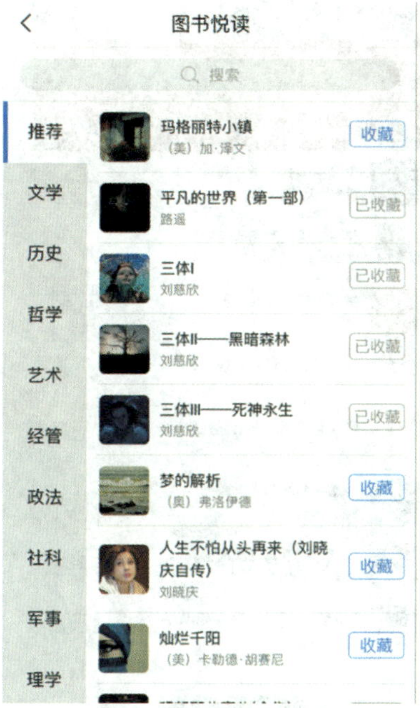

图 5-2-2　图书悦读

图 5-2-3　公图期刊

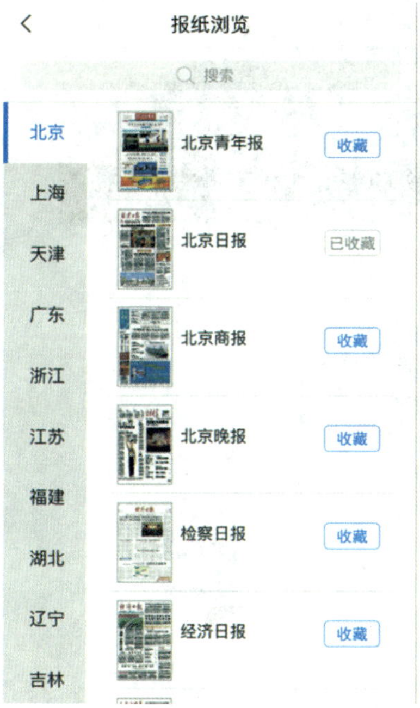

图 5-2-4　报纸浏览

图 5-2-5　名师讲坛、知识胶囊

图 5-2-6 “一带一路”

图 5-2-7 “两学一做”

图书馆服务模块包括馆藏查询、入馆须知、工作动态、读者服务等。

图 5-2-8 馆藏查询

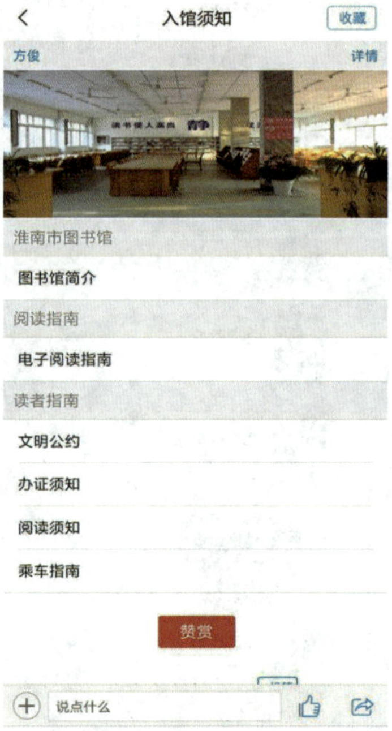

图 5-2-9 入馆须知

图 5-2-10　工作动态

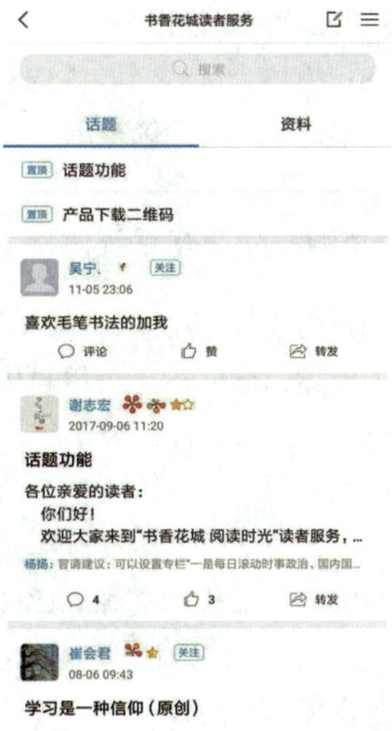

图 5-2-11　读者服务

活动模块包括阅读活动和馆方自建特色活动。

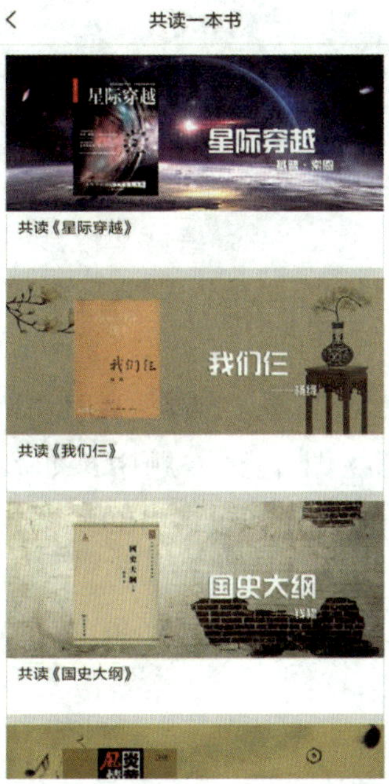

图 5-2-12　“共读一本书”活动

图 5-2-13　征文活动

4. 专题推荐模块建设

专题推荐模块为读者精心挑选阅读资源，并根据时事新闻、社会热点进行及时推送，丰富读者的阅读范围。

（二）资源自建交互系统建设

在资源自建交互系统中，学科馆员可以创建专题库、作者文库、机构库等多种形式的专题，同时读者可以自由、快捷地根据自己的需求采集图书馆及本地资源，也可以将自己的研究手稿、阅读心得、理论总结等添加到专题中。

移动图书馆 PC 端便捷、强大的专题创作工具，除支持传统的文本、表格等在线编辑外，还支持上传本地优秀的资源，如图片、PDF 文档、Word 文档、视频、声频等多种形式的资源。此外，专题创作平台可无缝对接超星海量的数据中心，获取充足的资源保障（包括图书、视频、会议论文等各类数据），进而轻松实现富媒体① 的效果。

如图 5-2-14 所示，点击“专题创作”，在“我的专题”分类下点击右上角的“+”进行专题新建。

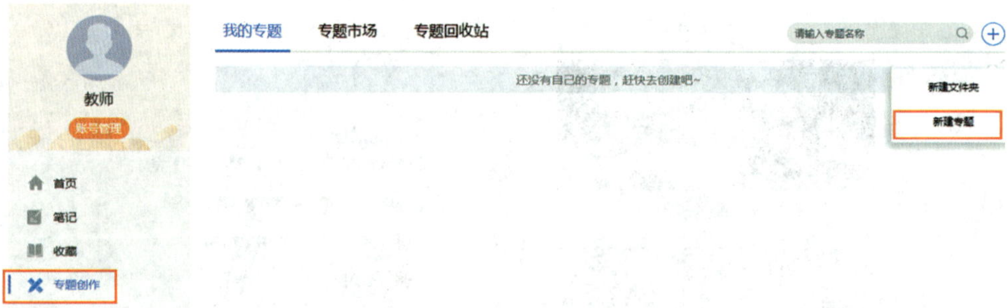

图 5-2-14　PC 端专题创作

用户在创建专题时，可以将本地优秀资源上传到专题中，如添加本地图片、视频，上传多种类型文档，如 Word、Excel、PPT、PDF 等，并可以直接在专题中查看。

用户还可以根据自己的需要，在创建专题时添加超星图书，即可在专题中

① 富媒体，即 Rich Media。本身并不是一种具体的互联网媒体形式，而是指具有动画、声音、视频和/或交互性的信息传播方法。包括下列常见的形式之一或者几种形式的组合：流媒体、声音、Flash，以及 Java、Javascript、DHTML 等程序设计语言。

直接阅读整本图书资源。专题可记忆用户的阅读进度，以便下次阅读该书时可直接从上次关闭的页码开始。

超星的云舟编辑器还可整合上亿页知识点，支持知识点的直接添加，用户可以根据需要添加检索到的任意知识点。专题创建完成后，点击添加的知识点即可直接跳转到图书页面。

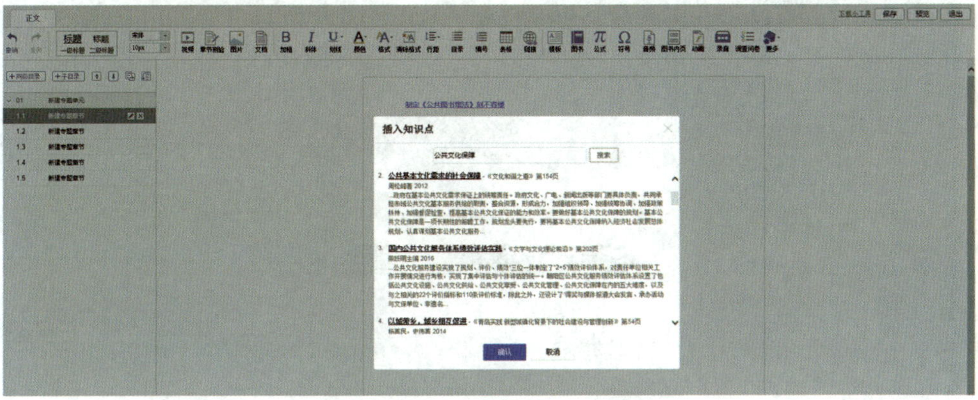

图 5-2-15　专题编辑插入知识点

移动图书馆支持与视频资源的对接，可选择本地视频、云盘视频、超星视频，操作便捷。

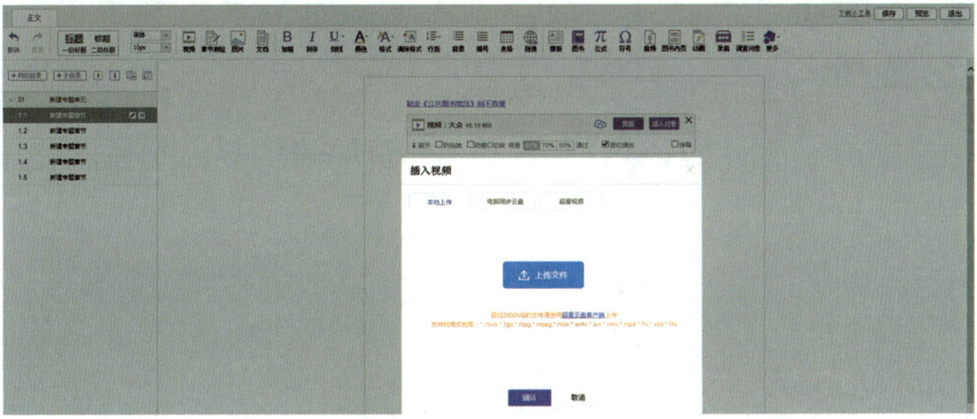

图 5-2-16　专题编辑插入视频

当单一的专题不能满足图书馆展示某一特色主题的需求时，图书馆工作人员可以使用专题域创作方式，将同一主题的多个专题编辑成一个域，实现多角度展现主题。

如图 5-2-17、图 5-2-18 所示，用户选择超星的云舟专题管理，进入本馆自建，点击“新建域”。

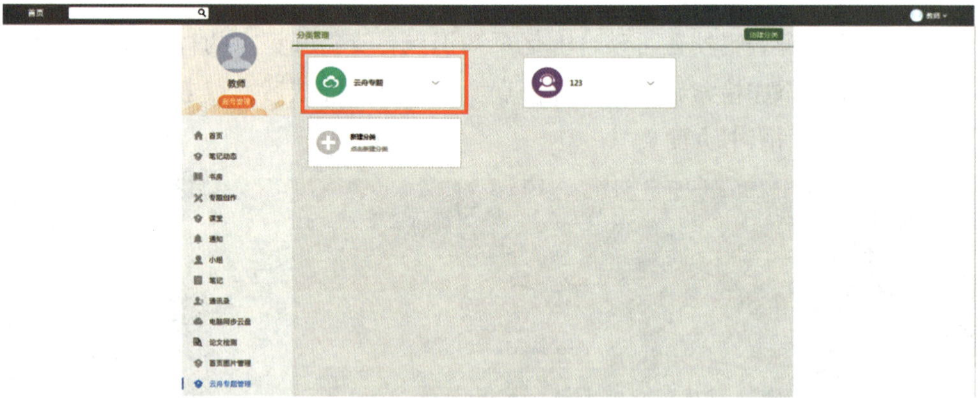

图 5-2-17　云舟专题管理

图 5-2-18　本馆自建新建域

设置好想建设的域的信息后，就可往域中添加对应的资源，如图 5-2-19、图 5-2-20 所示。

图 5-2-19　设置域信息

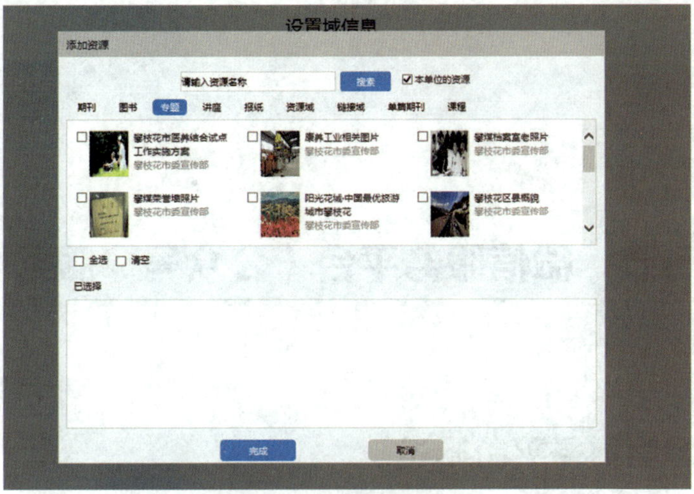

图 5-2-20　在资源域中添加本单位资源

资源域中的资源添加，除了可以添加图书、期刊、讲座等资源外，还可选择本馆资源，添加图书馆自建的资源。建立好的资源域在移动端展示，如图 5-2-21、图 5-2-22 所示。

图 5-2-21　移动端模块入口

图 5-2-22　移动端资源域页面

图书馆将自建的资源推送到首页或图书馆工作人员在电脑端进行维护更新后，移动端也会实时更新。

第三节　微信服务平台（公众号 / 服务号）

一、微信服务平台概述

2019 年 8 月 30 日，中国互联网络信息中心（CNNIC）发布第 44 次《中国互联网络发展状况统计报告》。报告的统计数据显示，截至 2019 年 6 月，我国网民规模达 8.54 亿，较 2018 年底增长 2598 万，互联网普及率达 61.2%，较 2018 年底提升 1.6 个百分点。其中，我国手机网民规模达 8.47 亿，网民中通过手机接入互联网的比例高达 99.1%；我国即时通信用户规模达 8.25 亿，较 2018 年底增长 3298 万，占网民整体的 96.5%；手机即时通信用户规模达 8.21 亿，较 2018 年底增长 4040 万，占手机网民的 96.9%。

随着互联网和智能手机的普及，几乎每个人手中都有一部智能手机，"拇指文化"也一度成为这一时期的新名词。通过一键搜索，人们可以不用埋首书山而将家事、国事、天下事一并阅览，深阅读不再是人们获取知识的唯一途径，手机、移动平板电脑等工具为人们提供了随时随地阅读的便利。如何利用读者手中的手机与图书馆建立联系，使读者通过手机浏览图书馆中的数字资源，最大化地利用图书馆的信息资源，是图书馆在新形势下必须考虑的问题，也是图书馆与时俱进的发展需要。

微信是腾讯公司于 2011 年推出的一款为智能终端提供服务的免费应用程序，其主要功能是进行即时通信。

微信服务平台具有以下特点：（1）多功能性。微信支持发送语音短信、视频、图片和文字，支持多人群聊，支持查看用户所在位置附近使用微信的人，还支持微博、邮箱、漂流瓶等其他插件。（2）多平台性。微信支持 iPhone、Android 等系统的手机，并且能够在这些手机之间相互收发消息。（3）少流量性。微信可以将图片、语音和视频优化，1M 流量可发约 1000 条文字信息、1000 秒语音信息或约 1 分钟视频信息。

就微信服务平台的传播来说，微信拥有点对点的大众传播模式，微信公众号可以通过群发消息，对所有关注它的用户进行信息传播。微信传播过程所受干扰较少，即微信公众号发给某一用户的信息，其他人无法直接查看。微信能准确筛选和选择受众，即微信公众号可以对订阅用户进行自定义分组，灵活制定内容定向发送。微信还具有强大的信息扩散能力，即微信用户可以将接收到的消息转发给好友，也可以在朋友圈中分享，具有很大的信息扩散潜能。

二、微信服务平台在图书馆中的应用

无论是学校图书馆还是公共图书馆，如能充分利用微信公众号，就能在一定程度上简化图书馆的事务。

1．将传统网上服务简约化

基于网络系统的图书馆服务（如查阅还书日期、续借、OPAC 检索等功能）平台经过多年的发展，已经得到读者的广泛认可。通过计算机，读者可以方便地进行图书还书日期的查询、续借、检索等操作。但这些操作对终端有一定的要求，即高速的互联网和一定配置的计算机系统。而基于微信公众号搭建的 OPAC 系统平实简约，读者通过手机、平板电脑等移动设备，输入关键字就可获取所需的信息。系统甚至还会给出外部链接网址，读者可以有选择地对内容进行查阅。

2．提供多样化的咨询服务

参考咨询是图书馆的一项基本服务。图书馆基于各类型数据库和专家库的知识服务架构可以为广大读者提供足不出户的信息服务。使用微信公众号的读者可以在有需求的时候，及时向图书馆微信公众号发出信息咨询的申请（申请的形式可以是文字、语音、视频、图片的不同组合）；图书馆工作人员在收到咨询请求后，可立即检索信息，并将信息及时反馈给读者（反馈的信息形式亦可根据问题而多样化）。回复形式的多样化，可以更加有针对性地解决用户的问题，满足用户的各种需求，图书馆的人性化服务理念也更加凸显。

3．帮助图书馆进行信息的快捷发布

图书馆是重要的信息发布和服务机构，各种类型的文献信息、专题信息等都可以通过微信公众号进行发布。相对于传统的发布媒介，微信公众号传递信息的速度更快、针对性更强、成本更低。此外，用户可以在收到微信公众号信息后的最短时间内，将自己的感受和建议及时反馈给发布者。

4．建立持久化的读者活动

随着网络信息服务的高速发展，参与馆内活动的读者人数日益减少，不少读者，特别是青年读者更愿意参加网络社团组织的活动。在此基础上，图书馆可利用微信公众号平台开展各项读者工作，如各类线上线下读者互动、调查回访意见和建议收集、读者俱乐部建设等业务，不断加强同读者之间的联系沟通，提高服务读者的能力和水平，满足公众精神文化生活的需求。

三、图书馆利用微信公众号时应注意的问题

1．加强对微信公众号的管理

目前，由于相关监管的法律法规尚未健全，一些微信公众号存在虚假信息泛滥的现象。为了方便用户搜索、辨识，图书馆最好将图书馆全称作为微信公众号名称，使用图书馆的馆徽或建筑作为标识。同时，还应注明该公众号为官方微信，说明图书馆微信公众号提供的主要服务内容。此外，有关部门要制定相关的法律法规进行监督，用户也要增强保护自身和辨别真假信息的意识。

2．加强对相关管理人员的专业化培训

应加强对相关人员的培训，由专门的微信管理人员负责发送信息、及时回复用户等事项，还应在收到用户信息后及时整理，将经常遇到的问题及解决方法推送给所有用户。

3．积极宣传推广图书馆的微信公众号

可在图书馆内以宣传栏、海报等方式张贴图书馆微信的二维码、微信号以及昵称。例如将二维码置于借阅前台，读者扫描二维码就可以关注图书馆的微信公众号。图书馆工作人员还可以利用“查看附近的人”功能，获取更多读者的关注，挖掘潜在的用户。此外，读者之间通过信息的分享也能起到宣传图书馆微信公众号的作用。

4．不断更新图书馆微信公众号的内容

图书馆可以制作介绍图书馆的小程序，提升用户对图书馆的了解程度和对

公众号内容的阅读兴趣。例如，在微信 7.0 的版本增加一项功能——微信用户可以发送某些自己感兴趣的小视频，图书馆工作人员可以借此发布一些图书馆动态等方面的内容。

将微信运用到图书馆的建设与发展当中，不仅能将文献中的知识运用新技术、新方法普遍深入青少年群体，更将高科技手段带来的便利条件和海量数据资源渗透到人们的生活中。微信服务平台的应用对图书馆的发展来说不是一种颠覆，而更像一次在科技手段帮助下的推动式发展。也许在未来的发展中，这种新的图书馆管理模式、用户的新兴阅读方式可成为激发更多创新发展的动力源泉。

四、中小学图书馆微信服务平台的建设与维护

（一）功能定位

图书馆两个重要工作是资源建设和服务，图书馆最主要的服务对象就是广大读者 / 用户，而微信服务平台的最大特点就是宣传推广迅速、传播范围广泛。因此，图书馆在开通微信服务平台之前应详细调研，分析服务对象的需求，并根据这些需求有针对性地定位，制定微信服务平台的建设规划——是要建成一个资源平台和服务中心，还是要使之成为一个信息发布、推送、宣传的媒介和途径。

中小学图书馆应通过对微信服务平台的准确定位，选择是建立订阅号还是服务号，再与图书馆多种线上、线下服务结合，切实打造读者“身边的图书馆”。

（二）类型规划

微信服务平台分为订阅号和服务号。订阅号偏重信息的发布和推送，服务号则偏重面向用户的服务。二者最直观的区别就是订阅号发布的信息会跟其他订阅号一起汇聚在用户微信的“订阅号消息”栏目里面，而服务号发布的信息会直接弹出到会话列表。这里需要注意，一旦账号注册成功，订阅号和服务号不能互相转换。

图 5-3-1 微信公众号类型

1. 订阅号

订阅号的主要功能是通过微信向用户 / 读者传达资讯，发布通知、公告、新闻、报道等信息，类似报纸和杂志。个人和企业 / 组织都可以注册订阅号。订阅号每天可以发布一次信息，每次最多可包含 8 条图文信息。

（1）订阅号主体类型为个人的情况。

主体类型为个人的订阅号在注册过程中需要提供运营者姓名、身份证号、手机号、已绑定运营者银行卡的微信号等相关信息。

这种类型的订阅号无法进行认证，即不能获得更多的功能模块。除每天一次群发消息（最多包含 8 条图文消息）外，仅有基本的消息接收 / 回复接口和聊天界面底部的自定义菜单，不能进行深度开发。

（2）订阅号主体类型为企业 / 组织的情况。

主体类型为企业 / 组织的订阅号在注册过程中需要提供组织机构代码，上传法人证书等相关证件的扫描件，提供运营者姓名、身份证号、手机号、已绑定运营者银行卡的微信号，并支付审核费。

经过企业 / 组织审核后的订阅号，除包含主体类型是个人的订阅号的所有功能外，还包括高级接口能力和微信支付功能，可适当进行深度开发。

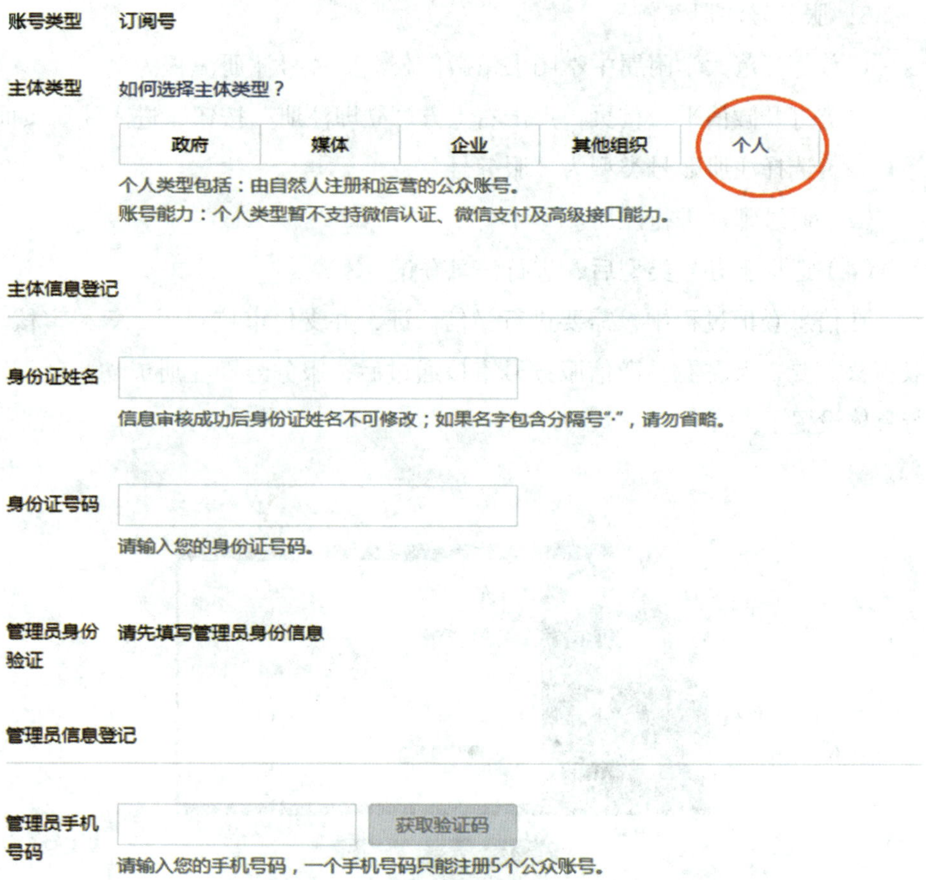

图 5-3-2　主体类型为个人的订阅号注册界面

2．服务号

服务号可以给企业和组织提供更多类型的服务，并且还有管理用户的功能。服务号不适用于个人，仅适用于企业和组织。服务号注册成功并通过企业 / 组织认证后，可获得更丰富的高级接口，向用户提供更有价值的个性化服务。

服务号每月可以发布 4 次信息，每次最多可包含 8 条图文信息。服务号发布的信息会直接弹出到用户的会话列表。注册服务号需要提供组织机构代码，上传法人证书等相关证件的扫描件，并支付审核费用。

认证后的服务号，含有全部高级接口能力和微信支付的功能，拥有公众平台的高级功能，并可进行深度开发。

3．服务号注册案例

以首都师范大学附属中学图书馆微信公众服务号注册流程为例。

（1）打开微信平台首页，点击右上方“立即注册”按钮，进入注册页面。

（2）选择注册账号类型为“服务号”。

（3）通过邮箱进行注册。

（4）选择服务号类型后，进行信息登记。

在信息登记过程中，需要进行微信认证，并支付审核费用，等待审核。一般审核需要 7 天左右。微信服务号审核通过后，服务号即注册成功，就可以进行具体设置了。

图 5-3-3　注册页面

图 5-3-4　选择注册类型

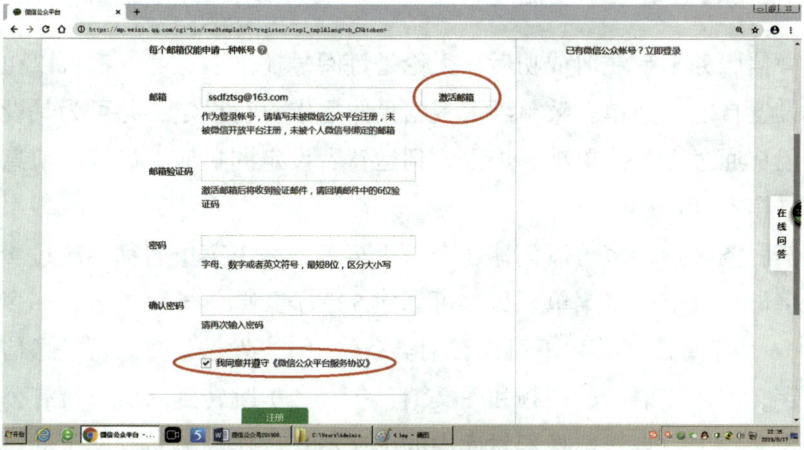

图 5-3-5 邮箱注册

图 5-3-6 信息登记

（三）平台服务菜单功能规划

在微信服务平台注册成功后，无论是订阅号还是服务号，都可以在会话界面底部设置自定义菜单。菜单项可根据具体需求自行设定，并可为其设置响应动作。用户通过点击菜单项，可以收到运营者设定的响应，如接收消息、跳转链接等操作。

微信服务平台最多可以创建 3 个一级菜单，一级菜单名称不超过 4 个汉字或 8 个字母。每个一级菜单下最多可创建 5 个子菜单，子菜单名称不多于 8 个汉字或 16 个字母。子菜单下可设置两类动作：（1）发送信息。可发送信息类型包括文字、图片、语音、视频和图文消息等。（2）跳转到网页。所有公众号均可在自定义菜单中直接选择素材库中的图文消息，作为跳转到网页的对象。认证后的订阅号和服务号还可跳转到公众平台外部的网址。

图书馆可以通过自定义菜单，实现图书馆公众平台的众多核心功能。在设置自定义菜单的时候，应遵循三个原则：①分清主次，即将图书馆最核心最基本的业务或项目放进菜单，相对次要的不单独设置菜单。②名称简洁，即菜单的名称用词要通俗易懂，使人一目了然。③优先原则，即要将读者最关心、最关注、需求最多的服务放在显眼的位置。

图书馆的业务大体有三种类型，即资源建设、读者服务、阅读推广，分别对应三个一级菜单。以下是中小学图书馆微信公众服务号设置服务菜单的参考模型。

1．资源建设菜单

可将图书馆内的各类数字资源分别加入到此菜单的 5 个子菜单内。

（1）“数字图书”菜单。

可将菜单设置为图书馆数字化图书数据库的首页地址，方便师生进行检索、下载、阅读。

（2）“数字期刊”菜单。

可将菜单设置为图书馆数字化期刊数据库的首页地址，并定期进行更新。

（3）“数字报纸”菜单。

可将菜单设置为图书馆数字化报纸数据库的首页地址，并每天进行更新，提供实时的报纸阅读服务。

（4）“课程平台”菜单。

可加入本校的微课程、慕课、校本课程或者图书馆内的特色课程（如图书馆入馆教育、文献检索等课程）的链接地址，丰富公众号资源，方便读者随时观看。

（5）“移动图书馆”门户菜单。

可将图书馆门户网站主页地址或移动图书馆地址加入到菜单，实现公众号和图书馆门户网站的互通。

2．读者服务菜单

图书馆要通过公众号拓展图书馆的服务范围、服务方式和服务内容。图书馆不但要将工作重心放在常规服务层面上，同时要竭力开发更加先进的特色服务内容。

（1）“图书检索”菜单。

检索为图书馆的常规性服务，应该投射到公众平台服务内容里面，可以与图书馆 OPAC 系统接口对接，使读者可以通过平台进行馆内图书的检索。

（2）“自助外借”菜单。

图书馆利用 RFID 技术进行自助借还服务已经逐渐普及，图书馆可以通过与 RFID 管理系统接口对接，利用手机的条码扫描功能或 NFC 功能进行图书外借、续借、互换图书等服务，提高工作效率。

（3）“读者荐购”菜单。

读者荐购也是图书馆常规服务之一，图书馆可以将自动化集成系统的荐购模块链接到菜单中，实现读者荐购服务或更深层次服务。以首都师范大学附属中学图书馆为例，其通过开发平台、对接接口、制作统一身份认证，实现读者购书、图书馆买单的采购模式。读者通过本菜单，可以直接下单购书，快递送到图书馆工作人员手中，图书馆工作人员阅读完毕后，归还图书馆进行加工上架。

（4）“我的阅读”菜单。

新课标对阅读能力、阅读范围和阅读速度的考察力度加大，学生需要加强阅读方面的训练，老师需要评测学生的阅读情况。图书馆可以开发个性化阅读平台，提供“书目推荐”“能力检测”“线上线下结合”等功能，让图书馆的服务深入到教学，深入到读者的阅读中，满足各年级、各层级、各类别的不同读者群的个性化阅读需求。

3．阅读推广菜单

图书馆的另一项重要工作就是阅读推广。阅读推广工作主要通过举办各种各样的线上线下活动，活跃读书氛围，培养读者阅读习惯，提升读者的阅读水平。其核心是策划、实施阅读活动，而微信服务平台可以作为一个信息发布、推送的平台，进行各类阅读活动的意见征集、活动通知、开展过程、新闻报道的发布工作。

图书馆也可以利用微信服务平台的信息发布功能，对馆藏图书、新书推介、馆内刊物等内容进行整合、管理，推送给读者。

（1）“阅读活动”菜单。

可作为图书馆进行线下各类阅读活动的宣传平台，将各个活动的策划、通知、报道等资料集中放置在该菜单下，供读者查阅。

（2）“馆藏速递”菜单。

“馆藏速递”是指图书馆有选择性地将馆藏资源介绍给读者，使读者尽快了解新书动态、好书简介和相关阅读活动等信息。图书推荐是提高馆藏资源利用率的基础，图书馆应通过制作“馆藏速递”这个菜单提高服务水平。

（3）“馆刊阅读”菜单。

馆刊是指图书馆馆办内部刊物，是不公开发行出售，但可以公开赠阅、用于图书馆内部或校内交流的各类期刊和报纸。图书馆馆刊是阅读推广类刊物，是图书馆开展导读工作的途径之一。它能指引读者走进图书馆，吸引读者阅读，指导读者阅读方向，激发读者阅读兴趣，培养读者良好的阅读习惯。

作为线下传播的刊物，馆刊流传度非常有限，如果将它放到公众平台内，读者就可以随时检索阅读。

（4）“深度阅读”菜单。

在网络环境下，大量未经筛选的信息铺天盖地地充斥着读者的手机空间，大量的浅阅读、碎片化阅读占据着读者的阅读时间。如何引导读者有选择地阅读，提升读者对“深度阅读”的兴趣，培养读者沉下心来认真读书的专注力，是图书馆需要思考的问题。

图书馆可以通过专题赏析、讨论来激发读者的阅读兴趣，通过经典书籍推荐来协助读者完成书籍筛选，通过教师带领来引导读者的阅读行为。图书馆还可以将每次深度阅读活动的文章、录像、成果等资料放到该菜单内，方便读者对每次阅读活动进行回看和学习，促进深度阅读活动的大范围传播。

（5）“馆内新闻”菜单。

馆内新闻大致有三类：

①通知类。首先是图书馆的开闭馆时间通知，尤其是节假日和考试期间

的开放安排，比较受读者关注；其次是服务通知，主要是图书馆所提供的各类服务通知，包括图书借还、新设备简介、新系统和新资源投入使用等方面的通知；再次是图书馆志愿者招募、活动、会议等通知。

②活动类。活动类指图书馆主办、协办或参与的活动公告，包括活动预告、活动通知和活动回顾。活动预告主要包括读书节、各类比赛、培训公告、讲座等新闻。

③形象宣传类。图书馆形象宣传主要是宣传图书馆的新馆、新空间、新设备、获奖情况、馆舍风貌等内容，这有助于提升图书馆的形象和知名度。

4．服务菜单设置案例

以首都师范大学附属中学图书馆微信服务平台为例，该平台将三个一级菜单设置为“藏书阁”“阅读服务”“读书节”，分别对应“资源”“服务”“推广”三个业务类型，再将各种功能模块细化到各个一级菜单的子菜单中去。

图 5-3-7　服务菜单设置实例

图 5-3-8　首师附图书馆公众号

（1）“藏书阁”菜单。

“藏书阁”菜单包含首师附图书馆的各类资源，里面四个子菜单分别是：①“阅读期刊”，阅读数字化期刊；②“读书看报”，阅读数字化图书和报纸；③“馆刊《千帆》”，阅读以往各期馆刊内容，馆内刊物《千帆》每月一期；

④“图书馆主页”，图书馆手机端门户首页。

（2）“阅读服务”菜单。

“阅读服务”菜单包含首师附图书馆的各类特色服务，里面五个子菜单分别是：①“入馆教育”，主要介绍新生入馆教育的相关内容；②“馆藏速递”，图书馆定期投放的图书推荐；③“深度阅读”，图书馆每周举办的读书沙龙活动；③“我的阅读”，为读者提供个性化阅读；④“彩云购书”，为老师提供“你买书图书馆买单”服务，属于读者荐购的一种措施；⑤“公众号首页”，为公众号推荐内容。

（3）“读书节”菜单。

读书节是首都师范大学附属中学图书馆每年举办的阅读推广活动，为期1—2个月，其间会举办多种多样的线上线下阅读活动。此菜单作为每年一度的读书节活动的线上宣传途径，推送活动的预告、通知、公告、回顾等新闻。目前包括开幕式、书签评选、主播平台、来信、团队招新等栏目。

5．内容编辑方式

图书馆微信公众号面对的用户大多为教师、学生，因此，应多推送学习氛围性较强的文章。另外，文章的原创性十分重要。图书馆应多发布原创作品，提高文章质量，彰显图书馆的特色。同时，在保证内容优质的前提下，推送形式要多样化，不仅要推送文字，还要将文字、图片、动画、视频、声频等多种元素进行结合，在合理排版的基础上，注重美观大方，增强趣味性。内容编辑有以下两种方式：

（1）通过公众平台进行编辑。

利用公众平台可以进行图文编辑，把需要发布的相关资讯编辑、排版，但美观程度较弱，并且操作相对复杂。

（2）巧用第三方平台编辑器。

第三方平台编辑器可以把微信图文编辑得更美观。常用的工具有秀多多、易企秀、秀米、易企微、易点编辑器、135编辑器、i排版等。

（四）平台建设过程中要注意的问题

1．平台内容不要同质化

图书馆微信服务平台并不是一般的自媒体，而是具有文化内涵与公信力的资源和服务平台。因此，在建设过程中，务必要重视资源内容的筛选和服务内容的建设，不断提升服务质量，以彰显图书馆的人文优势与知识底蕴。

随着新媒体的不断发展，师生生活也呈现碎片化的趋势与特征，导致他们只能够“持续局部注意力”，所以图书馆微信服务平台推送的内容也要做到简短、扼要，具有一定的针对性。此外，在资源建设中，要考虑师生切实所需，在服务过程中也要以服务内涵为主，提供特色服务，积极开发新功能。

总之，中小学图书馆要通过微信公众号打造自己独一无二的微信名片。

2．注意信息推送的时效性

信息的推送一定要及时，紧随图书馆举办的各类线上线下活动进行宣传、报道，同时应该注意用户的阅读时间具有碎片化的特点。调查显示，早上和晚上是微信使用的高峰期，因此，在这两个时间段推送信息，会增加阅读量和分享量。一般来说，在晚间 21：00 到 23：00 这个时间段推送，文章被打开率更高。

3．加强宣传力度，线上线下同步推广

图书馆可以在馆内外或校园内设置宣传栏，鼓励学生关注图书馆的微信公众号。另外，也可在图书馆官网或者学校官网上设置宣传栏，让更多的师生或者其他访客看到图书馆微信服务平台的推广信息。通过增加微信服务平台的关注人数，增加接收推文的用户数，将优质内容推送给更多的读者，以提高文章的阅读量，进而提高微信公众号的影响力。

图书馆还可根据需要制定实体和电子海报，在馆内、校内展示。通过线上线下结合的模式，使需要宣传的微信内容得到最大限度的扩散。

图书馆微信服务平台的发展，既要基于互联网信息技术，也依赖于学校独特的资源集中优势。图书馆微信服务平台建设和发展水平的提升，离不开对微信服务的精准定位与规划。只有准确把握读者需求，不断提升公众号后台团队的知识和技术水平，创新服务内容，丰富信息推送的表现形式，才能在实践中提升公众平台的服务质量。

第四节　微博服务平台

微博，也称为微型博客，是现在人们普遍使用的一种用于分享简短实时信息的社交网络平台，是一种基于用户关系信息分享、传播和获取的广播式社交媒体。用户可以通过 PC 端、手机等多种移动终端接入，以文字、图片、视频等多媒体形式，实现信息的即时分享、传播互动。2009 年 8 月，新浪网推出“新浪微博”内测版，成为门户网站中第一家提供微博服务的网站。后来，又陆续出现腾讯微博、网易微博、搜狐微博等。

近些年来，微博用户的数量，尤其是手机微博用户的数量，呈现出明显上升的趋势。图书馆界看到微博发展的巨大潜力和社会效应，也开始积极地利用微博增加与读者的互动，了解他们的需求，适时调整资源结构，开展宣传，扩大自己的知名度和影响力。

一、微博的特性

1. 便捷性

微博自诞生之日起，其主旨便是一个搭建在多种媒体之上的交流平台，不仅可以通过计算机终端连接，亦可利用手机等移动工具进行绑定，用户也可以通过 MSN、QQ、E-mail 等多种通信软件账号登录，及时获取信息，这样就给了用户极大的选择空间。

2. 易获得性

任何人都可以轻松自由地创建自己的微博，分享自己的所见所闻。如果用户想了解某人的消息，可以选择关注该人，以后他 / 她在微博上的所有更新信息都会在第一时间得到推送。

3. 即时性

由于微博用户数量庞大、分布广泛，且使用便捷，很多新闻事件都是各地用户在第一时间传送到微博上的，为人们提供了一条及时了解社会的便捷途径。以美国航空公司的一次迫降事件为例，2009 年 1 月，美国航空公司 1549 次航班在起飞后不久就迎面撞上了一群飞鸟，因发动机损坏而不得不迫降在纽约哈德逊河上。Twitter 用户在事件发生几分钟后就发布了该事件的照片，远比主流媒体报道相关的信息要快得多。用户亦可将自己的心情和身边发生的事件在第一时间与他人分享，使交流变得更加畅达。

4. 创作的自主性

微博不仅是一个信息传播的平台，还是一个自创内容的平台，每个人都可以把它当作自己的媒体发布端，在任何时间、任何地点将个人获取的信息分享给朋友。同时，用户也可以把感兴趣的信息进行反馈、转发，使个人微博成为舆论焦点，形成一个话题并展开讨论，从真正意义上成为信息的制造者、传播者、评论者。

二、微博在图书馆中的应用

1. 推荐服务功能

图书馆内有大量的资源，传统认知中的纸质资源只是图书馆资源的一部分，另外还有各种网络资源和数字资源。为了能够让大众对图书馆有一个全新的认识，图书馆可以利用微博中的推介栏目功能展现其丰富的资源。

图书馆微博的推荐服务主要包括新书推荐、好书推荐和数字资源推荐。以往，图书馆会利用图书馆的网站或印刷传单对新购入的图书进行宣传，完成图书推荐工作。但这两种方式的信息流通性较弱，因为用户不可能时时刻刻浏览图书馆的网站来查看图书的信息；同时，这两种方式的针对性较差，推荐的内容不能迅速地吸引对它感兴趣的读者，在一定程度上也造成了资源的浪费。通过微博，图书馆工作人员只需将新书列表的链接放到微博上，读者只需对图书馆的微博进行关注，就能在第一时间了解和掌握图书馆的新书情况。

2. 参考查询服务

一般情况下，读者向图书馆提出有关资源检索的问题时需要提前注册网站账号，还要登录相应的检索平台。而图书馆对于上述问题的解决，一般需要由图书馆工作人员进行处理，并不一定能够及时解决读者提出的问题。将微博应用到图书馆参考查询服务当中，读者只需注册微博账号即可，不需要在平台上进行频繁登录；而对于图书馆来说，可以预先对读者经常提出的问题进行整理，若读者的查询需求类似，则可以用简单的语言自动回复。这样不仅减轻了图书馆工作人员的负担，还能尽快处理读者提出的问题。

3．读者教育功能

随着用户至上的观念深入人心，图书馆越来越重视对读者的教育，内容不断深化，形式不断多样化，如通过知识竞赛让读者熟悉图书馆的规章制度，邀请知名专家为读者开展信息素质方面的讲座，自制短片介绍图书馆建筑和馆藏信息等。为了培养读者形成良好的阅读习惯，熟悉和掌握检索的技巧，以便读者更有效地利用图书馆的资源和服务，图书馆可以将讲座和短片录制成视频，将链接放在微博上，从而使那些受时间和距离限制的读者也能够得到培训，提高信息素养。

图书馆对读者的吸引力不强，很大一部分原因是宣传没有做好，致使读者认为图书馆只能提供简单的借书、还书等服务，导致读者与图书馆之间产生隔阂。近年来，图书馆开展的活动、提供的服务越来越丰富，但由于宣传不足，读者或不了解情况，或因为交通不便，不能及时地获取相关信息。微博的运用能够在很大程度上促进图书馆宣传推广工作的开展。图书馆可以将本馆的理念、服务方针等信息适时地推向读者，便于读者了解图书馆。除此之外，图书馆可以利用微博创建讨论群，介绍图书馆的活动内容、活动安排，宣传图书馆的同时倾听读者的心声，正视读者对图书馆的意见，特别是批评和指导意见，在实事求是地解决问题之后把处理结果及时反馈到微博中，形成读者与图书馆之间的良性沟通。

4．交流的平台

图书馆工作人员与读者的交流在通常情况下是一对一进行的，而且是短暂性的，还会经常因各种原因被打断，使交流不能够深入。微博的应用，不仅使图书馆工作人员和读者之间有了一对多的交流机会，也实现了读者之间的交流。读者可以找到更多兴趣相似、爱好相同的朋友，可以在网上成立讨论小组，就某本图书或图书馆的某种现象或问题进行讨论。微博不仅加强了读者交流，拉近了读者相互之间的关系，也为图书馆工作人员了解读者的信息需求提供了新途径。

为了增加读者对图书馆的了解，图书馆通常利用微博平台对本馆的发展历史、发展现状进行展示，包括一些在馆内定期召开的会议、提出的改革政策、接待的来宾等。

三、图书馆在运用微博时需要注意的问题

1．做好管理工作

在微博中，发布信息的阅读数量取决于粉丝的数量，图书馆必须要吸引更多的粉丝关注，才能扩大信息推广范围。图书馆可以增加信息发布数量和频率，在内容方面选择一些和图书馆相关的并吸引读者的信息，才能有效提高图书馆微博号的曝光率，并增加读者人数。

2．精简改进微博发布的信息

一方面是因为微博本身存在字数限制，另一方面是因为很多读者没有阅读长篇博文的习惯。在精简信息的同时，还需要不断改进信息内容，以知识性和实用性服务读者，以专业性、趣味性等吸引读者。

3．加强数据分析

由于微博用户和粉丝人数较多，且每一位用户和粉丝都有自己的兴趣和爱好，图书馆应该不断加强对各类数据的分析工作，从庞大的数据中找到各类读者群体的喜好。一方面，可以通过对读者言论进行分析，从而准确了解读者的喜好；另一方面，可以对读者群体的年龄、性别、关注的其他微博进行分析，以了解粉丝群体的其他兴趣，并应用到图书馆推广服务中，提高图书馆和读者的粘连度。

4．不断提高图书馆工作人员的素质

在当前信息时代，各类低质量信息充斥着整个网络环境，图书馆要想做好数据分析工作，就必须对各类信息进行筛选。提高图书馆微博管理人员的素质能有效对读者进行正确的引导，消除一些不健康、不积极的言论，从而引导图书馆微博的舆论。同时，提高微博管理人员的素质还有助于提高微博在推广服务应用中的效率及质量。

第五节 RFID 的应用

20 世纪以来，随着信息技术在图书馆领域的广泛应用，图书馆的服务方式发生了嬗变和创新。日益丰富、急剧增多的信息资源和图书馆开架借阅服务模式的广泛应用，加剧了流畅的文献信息查询渠道和凌乱的馆藏物理位置之间极不相符的矛盾，成为图书馆管理和服务中最迫切需要解决的瓶颈问题。要想彻底解决这一矛盾，根本途径是走智能化图书馆的道路，积极探索、引进相应的信息技术手段，逐步实现图书馆自动化、网络化、数字化，最终实现智能化管理。引进 RFID 技术，建立 RFID 智能化集成系统正是解决这一矛盾的良好模式。

随着 RFID 技术的不断发展，目前，世界上很多国家已经把 RFID 技术应用到图书馆各项管理中，包括图书流通管理、图书典藏管理和安全监测管理等多个方面。

一、RFID 技术概述

RFID 是 Radio Frequency Identification 的缩写，即射频识别，俗称电子标签，是一种基于无线电的信息识别技术。1948 年，哈里·斯托克曼（Harry Stockman）在无线电工程师协会（IRE，Institute of Radio Engineers，IEEE 的前身）上发表的《利用反射功率的通信》论文奠定了 RFID 的理论基础。RFID 技术的原理是利用射频信号和空间耦合（电感或电磁耦合）来实现对特定目标物体的识别读取，并写入相应的数据信息，而不需要在特定目标物体与识别系统之间建立光学感知或机械接触。由于 RFID 技术具有无需接触、识别读取速度快、方便快捷、使用寿命较长、标签存储数据信息易修改、标签存储数据容量较大、标签数据可以加密等优点，可以实现识别运动中的物体和同时识别多个标签的功能，因此，其在生产、物流、零售和交通等领域有着广阔的应用前景。

（一）RFID 系统的构成

最基本的 RFID 系统由电子标签（Electronic Tag）、阅读器（Reader）和天线（Antenna）三部分组成。RFID 系统还可以与其他相关组件（如特定的无线 / 有线网络架构、计算机软硬件系统结合），各个组件协同工作，为 RFID 技术应用系统提供整体解决方案。

（1）电子标签：携带信息数据的发射器。它由耦合元件和芯片组成，一般由内置微波电子天线和电子芯片组成。每一个标签都拥有唯一的电子信息编码，通常可以被粘贴在被识别目标物体的表面或内部。

（2）阅读器：读取电子标签内存数据的收发器装置。通过阅读器可以实现计算机和电子标签之间的通信功能，通常通过 USB 接口或 RS232 接口等与主机进行网络连接，将信息数据传送到计算机，实现数据交换和系统管理。

（3）天线：在电子标签和读取器间传递射频信号。天线一般分为标签内置天线和阅读器天线两类，用于接收阅读器的相关命令数据，发送相关命令数据和接收电子标签返回的相应数据信息。

RFID 系统还可以分为两个部分，即物理部分和信息技术部分。其中物理部分包括 RFID 标签、阅读器和天线这三个组件，而信息技术部分包括与阅读器相连的计算机、相关设备驱动程序、数据库及应用程序软件。图 5-5-1 所示为 RFID 系统的构成。

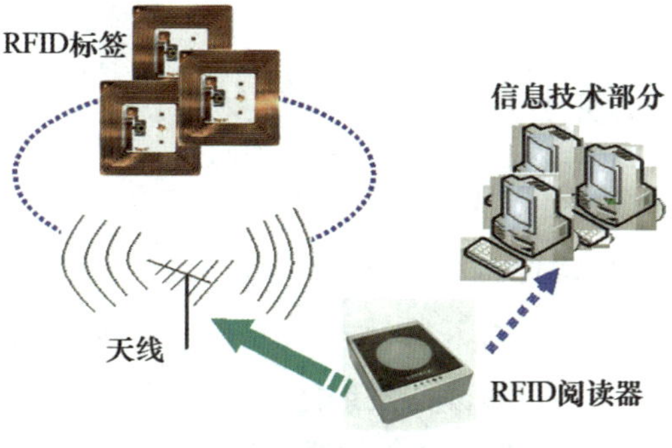

图 5-5-1 RFID 系统的构成

（二）RFID 系统的工作原理

RFID 技术是一种非接触自动识别技术，利用射频信号空间耦合传输特性，实现对特定物体的自动识别，并读写相关数据信息。

RFID 系统的工作原理如图 5-5-2 所示。RFID 阅读器不间断地通过天线发射特定频率的射频信号，当带有 RFID 电子标签的物品在阅读器的可读取范围内时，阅读器天线发出的射频信号将激活 RFID 电子标签，RFID 电子标签感应并接收 RFID 阅读器发出的射频信号。阅读器接收到 RFID 电子标签反射带回的射频信号后，经阅读器内部电路的解码处理对存储在 RFID 电子标签中的数据进行无接触的读取和识别后，送至后台服务器由软件系统进行相关数据处理，做出相应的控制、应答，并向阅读器发出读 / 写指令，完成读 / 写操作，通过这些数据来实现自动识别物体，最终通过计算机和网络实现对特定目标物体的自动识别与信息采集、数据处理和远程传送等管理功能。

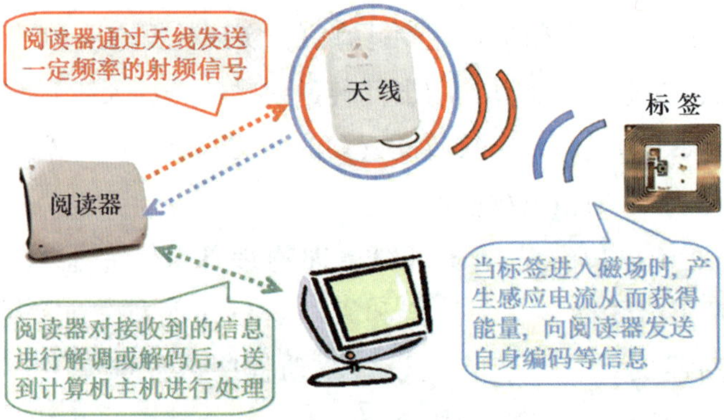

图 5-5-2　RFID 系统的工作原理

（三）RFID 标签的分类及特点

1. 按 RFID 标签的供电方式，可分为有源标签和无源标签

有源标签，又称主动式标签，标签内部有电池供电，电能充足，成本高，信号的发送距离较远，识别距离较长；无源标签，又称被动式标签，标签内部没有电池供电，主要通过耦合阅读器发射的电磁场能量提供电能，体积小、重量轻、成本低、使用寿命长，阅读距离较短。

根据对有源标签和无源标签的特点以及图书馆特殊环境的分析，无源标签更适用于图书馆的特定系统。图书馆馆藏量较大，每本图书都需要粘贴标签，无源标签成本低，体积小，且使用寿命长，比较适合在图书馆使用。

2. 按 RFID 标签的工作频率，可分为低频、高频、超高频和微波四种

（1）低频工作频率一般为 120—134 KHz，典型工作频率有 125 KHz 和 134.2 KHz。RFID 技术在低频频段得到广泛应用，除金属材料以外，一般低频能够穿透任意材料的物品而不缩短它的读取距离。低频标签的阅读距离一般情况下小于 1 米，最适合用于含水成分较高的物体，如水果等。但是相对其他频段的 RFID 产品，该频段的数据传输速率比较慢，而且感应器的价格较高。工作在低频的阅读器在全球没有任何特殊的许可限制。

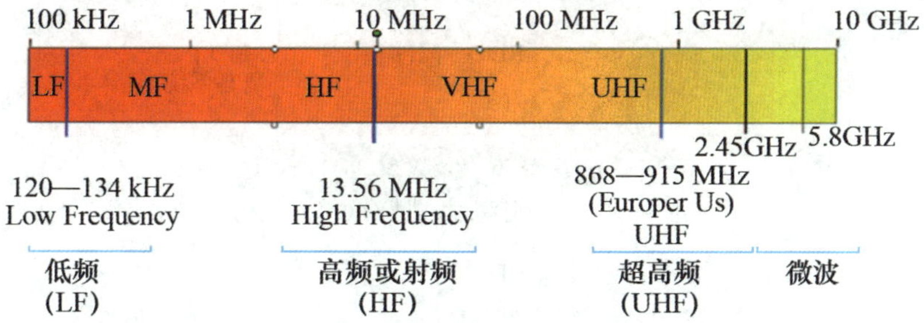

图 5-5-3　RFID 工作频率的划分

（2）高频工作频率一般为 3—30 MHz，典型工作频率为 13.56 MHz。除了金属材料外，该频率的波长可以穿过大多数的材料，但是会在穿越障碍物的过程中缩短读取距离，故感应器需要离开金属一段距离。该频段的数据传输速率比低频要快，且价格不是很贵。该频段在全球都得到认可，并没有特殊的限制。

（3）各国对超高频工作频率的定义不同。欧洲和部分亚洲国家定义的频率为 868 MHz，北美定义的频段为 902—905 MHz，日本定义的频段为 950—956 MHz。超高频段的电波不能通过许多材料，特别是水、灰尘、雾等都会对超高频产生影响。相对于高频的电子标签，该频段的电子标签更易受到金属材质物体的干扰。超高频技术有着很高的数据传输速率。

（4）微波的典型工作频率为 2.45 GHz 和 5.8 GHz。微波射频标签的数据存储容量一般不超过 2 Kbits。从技术及应用的角度来说，并不适合作为大量数据的信息载体。目前还多在测试当中，没有大规模应用。

二、RFID 系统总体技术架构

RFID 智能馆藏管理系统主要由 RFID 中间件服务器、RFID 中心管理系统、RFID 统一身份认证、层架标、图书标签、自助办证系统设备、24 小时自助还书系统设备、智能分拣系统设备、自助借还系统设备、智能安全监测系统设备等组成。RFID 系统由各终端设备和 RFID 应用服务器组成，各终端系统均通过 RFID 应用服务器连接图书馆自动化系统提供的 SIP2 接口服务器和数据库，终端设备不直接操作后台数据库和自动化管理系统。

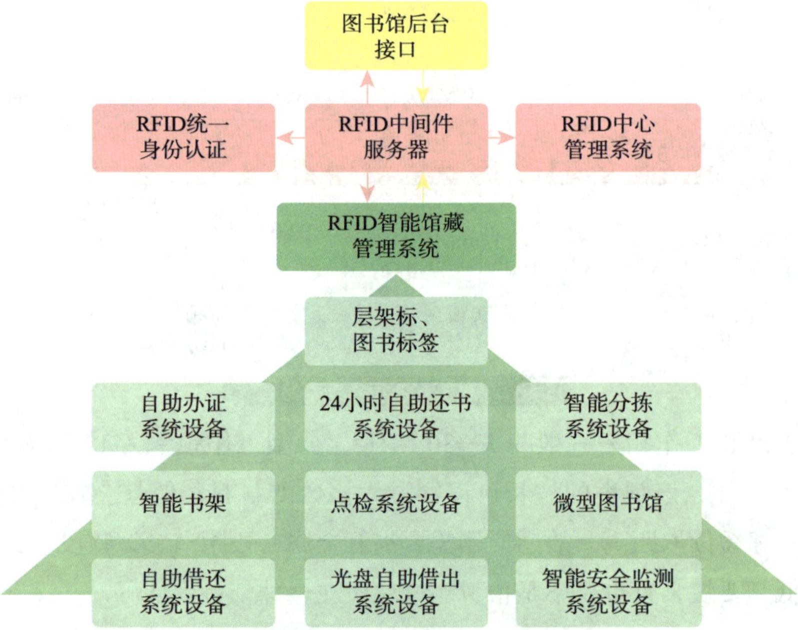

图 5-5-4 RFID 系统总体技术架构

三、RFID 系统软件功能组成

图书馆 RFID 管理系统的软件功能模块基本上按照原有图书馆自动化集成系统的流程和功能进行划分，同时配套通借通还解决方案，依托系统支撑平台（由 RFID ACS 应用服务器与统一身份管理和认证系统平台组成），实现整体的 RFID 系统软件解决方案。

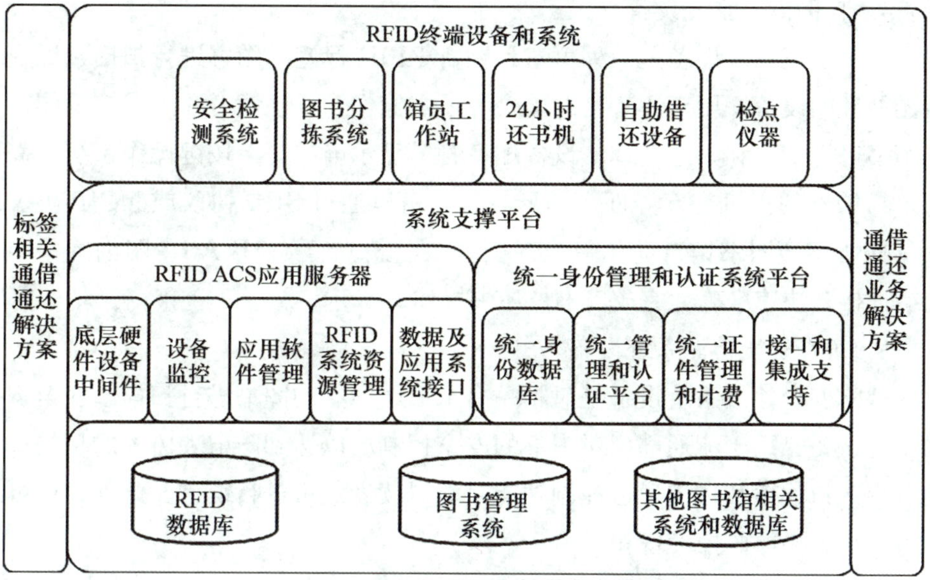

图 5-5-5　RFID 系统软件功能组成

四、RFID 系统硬件设备组成

1．RFID 标签

RFID 标签是一种带有天线、存储器与控制系统的无源低电集成电路产品，可在其中的存储晶片中多次写入和读取图书、多媒体资料的基本信息，用于图书和多媒体光盘资料的标签辨识。

2．RFID 层架标签

在书架上，每层的每一个隔档设置一个层架标签，层架标签记录所存放书籍的物理位置编号，可结合图书馆自动化集成系统，对图书进行定位、查询、盘点和顺架。

3．RFID 馆员工作站设备

馆员工作站设备以 PC 机为基础，可根据需要集成 RFID 读写装置、各种类型读者证卡识别装置、条码识别装置等设备，对 RFID 标签进行识别和流通状态处理，辅助其他装置用于流通部门对粘贴有 RFID 标签及条码的图书进行快速的借还操作，提高图书馆工作人员的借还工作效率。馆员工作站还能通过扫描图书条码对 RFID 标签进行编写，或进行图书标签的转换加工工作。

4．自助借还系统设备

自助借还系统设备是一种可对粘贴有 RFID 标签的图书进行扫描、识别和借还处理的设备，用于读者自助借书和还书操作，方便读者和图书馆工作人员对图书进行借出和归还处理。设备配备触摸显示屏或简单按键操作系统，提供简单易操作的人机交互界面、图形界面，可以通过 SIP2 协议或 NCIP 协议以及其他协议与图书馆自动化集成系统（如金盘、汇文、ILAS、图创等）实现无缝连接，快速准确地完成借书、还书操作。

5．智能安全检测系统设备

智能安全检测系统设备是对粘贴有 RFID 标签的图书进行扫描、安全识别的系统设备，用于流通部门对图书的安全控制，以达到防盗和监控的目的。它还有出入口通道和进出通道控制功能，能对读者流量进行统计。此外，也可根据需要加装摄像监控设备和系统。

6．便携式馆员点检助理系统设备

便捷式馆员点检助理系统设备是一种针对 RFID 标签的图书扫描、统计设备。通过对书架上粘贴有 RFID 标签的流通资料的扫描，可以帮助图书馆工作人员上架、顺架、倒架、查找和统计特定的图书，在图书馆工作人员清点馆藏和盘点书籍时能提高效率。设备由手持数据采集器和显示终端两部分组成（两者之间通过蓝牙接口进行数据交互），可配置推车。

系统后台支持 SIP2 协议或 NCIP 协议，通过无线网络或有线网络与应用系统连接，快速准确地完成数据处理操作，设备安全可靠，方便实用。

7．24 小时自助还书设备

24 小时自助还书设备是一种对粘贴有 RFID 标签的图书进行读取、识别和还书处理的系统设备。读者可通过该设备 24 小时自助式对图书进行一次单本归还处理。

系统设备配有触摸显示屏和直观的按钮键，提供简单、易操作的人机交互过程。同时，读者也可选择播放 Flash 动画，观看直观、易懂的操作说明。

8．24 小时微型图书馆设备

24 小时微型图书馆设备可对读者身份证件进行扫描、识别，用于读者自助办理读者证的操作。微型图书馆还可以对粘贴有 RFID 标签的图书进行读取、识别和借还处理，读者可通过该设备自助式对图书进行一次多本同时借出和归还处理。

9. RFID 智能书架系统设备

智能书架利用 RFID 技术，实现定位、盘点、管理馆内书架上的图书。它是一款高性能的架上图书管理系统，支持多节书架并列应用，通过书架分层标签扫描，可完成馆藏图书清点、图书查询定位、错架统计、还书等。智能书架按照设定周期或者人工控制，自动采集在架图书位置信息，并将获得的位置信息上传到 RFID 数据中心，从而实现图书的自动智能定位、盘点和各种统计工作。

五、RFID 技术在学校图书馆中的作用

由于计算机及网络技术的成熟与广泛应用，许多重复性工作已经由计算机处理与控制，将 RFID 技术和计算机技术紧密结合，能够极大地提高图书馆的管理与服务水平，实现对图书更有效、更及时的管理和控制。1998 年，新加坡率先将高频 RFID 技术应用在新加坡 Bukit Batok 社区图书馆。2004 年 1 月，张厚生与王启云联合在《大学图书馆学报》上发表论文《图书馆服务的无线技术——RFID 的应用》，标志着国内图书馆界开始了对 RFID 技术在图书馆中应用的研究工作。RFID 技术在国内图书馆的应用近五年发展较快，目前许多图书馆纷纷投入到 RFID 技术的研究和应用中来，在中小学图书馆中 RFID 技术也逐渐被应用。在 RFID 技术的帮助下，图书的自助借还、高速盘点、快速查找、定位、顺架、分拣成为现实。

RFID 技术在图书馆中的作用主要表现在推动传统服务模式的变革、为读者提供更多的便利、精确定位图书馆馆藏、扩大图书馆工作人员服务范围等方面。

1. 简化了图书借还的工作流程

RFID 技术在图书馆工作中应用的功能之一就是自助借还。自助借还设备的阅读器可以一次读取一本或多本图书中的 RFID 标签信息，同时处理多本图书的借阅和归还，从而减少了读者在图书借还过程中的等待时间。

2. 增加了读者对新技术的体验

由于学校图书馆的读者群体相对稳定（以在校师生为主），全新的图书自助借还服务更容易被师生接受，师生也愿意尝试新鲜事物，感受新技术应用带来的服务。

3．减少了图书馆工作人员的工作量

读者在不需要图书馆工作人员帮助的情况下，即可自行完成图书的借阅和归还操作，减少了图书馆工作人员的工作量。

4．提高了图书的利用率和图书馆的工作效率

在RFID技术应用以后，图书自助借还系统的使用增加了图书借还业务量，图书的利用率和图书馆的工作效率有了明显提高。

5．实现了图书的精细化管理

RFID技术在图书馆应用以后，使图书的查找更加方便、快捷。在图书准确定位的前提下，读者通过计算机操作，不仅可以检索到图书的书目信息，而且还可以知道图书所在的具体位置（精确到书架的某一架、某一层）。RFID技术的应用使馆藏资源的查询更加方便、快捷、准确，为读者更好地利用图书馆文献资源带来了极大的便利。

6．有望加速和简化盘点工作

随着RFID技术的不断成熟，以及RFID标签读写识别准确率的提高，采用RFID技术进行图书的盘点，可以在图书不下架的情况下，利用移动RFID设备一次读取整架图书的RFID标签信息，将人工采集数据实时或汇总后统一与后台数据库进行比对，达到简化盘点工作程序的目的，使图书盘点简单、快捷且易于操作。

7．提高了读者服务的满意度

RFID技术带来的智能化、人性化和高效率的读者服务，使图书馆工作人员从烦琐的传统业务中解放出来，把更多的时间和精力用于分析各类读者的不同需求，开展有针对性的个性化、深层次服务，提供更多高附加值的信息。

六、RFID技术在中小学图书馆中的应用方案及实施案例

（一）方案概述

图书馆RFID系统建设主要包括标签选型与设计、设备选型与设计和软件选择与集成三部分。标签选型与设计包括RFID图书标签、RFID读者证选型设计等；设备选型与设计包括馆员工作站设备、图书自助借还系统设备、图书24小时还书设备、智能书架系统设备、24小时自助图书馆系统设备等；软件选择与集成包括RFID管理系统软件、与现有图书馆自动化集成系统对接、系统集成工作等。

图 5-5-6　RFID 图书馆（一）

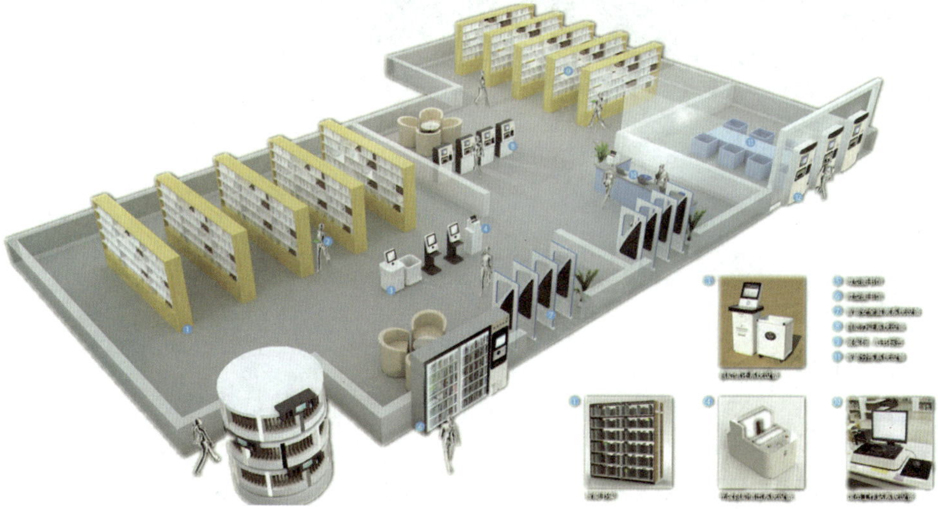

图 5-5-7　RFID 图书馆（二）

图 5-5-8 RFID 图书馆（三）

图 5-5-9 RFID 图书馆应用模型

（二）相关设备

1．自助借还机

自助借还机是一种对粘贴有 RFID 标签的图书进行读取、识别和借还处理的系统设备。中小学师生群体可通过该设备自助式对图书进行一次多本同时借出和归还处理。

（1）支持多种读取方式：RFID 证、校园卡、指纹识别等。

（2）后台可对借还数量、借还类型、借还成功与否等数据进行统计。

（3）配备触摸显示屏，具有图形化的操作界面。

图 5-5-10　自助借还机

图 5-5-11　少儿自助借还机

2．预约柜

预约柜具有自助借还图书功能，后期可扩展预约功能，即通过手机 App 连接图书馆后台进行预约。标准款预约柜单面 5 层，可藏书 360 册，配色可定制。

图 5-5-12 自助预约柜

3. 图书安全检测门

图书安全检测门是对粘贴有 RFID 标签的图书进行扫描、安全识别的系统设备，能对图书进行安全控制，达到防盗和监控的目的。

（1）进行流量计数、三维监测，无误报，无漏报。

（2）系统兼容使用 AFI 报警模式和 EAS 报警模式。

（3）非接触式地快速识别粘贴在图书上的 RFID 标签。

（4）对馆内图书、CD 和 DVD 等进行安全扫描操作。

图 5-5-13 图书安全检测门

图 5-5-14　图书安全检测门实例

4．微型图书馆

微型图书馆是集办证和借还于一体的自助设备。它可对学生的学生证件进行扫描、识别，也可用于学生自助办理借阅证的操作；同时，它还能对粘贴有 RFID 标签的图书进行读取、识别和借还处理，实现自助式对图书一次多本同时借出和归还。标准款的微型图书馆单面 6 层，可藏书 400 册，存储借阅证卡 150 张。

图 5-5-15　微型图书馆（一）

图 5-5-16　微型图书馆（二）

（三）实施案例

以下为上海阿法迪智能标签系统技术有限公司在中小学图书馆实施的 RFID 技术案例。

1．上海控江二村小学图书馆

上海控江二村小学图书馆现有藏书两万余册，通过可爱的维尼熊造型自助借阅机，师生可以自动借阅图书。

图 5-5-17　上海控江二村小学图书馆（一）

图 5-5-18　上海控江二村小学图书馆（二）

2．中央工艺美术学院附属中学图书馆

在中央工艺美术学院附属中学 800 平方米的图书馆内，到处都能感受到满满的艺术气息。图书馆安装先进的开放式借阅系统，一改传统的借阅模式，实行“自助开放”式借阅，打造了一个与众不同的“开放式图书馆”。

图 5-5-19　中央工艺美术学院附属中学图书馆（一）

图 5-5-20　中央工艺美术学院附属中学图书馆（二）

图 5-5-21　中央工艺美术学院附属中学图书馆（三）

图 5-5-22　中央工艺美术学院附属中学图书馆（四）

图 5-5-23　中央工艺美术学院附属中学图书馆（五）

3．北京市三十五中图书馆

北京市三十五中图书馆的整体风格延续了学校八道湾历史遗址（现为鲁迅纪念馆）的建筑风格，馆内充满着浓浓的中国传统书房的味道。图书馆在传统元素的基础上融合了现代科技元素，天然采光与一桌一灯相结合的设计充分体现了自然环保的理念，自助借还系统、自助打印复印系统等设备配备完整，使用非常方便。

图 5-5-24　北京市三十五中图书馆安全门

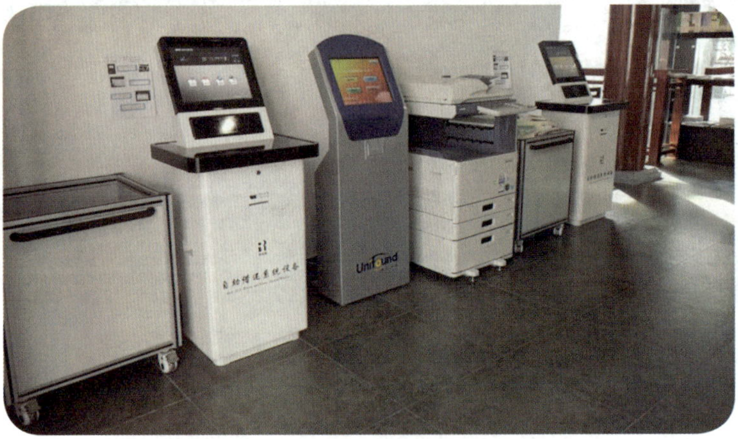

图 5-5-25　北京市三十五中图书馆自助借还机

图 5-5-26　北京市三十五中图书馆

第六节　虚拟参考咨询

虚拟参考咨询（Virtual Reference）是图书馆利用现有的网络平台推出的一种参考咨询服务形式，即图书馆工作人员不受地域、时间的限制，在网络平台上实时解答读者提出的问题，从而使读者能够及时得到问题的答案。虚拟参考咨询主要解决读者在利用图书馆的过程中产生的各种问题，内容涉及馆藏资源及其利用、文献查找途径及查找过程中遇到的问题、图书馆的各项服务与规则等，目的在于帮助读者更有效地利用图书馆。

参考咨询服务是图书馆传统核心服务之一，它的服务质量和水平是衡量现代图书馆核心竞争力的一个重要指标。在现代通信技术与网络技术普遍应用的条件下，虚拟参考咨询应运而生，并逐渐显示出独特的魅力。虚拟参考咨询打破了传统参考咨询在时间和空间上的限制，使图书馆参考咨询工作产生了质的飞跃。

（一）图书馆虚拟参考咨询服务发生变化的主要原因

图书馆虚拟参考咨询服务发生变化的主要原因是现代社会信息环境的影响，以及图书馆内在的服务变革需求。

1. 面临搜索引擎服务商的竞争

虚拟参考咨询是一个实践性很强的服务项目，也是目前市场竞争较为激烈的领域。随着计算机网络的日益盛行，越来越多的搜索引擎服务商争相提供与图书馆虚拟参考咨询服务功能类似的在线问答服务。继 Ask Jeeves 等创下日咨询量超过百万次的辉煌纪录之后，Google、雅虎以及国内的新浪、百度等著名搜索引擎也相继逐鹿这一领域，并兴起了一种新型的基于知识共享的互动问答搜索式免费在线问答服务。这些搜索引擎服务商正在与图书馆争夺用户资源，给图书馆虚拟参考咨询服务带来了严峻的挑战。

2．用户信息获取能力日益增强

网络的开放性和搜索引擎的普及打破了用户获取信息时遇到的障碍，客观上培育了一大批具有较高信息素质的用户，许多用户选择了完全自助的信息获取模式，图书馆虚拟参考咨询服务面临困境。2005 年，美国联机计算机图书中心（OCLC）关于用户的信息检索习惯和偏好的调查报告表明，64% 的用户表示当他们在使用图书馆的资源时不愿意向他人寻求帮助，而更加喜欢用自助服务形式。国内进行的一项对大学教师查找信息方式的调查中，选择完全自己查找的比例超过了 60%。

3．图书馆服务理念的更新

观念创新是各项工作创新的关键，只有在思想观念上产生了变革，才会带来服务的创新。自国际图联和联合国教科文组织发布《公共图书馆宣言》以来，图书馆界展开了图书馆精神的大讨论，主要包括平等服务原则、全面服务原则、免费服务原则、协作服务原则，即每个用户应不受任何形式的限制，平等、免费地享受本地图书馆或协作馆的高质量信息服务。基于上述精神层面的需求，图书馆虚拟参考咨询服务势必会发生质的变化。与此同时，知识管理思想和服务主导理念也逐渐反映到图书馆虚拟参考咨询服务中来，具体体现在参考信息源的组织、问答知识库的管理、以用户为中心的社区化服务等。

4．Web 2.0 技术的出现

Web 2.0 技术是互联网的又一场革命，具有互动性、参与性、社会性、开放性、个性化等特点，相关应用主要有博客、播客、维基、即时通信、网络社区、标签、信息聚合等。Web 2.0 技术以其多种方式的用户体验和应用，迎合了网络信息时代用户的需求，故日渐受到图书馆虚拟参考咨询服务的青睐。如博客可作为参考咨询图书馆工作人员的网页，维基可供图书馆人员、专家、读者共建学科知识专题网页，标签可为用户浏览信息提供自由分类服务，即时通信软件 QQ、MSN 等以其即时、同步和低成本的交互方式被许多图书馆使用。

正是受上述内外诸因素的影响，图书馆虚拟参考咨询服务策略与服务内容等也有了与时俱进的新变化。

（二）图书馆虚拟参考咨询服务系统主要组成部分

1．学习中心

学习中心是整个图书馆虚拟参考咨询服务系统中最核心的组成部分之一，

在发挥图书馆参考咨询服务功能的过程中起了关键的作用。学习中心涵盖数字资源所对应的使用指南，读者通过学习使用指南，能够准确有效地在互联网中实现对相关数据库及信息资源的使用。

从实现模式角度来说，学习中心对应的教学方式为网上课堂教学，读者在进行注册之后即可开始对数据库及相关操作规范的学习。同时，在学习中心学习内容的选取方面，读者表现出极强的自主性特征，能够自主选定需要学习的内容。通过在学习中心交互式平台上的学习，达到熟练掌握数据库相关应用操作方式的目的。

2．网上知识导航

网上知识导航同样是图书馆虚拟参考咨询服务系统中关键性的组成要素，它能将存在于互联网中的大量站点信息以类别方式进行划分，并在图书馆虚拟参考咨询服务系统当中提供这部分站点对应的链接方式。按照此种方式，使用系统的读者能够更为快速地进入相应的网站。与此同时，在大量的站点内容作用之下，网站以门户形式为载体构建一个完整的知识导航系统。

具体来说，在图书馆虚拟参考咨询服务系统网上知识导航所对应的整个门户网站中，读者能够将自己感兴趣的站点信息予以单独归类并定义。一旦该站点出现新增的数据信息，则会在读者所定义站点信息的基础之上生成相应的信息报告，并询问是否将其添加至读者终端文档信息当中。

3．知识库管理

对于整个图书馆虚拟参考咨询服务系统而言，知识库管理的主要对象表现为 FAQ（Frequently Asked Questions），即针对常见问题的解答。而从整个图书馆参考咨询服务的变革发展研究角度来说，通过将 FAQ 知识库管理与实时解答功能相连接的方式，使用图书馆虚拟参考咨询服务系统的每个读者所提出的问题以及图书馆工作人员所做出的解答，可以在 Administration 管理员的信息编辑与处理基础之上公开在整个 FAQ 知识库当中。在图书馆参考咨询服务不断深入发展的过程中，FAQ 知识库中收集到的读者提问与图书馆工作人员解答在容量方面将呈现显著的扩充趋势，从而凸显知识库管理的重要意义。

4．网上实时问答

网上实时问答在充分借助互联网信息传输功能的作用下，能够实时地解答读者在应用网上图书馆的过程中的相关问题与疑惑。与读者相对应的是，图书馆应当配备在线咨询人员。这些咨询人员在时间和空间上并不会受到过多的限制，只要其能够处于互联网环境中，并以咨询人员的身份登录图书馆虚拟参考咨询服务系统，即能够实现理想化的服务模式。

用户的需求是图书馆开展虚拟参考咨询服务的原动力。参考咨询服务本身就是一种个性化服务，而传统的参考咨询服务更多针对用户的个性化提问，是一种被动的服务，较少关注图书馆主动提供的服务，即直接针对用户的特点，提供个性化的信息。只有了解用户真实的信息需求，才能开展个性化的参考咨询服务。特别是 Web 2.0 技术在参考咨询服务中的应用，促进图书馆真正从过去的“以资源为中心”“以服务中心”向“以用户为中心”转变。以网络为基础的虚拟参考咨询服务为图书馆拓展了更加广阔的服务空间，也使读者体验到了虚拟参考咨询服务带来的便捷。

第七节　视频点播

目前，很多图书馆开辟了电子阅览室，在为读者提供网络服务的同时，也开展其他资源服务。在传统图书馆中，现有的多媒体信息资源主要储存在DVD、录像带、CD、磁带、VCD等载体上，这些多媒体信息资源以其生动、形象、直观的特点深受读者欢迎，满足了读者对多媒体信息资源的阅读需要。但是，这些多媒体信息资源依赖单个物理载体，而这些载体由于使用频繁容易磨损以致无法长期使用，修补起来又非常困难，读者在使用过程中往往受到载体数量的限制，因此这种多媒体资源在利用上受到很大限制。流媒体技术中的交互式视频点播（Video on Demand，VOD）技术的出现，为图书馆开展多媒体阅览服务开创了新模式。

20世纪90年代，随着计算机技术（特别是多媒体数据压缩和解压缩技术）和通信技术的发展，综合计算机技术、网络通信技术和电视技术，迅速兴起了一门综合性技术——视频点播。它通过结合网络和视频技术，集动态影视图像、静态图片、声音、文字等信息于一体，彻底改变过去被动收看节目的方式，让使用者可以根据需要任意选择多媒体文件，并对其进行相应的控制，如在播放过程中暂停、前进、后退等，还可以自由留言、发表评论等。视频点播的本质是信息使用者根据自己的需求主动获取多媒体信息。从某种意义上说，这是信息的接收者根据自身需要进行自我完善和自我发展的方式。

一、VOD技术运用到图书馆的优势

（1）由于采用了先进的数字压缩、存储技术，利用VOD技术建设起来的视频点播系统可将多媒体文献拷贝到海量磁盘库中，读者可通过终端设备调阅，不直接接触盘片，因此盘片可以长期保存和使用。

（2）由于读者基本上不直接接触盘片，绝大部分盘片不需要增加副本，可节省大量的经费。

（3）播放快速。读者点播的书目或节目可在数秒内接听或收看。

（4）操作简便，阅读便利。懂得计算机基础知识的读者，只要稍加学习，就能熟练地操作。同时，读者浏览时不需要重复办理借阅手续，阅读更方便，节约了时间。

（5）可实现全自动化管理，维护方便，无需增设值班岗位，节省人力资源。

（6）支持多点并发，具有一对多、多对多的特性，可满足多人同时在线播放同一个或多个不同的声视频资源。

（7）边传输边播放，不会在客户端留下多媒体资料的拷贝，有效地保护了作者的知识产权。

二、视频点播系统的评估

市场上的视频点播软件数不胜数，要在众多的软件中选出适合本馆的高性能系统，确实不是一件容易的事。根据目前业界在流媒体领域的经验和行业内已有的基本标准，视频点播系统整体性能的优劣可以从以下几方面进行评估。

1．稳定性

对于视频点播系统来说，系统的稳定性是最重要的，一个好的视频点播系统应能保证长时间的高并发状况而不出故障。为了适应各种复杂的网络环境，在网络传输上应采用智能续传技术。对于每一路会话（或者称作流），即使由于某种原因网络连接中断，通过智能续传技术，终端会自动在规定的时间内重新尝试连接，一切都在后台执行，用户将感觉不到网络故障的发生。而如果没有采用智能续传技术，一旦网络发生短时间故障，流传输就会中断。

2．易用性

视频点播系统的易用性主要表现在以下几方面：（1）节目源添加方便，支持节目源单个添加和批量添加。（2）能够直接对用户进行流量分配控制、时间段设置管理、权限设置管理、实时监控管理，对在线用户发送和广播消息。（3）支持节目组管理、节目分级管理和用户权限的分级管理。（4）系统客户端点播界面清晰美观，简单易懂。（5）节目播放时能够随时进行自由截取，及时响应拖动、暂停、快进、快退、静音、绝对定位、平衡调整、音量调整等播放常用的标准控制。（6）可以设定播放顺序（如随机播放或循环播放），调整播放速率（如播放慢动作或快动作）。

3．跨平台性

跨平台性主要评估系统是否采用了国际标准互联网协议 TCP/IP 作为主要网络层传输协议。TCP/IP 协议已经被各种操作系统（如 UNIX、LINUX、Windows 等操作系统）支持，所以此项技术能够在各种操作平台上互通。跨平台性不仅表现在不同操作系统上的互通，而且还应该在跨网络上得到体现，即只要是支持超文本传输协议（HTTP）的网络都能通过该技术传输声频视频流。

4．模块化设计和声视频格式的兼容性

模块化设计思想是目前软件设计中最先进的设计思想。首先，模块化设计有利于提高系统的稳定性和可靠性。模块化结构设计采用业务模块和控制模块分开设计的原则，每个硬件模块只负责完成特定的功能，硬件实现和维护上均简单可靠。其次，模块化设计便于系统的升级和扩容，无需购置新机器，只要增加接口板卡就可以实现。再次，模块化设计可以让用户根据自身的条件选择购买，日后升级也可以只针对某个或某几个模块升级，节省一些不必要的开销。在声视频资源格式兼容性上，由于资源是多种多样的，声视频的格式也是多种多样的，这些资源都是网络化学习的知识载体，需要设计一种能够最大限度地支持这些资源的方案，节省因格式转换造成的时间和人力的损耗。

总之，视频点播系统是图书馆利用网络开展信息服务的重要组成部分，它可以避免传统图书馆视听服务的被动性以及在时间和空间上的局限性，并且使图书馆的服务理念得以转变和创新，改变并扩充图书馆原有功能格局，开拓图书馆的服务领域，更好地使图书馆履行教育职能。随着网络环境的进一步改善，视频点播系统在图书馆的信息服务中将会发挥更大的效用。

第八节　朗读亭

在人们的传统观念里，图书馆是安静读书或者学习的地方，所以通常里面只有读者翻书的声音。在这个时候，如果在图书馆内大声读书，就会影响他人。我们经常见到很多同学在楼道或者楼梯口读书，因为这里隔音比较好，可以大声地朗读。

朗读亭的出现，在一定程度上解决了需要大声读书的问题。所谓朗读亭就是用来朗读的一个小亭子，一般高 3 米，占地约 2.5 平方米，比普通电话亭略大一些，上面写着“朗读亭”三个大字。提到朗读亭，我们最先想到的可能是央视的一档节目《朗读者》。

朗读亭第一站设立在国家图书馆门口，之后陆续在北京前门大街、五道口等人流密集处设立。第二站设立在广州中山图书馆，此后，又陆续在杭州、昆明、西安、上海、青岛等全国多个城市设立。目前，很多大学的图书馆内也设立了朗读亭，一般安放在图书馆的一楼或是比较显眼的地方（如边角或是进门的地方）。

朗读亭一般采用高强度的隔音玻璃，在保证安全的同时阻隔 95% 的声音，隔音效果很好。当朗读者在亭内对着圆形的麦克风朗读时，亭子外面的制作人员可以遥控“雾化”设备，将亭子玻璃调整成毛玻璃状态，确保朗读者在亭内不受干扰地释放情绪、忘我朗读。

此外，它还配有专业的录音设备，如专门的头戴耳机和用于专业录音的麦克风。这样的整体设备可以满足读者高保真、低噪声的要求。每一个读者可以用自己的社交账号登录朗读平台，发布自己的朗读作品。

朗读亭在图书馆的投入使用，也是一种对于阅读新形式的促进。在传统的图书馆中，阅读形式较为单一，特别是对于中小学生来说，很难长时间集中注意力。朗读亭能给读者带来更多的新型体验。新颖的阅读形式、丰富多彩的内容不仅能够激发他们的阅读兴趣，还能培养他们的语感，增强他们的语言表达能力。

图 5-8-1　首都师范大学附属中学的朗读亭

朗读亭进入学校也是十分必要的。首先，它可以吸引学生走进朗读亭阅读。因为学生所处的年龄阶段正是好奇心强、渴望探索新事物的时期，容易被这种新鲜的阅读形式所吸引，走进朗读亭，用最简单的方式表达内心情感，用心灵之声朗读人生。其次，图书馆老师通过朗读亭可以在某种程度上实现对学生的阅读指导。

朗读亭系统也支持用户的独立管理，老师们可以把选定的经典类图书放到管理平台，让学生们朗读经典，学习经典，体会经典，陶冶情操。另外，朗读亭有智能评分系统。学校可以为学生们组织朗读比赛，依据系统评分，选出优胜者，学生们还可以把自己的朗读作品发到社交平台（如微信朋友圈）进行分享，增强阅读的互动性和趣味性。

参考文献

[1] 王天意．浅谈高校数字图书馆门户网站的建设[J]．科技情报开发与经济，2008（27）：11-12．
[2] 张小兵．高校图书馆网站的特色性建设[J]．甘肃科技，2007（11）：253-255．
[3] 孙洪珍．高校图书馆网站建设探究[J]．黑龙江科技信息，2008（26）：116．
[4] 超星移动图书馆．北京世纪超星信息技术发展有限责任公司．
[5] 郑勇．微信公众平台在图书馆管理中的实践应用[J]．计算机产品与流通，2019（1）：110．
[6] 马敏．微信公众平台在图书馆服务中的应用分析[J]．科技风，2018（30）：81．
[7] 武锦丽．微信服务在图书馆中的应用探索[J]．办公室业务，2018（16）：188．
[8] 廖宇峰．基于微信公众平台的图书馆实时虚拟参考咨询服务[J]．图书馆学研究，2017（12）：91-95．
[9] 杨平．微信、微博在图书馆服务模式改革中的创新应用[J]．甘肃科技，2018（12）：65-67．
[10] 李志杰．微博在图书馆推广服务中的应用研究[J]．办公室业务，2017（1）：178．
[11] 葛艳．微博在高校图书馆信息化服务中的应用[J]．黑龙江科技信息，2016（5）：166．
[12] 郁丽玲．微博在图书馆服务中的应用[J]．办公室业务，2015（19）：84-85．
[13] 百度百科：虚拟参考咨询．https://baike.baidu.com/item/虚拟参考咨询/4241730?fr=aladdin．
[14] 付先亮．高校图书馆虚拟参考咨询系统的功能应用及服务改进[J]．当代畜禽养殖业，2017（6）：63-64．
[15] 李亚青，陈志鹏，杨巍．浅谈高校图书馆流通数据统计分析及建议[J]．辽宁工业大学学报（社会科学版），2018（6）：52-54．
[16] 张虹．基于云存储的数字图书馆视频点播系统的设计应用研究[D]．河北

师范大学，2015.
[17] 高平. 基于P2P技术的VOD视频点播系统应用与实践——以黑龙江省图书馆多媒体数字化系统为例[J]. 农业图书情报学刊，2015(4)：49-51.
[18] 张媛. 基于开源的图书馆VOD视频点播系统的设计与实现[J]. 现代情报，2011(11)：154-156，173.
[19] 陆康，潘小宇，刘慧. 基于数据流的读者偏好分析体系研究[J]. 南京晓庄学院学报，2018(5)：108-114，124.
[20] 百度百科：朗读亭. https://baike.baidu.com/item/朗读亭/20467804?fr=aladdin.
[21] 专为中小学生打造的韵声朗读亭[J]. 图书情报工作，2019(1)：80.
[22] 书舒·朗读亭[J]. 情报资料工作，2018(2)：2.
[23] 胡宇齐. 搭建自己心中的朗读亭[N]. 北京日报，2017-03-17.

思考题

1. 比较图书馆门户网站与移动图书馆的技术特点。
2. 比较微信服务平台与微博服务平台的技术特点。
3. RFID技术在学校图书馆的应用有哪些特点？
4. 虚拟参考咨询系统主要由哪些内容组成？

第六章

安全防护系统

第一节　图书防盗系统

图书馆开架管理不仅为读者营造了良好的阅读环境，方便了读者的自由选择，还提高了图书利用率和图书馆的工作效率。不过，这种开放式的管理方法在实际应用中存在一定的安全问题，因此需要应用图书防盗系统，进一步提高书刊流通管理的安全性。

目前在图书馆管理的过程中，图书防盗系统已经得到广泛应用，其作用主要体现在以下两个方面：

（1）简化管理，防止失窃。图书防盗系统的应用，有效地提高了图书管理的效率，使图书馆工作人员的工作得到进一步的简化。在传统的图书管理过程中，一般采用人工管理的方式，这样就加大了图书馆工作人员的工作量。而图书防盗系统的应用，使图书自身具有一定的自我保护能力，从而很好地解决了图书失窃的问题。

（2）美化环境，威慑功能。图书防盗系统是一种高科技产品，其外观可以根据图书馆的风格进行相应的改进和完善，增强阅读环境的艺术美感，对读者的馆内体验起到锦上添花的作用。在图书管理的过程中安装图书防盗系统，除了对读者的合法权利进行保障以外，还具有一定的威慑力，可以有效地预防图书失窃。

当前常用的防盗系统有很多种，主要可归纳为三种，分别是声磁防盗系统、电磁波防盗系统和无线射频防盗系统。这三种防盗系统所采用的工作原理存在较大的差异，要根据相关的要求和实际情况进行选择。一般情况下，声磁防盗系统的价位较高，且隐蔽性不强，通常不应用于图书防盗。图书防盗系统通常选用电磁波防盗系统和无线射频防盗系统。

一、电磁波防盗系统

电磁波防盗系统作为直接、有效、美观的防盗系统，在实践中得到各类图书馆的普遍使用。这种防盗系统的基本原理是利用交变磁场的磁性变化特点对图书和商品进行保护。目前，人们为了减少该防盗系统的材料消耗，一般选用永久性的磁条或可反复充消的磁条。整个电磁波防盗系统由防盗主机、天线和磁条三个主要部分构成。其中主机和天线之间主要利用信号线进行连接，从而对谐波进行接收处理。

（一）工作步骤

（1）将图书防盗专用耗材——磁条粘贴在图书书页夹缝中。

（2）在图书馆的借阅通道或总出入口处安装图书防盗天线。

（3）正常办理借阅手续的图书经专用消磁设备使磁条失效，或从防盗天线侧面递送过去，完成借阅。

（4）未正常办理手续的图书（附着磁条）经过检测出口时，图书防盗天线因检测到未消磁图书而发出声光警报，提醒借阅者补办借阅手续。

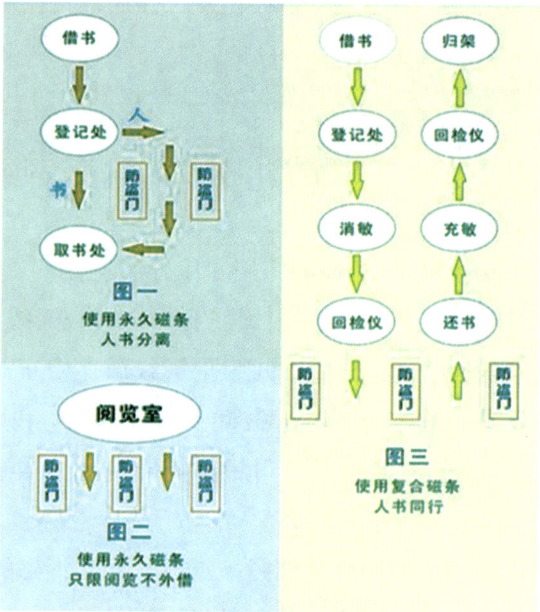

图 6-1-1　图书馆防盗仪使用流程

（二）工作模式和设备选择

1. 人书分流模式

当读者选完所需的图书在借阅台办理借阅手续时，图书馆工作人员在登记后把读者所选的图书从防盗系统的侧面递出去，图书并不经过防盗系统，读者办理完手续后直接经过防盗系统，然后从防盗天线侧面把图书带走。

这种工作方式的特点：（1）工作台距离防盗设备很近或者紧靠防盗设备，工作台设在门口。（2）防盗耗材便宜，不用消磁。

防盗设备可选择单（双）防盗天线和永磁磁条。

2. 消磁携带模式（总出入口法）

读者在办理借阅手续时，图书馆工作人员通过消磁设备把图书上的磁性消掉，读者带着消过磁的图书经过防盗系统，如读者身上有未办理手续的图书，防盗系统会报警。

这种工作方式的特点：（1）工作台距离出口比较远。（2）耗材方面需要相应的可消磁磁条和消磁设备。

防盗设备可选择单（双）防盗天线、充消磁器（或消磁板）和可充消磁条。还书时如需检测图书中的磁条是否存在，可使用回检仪。

（三）系统组成

系统由报警主机、防盗天线（检测门）、感应磁条三部分组成，辅助设备有充消磁器、消磁板、回检仪等。

（1）报警仪（报警主机）：与检测门用专用导线连接。

（2）防盗天线（检测门）：1 个发射天线和 1 个接收天线构成单通道，或 1 个发射天线和 2 个接收天线构成双通道（发射天线放在中间）。

（3）感应磁条：从用途上分，有永磁型（永久磁条）和可充消磁型（复合磁条）；从材料上分，有铁基和钴基。可根据需要选择。当感应磁条通过检测门通道时即报警。

（4）充消磁器：对图书中的可充消磁条进行充磁或消磁的设备。

（5）消磁板：对图书中的可充消磁条进行消磁的设备。

（6）回检仪：检查图书中有无磁条或磁条是否达到报警灵敏度的设备。

二、无线射频（RFID）防盗系统

在具体的应用过程中，根据不同的应用目的和应用环境，RFID系统的组成有所不同，但从RFID系统的工作原理来看，系统一般由信号发射机、信号接收机、发射接收天线三部分组成。在RFID系统中，为了不同的应用目的，信号发射机会以不同的形式存在，典型的形式是标签（Tag）。标签相当于条码技术中的条码符号，用来存储需要识别传输的信息。与条码不同的是，标签必须能够自动或在外力的作用下，把存储的信息主动发射出去。标签一般是带有线圈、天线、存储器与控制系统的低电集成电路。信号接收机一般叫作阅读器。根据支持的标签类型与完成功能的不同，阅读器的复杂程度各不相同。阅读器的基本功能是提供与标签进行数据传输的途径。另外，阅读器还提供相当复杂的信号状态控制、奇偶错误校验与更正功能等。标签中除了存储需要传输的信息外，还必须含有一定的附加信息，如错误校验信息等。识别数据信息和附加信息按照一定的结构编制在一起，并按照特定的顺序向外发送。阅读器通过接收到的附加信息来控制数据流的发送。到达阅读器的信息被正确地接收和译解后，阅读器通过特定的算法决定是否需要发射机对发送的信号重发一次，或者指导发射机停止发送信号，这就是“命令响应协议”。使用这种协议，即便在很短的时间、很小的空间阅读多个标签，也可以有效地防止“欺骗问题”的产生。天线是标签与阅读器之间传输数据的装置。在实际应用中，除了系统功率，天线的形状和相对位置也会影响数据的发射和接收。

（一）结构设计及工作原理

考虑到图书馆内的读者经过房间的多样性和复杂性，需安装若干个阅读器，并且将它们通过通信线路与监控中心的计算机进行数据交换。同时，在图书馆的每一本图书中安置一个电子标签，对其进行监控和定位。RFID系统在工作过程中，始终以能量为基础，通过一定的时序方式实现数据的交换。阅读器向电子标签提供工作能量。当电子标签进入射频识别场时，阅读器发射出的射频波激活标签电路，完成数据的交换。对于多标签同时识读的情况，可以采用阅读器先发的形式，也可以采用标签先发的形式。为了实现多标签无冲突同时识读，阅读器先对一批标签发出隔离命令，使识读范围内的多个电子标签被隔离，最后只保留一个标签处于活动状态，与阅读器建立无冲突的通信联系。

任何一个电子标签都具有唯一的ID号，在大多数应用场合是通过运用后台数据库来支持标签的数据属性的。阅读器与应用系统之间的接口由开发工具调用的标准函数来表示，大致包含两个功能：（1）应用系统根据需要向阅读器发出配置命令和其他指令；（2）阅读器向应用系统返回其当前的配置状态和各种指令的执行结果。

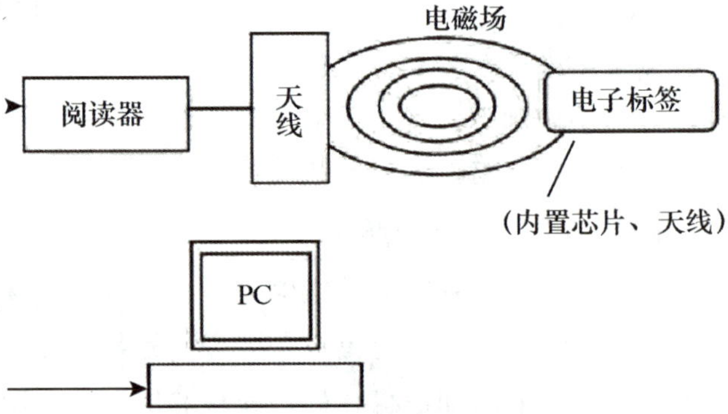

图 6-1-2　RFID 系统工作原理示意图

（二）RFID 技术的应用

RFID 技术经过长时间的发展，已趋于成熟，它展现的优良性能也为众多领域所认可。新加坡图书馆凭借 RFID 技术，使借阅率增长了 30 倍，每年节省了 2800 万美元的开销和 2000 名图书馆工作人员的人力成本。

但 RFID 技术在实际应用中仍然存在较多的问题，主要体现在：（1）前期投入成本高，需要购置相应的器材，还需要购买电子标签替代条码和图书磁条。（2）应用新系统需要对图书馆工作人员进行培训，前期也要投入相应的师资力量。（3）由于系统自主性的提高，读者与图书馆工作人员的交流减少，读者与图书馆互相了解的机会减少。这些问题都是系统需要改进的地方。

（三）RFID 防盗系统应用模式

在实际应用中，RFID 防盗系统大致有五种工作模式，常用的模式是 TTF 安全位检测防盗模式和 RTF 安全位检测防盗模式。

1. 磁条防盗模式

在这种防盗模式下，原有的磁条防盗设备不变，RFID 只用于自助流通和架位管理，两者完全独立，自助借还设备带有充消磁功能。磁条防盗门不依赖网络和系统，报警时不提供任何问题馆藏信息。该模式限制了借还图书时同时操作的图书册数，且后期耗材和加工成本较高，在图书馆 RFID 技术应用发展过渡期使用较多，后期使用逐渐减少。

2．TTF 安全位检测防盗模式

采用 TTF（Tag Talk First，电子标签先发言）协议，电子标签进入阅读器能量场获得感应电流后，主动发送自身信息，无需等待阅读器发送命令，即图书通过门禁时，没有办理借阅手续的图书（标签）主动发送信息给防盗门架，触发门禁报警。门禁对标签进行遍历检测，不对标签逐一做“休眠—唤醒”处理。其防盗门禁不依赖网络和系统，报警时不提供任何问题馆藏信息，并且门禁不能用于 RFID 的其他检测统计。

3．RTF 安全位检测防盗模式

RTF（Reader Talk First，阅读器先发言）是一种以阅读器（即门禁）为主导的工作模式。图书经过借还操作后，标签上的安全位（也称防盗位）被写入对应的馆藏状态信息。图书通过门禁时，门禁逐一对图书标签做“休眠—唤醒”阅读甄别，没有更新馆藏状态信息的图书（标签）会导致门禁报警。按照理论推测，此模式系统的检测效率比 TTF 模式要低一点，其门禁不依赖网络和系统，报警时可提供任何问题馆藏信息，并且门禁可用于 RFID 的其他检测统计，如图书条码号、题名、分类等记录于标签内的信息。

4．数据库状态核对检测防盗模式

图书在经过门禁时要逐一通过数据库的“白名单”来核对馆藏状态，如果检测到“在馆”，则报警。该防盗模式的实现一般需要两个步骤：一是创建“白名单”，二是核对“白名单”。该模式对网络带宽要求较高，在网络带宽足够的情况下，可以考虑采用。这类门禁对网络和系统的依赖性强，报警时提供问题图书信息，如果有读者试图避开警报偷取书籍，图书馆可通过追踪图书的路径等信息来找回。

5．门禁 UID 检测防盗模式

所有图书在办理借还手续时，RFID 借还系统将其标签信息以广播方式通过网络发送给所有的门禁终端数据库（相当于进入“白名单”）或从中撤销（相当于拉出“黑名单”）。图书通过门禁时，门禁逐一将每件馆藏的 UID 与门禁数据库信息比对，如果发现某图书标签 UID 在“白名单”中找不到或未从“黑名单”中撤销则报警。此模式与数据库状态核对检测防盗模式具有相同的特点。

（四）RFID 防盗系统实现功能

（1）可以非接触式地快速识别粘贴在流通文献上的 RFID 标签。

（2）可以对图书馆内的纸质文献、多媒体资源等流通文献进行安全扫描操作，不会损坏粘贴在流通文献中的磁性介质。

（3）具有声频和视觉报警信号，且信号源可设置，报警音量可调控。

（4）设备设计紧凑，符合 ADA 相关标准要求，每个通道的宽度不小于 914 mm，并且可以方便地集成到图书馆的设施和图书馆业务实施环境中。

（5）系统可以兼容使用 AFI 报警模式和 EAS 报警模式。

（6）监测系统采用 RTF 工作模式。

（7）系统设备具备可扩展性，一排可安装至少 3 个天线门架（2 个通道），并且不会降低系统检测的灵敏度。

（8）设备系统具有高侦测性能，能够进行三维监测，无误报、漏报。

（9）多通道安全检测门具备单通道独立报警和提示功能。

（10）具备流量计数功能，数据可重置。

（11）系统设备通过简单的硬件转换可以升级，紧跟最新技术。

（12）对心脏起搏器或其他支持系统的佩带者、孕妇，以及磁性媒质软盘、磁带、录像带等无害。

第二节　门禁系统

门禁系统是图书馆安全防护系统中极其重要的一部分。门禁系统可以实现对人员权限的明确限定，无论是内部人员还是外部人员，都可以通过对权限的设置清楚地界定可以自由出入的范围，并对人员的进出情况进行记录，以便在异常情况发生时，通过查询出入记录界定责任人，极大地缓解了图书馆人员管理的压力，达到在提高安全性的情况下节约人力的效果。

为了方便读者更好地利用图书馆，保护图书馆大量文献的安全，及时发现和防止可能出现的文献丢失等问题，各学校图书馆相继安装了智能门禁管理系统。图书馆应用门禁管理系统，是一种开放式管理、自助式服务的最新管理理念的尝试，以尊重和信任读者为基础，给读者充分的自由，最大限度地减少读者获取信息资源的成本，把读者从繁杂的手续和规定中解放出来，并增加读者和文献的安全性，减轻图书馆工作人员的工作强度，提高工作效率，降低运行成本，从而大大提高图书馆的管理效率和服务质量，为读者营造一个宽松、便利、高效的学习环境。门禁系统可以让图书馆工作人员掌握各个时间段图书馆访问人流量、进出图书馆的读者信息，从性别、专业、班级等多角度进行读者访问统计，并根据统计结果分析图书馆资源和管理的合理性，加强学校的整体学风建设，为图书馆的发展提供科学的决策依据，有效提升图书馆现代化管理水平，最大限度地发挥图书馆的利用效率。

一、门禁系统的工作原理、特点和功能

（一）门禁系统的工作原理

门禁系统由物理系统和软件系统构成。物理系统通过 IC 卡及条码卡等读

取卡中的有关数据与读者数据进行校验，因此物理系统能有效地决定是否放行，同时生成读者进馆记录，并传送至后台主数据库。门禁系统在后台电脑系统不能正常运作时，有应急开门功能。门禁的软件系统结构是一个客户端/服务器的模式，相互交换的过程体现了门禁系统信息管理平台的功能性。

（二）门禁系统的特点

1．闸机自动读卡

读者持卡由闸机刷卡时闸机自动读取识别，并与闸机和门禁管理计算机做有效性检验，有效卡则闸机开门放行，无效卡则闸机关门禁止通行。整套门禁系统（包括设备）由两部分组成：一部分为物理设备，即通过刷卡进出的闸机；另一部分则是安装在计算机上的软件产品。

2．识别校园卡

闸机可以识别条码卡和IC卡，其主要原理为通过其条码阅读器或IC卡读卡器获取刷卡读者的信息，再将此信息通过串行线或网线送到闸机监控电脑，闸机监控电脑则通过与数据库中有效的读者信息进行比对，并及时反馈到闸机上。

3．与图书馆自动化集成系统连接

门禁系统软件产品分两部分：一部分是闸机监控软件，它安装在闸机监控电脑上，主要用来设置闸机的工作参数，控制闸机的运行、停顿，监控进入人员等；另一部分是用于更新数据库信息和进行统计报表的软件，主要用来更新数据库中的读者信息，包括添加、修改、删除记录，以及生成、打印报表和图表等。所有门禁闸机均可与图书馆自动化集成系统连接，数据由门禁管理机集中管理，并及时反馈到图书馆自动化管理系统上。

（三）门禁系统的功能

1．身份验证功能

门禁系统能对校园IC卡和条码借书证进行验证，有效鉴别读者身份，拒绝非图书馆服务对象进入，并能在后台管理系统中根据所设条件统计入馆读者数量，查询读者的入馆记录。

2．信息的采集、记录和处理功能

门禁系统可实现读者进馆时的自动控制管理，对进馆读者进行数据采集和统计分析。其后台管理系统可以采集入馆读者的详细信息、进馆的详细记录及相关情况，能按姓名、类别、进馆时间、单位、部门等条件分别进行查询或统计，并可生成报表，以便备档。

门禁系统能进行灵活的参数设置和运行模式设置，对闸机进行有效卡的通过时间、重复刷卡间隔时间、闸机模式以及运行状态等相关参数的设置，如验卡后等待时间、同一卡重复验卡时间等，以保证闸机高效而稳定地运行。

二、图书馆使用门禁系统的作用

随着图书馆设备的不断更新，无论是在图书馆管理方面，还是在图书馆安全性方面，门禁系统都发挥着越来越大的作用。

1. 有利于提高图书馆的管理效率

（1）门禁系统具有自动识别功能，闸机能自动读卡、验卡和放行通过，降低了图书馆工作人员的工作强度，提高了工作效率。

（2）在门禁系统的出口通道设置磁探装置，并为每本书装上可充消的磁针，这样只需在图书馆大厅设置一个流通综合工作台，办理或挂失读者证、读者事务咨询、借还图书等图书馆传统业务都可以在一个台面上完成，简化了工作程序，节约了人力。

（3）经过身份确认的读者在进入图书馆之后，有充分的自由空间使用图书馆的各种资源。门禁系统的管理计算机负责闸机读卡数据的接收、有效性检验，以及对读者进馆记录的产生、存储和统计查询，为图书馆合理配置资源提供了有力的依据，从而提高了图书馆资源的利用率，进一步提高了图书馆的工作效率和管理效能，增强了图书馆的信息管理功能，促进了图书馆的现代化科学管理。

（4）门禁系统还可以对借阅证的有效期限进行严格管理。门禁系统应用前，读者持证件进馆借阅时，图书馆工作人员往往需要一一查看每张证件是否有效，不仅工作量大，还会产生遗漏。门禁系统启用后，每天会启动一个程序去验证证件的有效性，并对过期证件设置标志，这样持过期证件的读者就不能进入图书馆，从而避免了由此可能产生的漏洞，既完善了图书馆的管理体系，又增加了图书馆的安全性。

2. 有利于采取有针对性的读者服务

门禁系统具有很强的统计功能，可以实时采集进馆人员的相关数据，产生详细进馆记录。图书馆工作人员可以通过设定日期、时间段、读者类型、工作单位等各种属性作为统计条件，形成各种报表数据，并能针对到馆的读者类型，结合他们利用文献的具体情况，提供更加有针对性的文献资源服务。

门禁系统启用后，整个图书馆硬件环境都会得到改善，读者服务工作的重点转向于提供更加人性化、更加宽容、更加友善的服务，最大限度满足读者的需求，做好图书馆各项业务工作。这样便吸引更多的读者利用图书馆，提高了图书馆资源的利用率。

3. 增强图书馆的安全性

门禁系统也承担了一份重要的守卫工作。门禁系统启用之前，任何人都可以自由进出图书馆，不留下任何记录，即使有的图书馆安装了监控设备，但监控设备留下的只是影像数据信息，不能很快确定人员的姓名、借阅证号等具体信息，这无疑给图书馆带来了一定的安全隐患。启用门禁系统后就可以对进馆读者进行有效的身份鉴别。读者持有效证件在闸机上刷卡验证后，闸机打开扇门放行；对于无证件及持无效证件的读者，扇门关闭，使其无法通过闸机进入图书馆。这就在一定程度上杜绝了一些非安全因素的发生。

另外，门禁系统具有高度的稳定性和可靠性，具有防破坏功能。如果出现设备故障或网络中断，不会影响其他设备的正常工作，整个系统仍可正常通信。此时数据库会收到报警信息，提示设备损坏或网络连线的断路，系统可以脱机运行，正常记录所有进馆人员的详细资料，包括姓名、单位、入馆时间等信息；系统恢复正常运行后，信息会自动上传，操作人员只能在授权的权限内操作，每个点的正常开启和非法开启都由数据库中心电脑记录，且系统对操作人员的每一步操作均可自动记录，以备查询，确保门禁系统的正常运行。

基于上述优势，门禁系统在北京奥运会安保期间也发挥了良好的作用。

4. 为管理层提供决策支持

门禁系统的数据统计功能可以为图书馆管理层提供决策支持。该系统能非常精确地记载每天通过闸机读者的详细信息，图书馆可以及时掌握读者流量，了解读者的到馆率，并能根据所设条件统计读者详尽的各类数据，包括每天读者的进馆人数、进馆高峰期、进馆人员的身份等，这就为图书馆构建了一个准确了解进馆人员详细信息的资料库，为图书馆管理层进行相关决策提供了一个真实可靠的数据参考。

5. 使读者服务模式得到改进

图书馆启用门禁系统，引入国外图书馆管理的最新理念——开放式管理、自助式服务模式，以尊重和信任读者为基础，打破过去的分段式管理模式，给读者充分的自由空间，为读者提供一套借阅合一、高效便捷的服务方式，最大限度地为读者获取信息资源提供便利，从而营造一种“人在书中，书在人中”的学习环境。

门禁系统利用非接触式 IC 卡一卡多用的特点对读者进行管理，配合刷卡系统，将 IC 卡的应用与图书馆自动化集成系统结合起来。一张 IC 卡将读者进馆、借阅和上机合为一体，服务过程省时方便，体现了图书馆严格高效、安全可靠的管理方式。

三、校园一卡通与门禁系统

校园一卡通是基于智能卡物联网技术和计算机网络技术的校园管理统一身份认证系统。通过共同的身份认证机制，实现数据管理的集成与共享，使校园一卡通系统成为校园信息化建设的有机组成部分。

校园一卡通是校园提升管理水平的一种方式，是数字化校园建设的重要组成部分，可以与学校管理信息系统、图书馆自动化集成系统和门禁系统良好地衔接，在一张 IC 卡上实现人员管理、图书借还管理、门禁管理、个人消费等功能的集成。

基于校园一卡通的门禁系统最根本的需求是“信息共享、集中控制”，因此系统的设计不是各单个功能的简单组合，而是从统一网络平台、统一数据库、统一身份认证体系、数据传输安全、各类管理系统接口、异常处理等软件总体设计思路的技术实现考虑，使各管理系统、各读卡终端设备综合性能的智能化达到最佳系统设计。

要实现校园一卡通与图书馆门禁系统的集成，就必须明确校园一卡通承载的功能及非接触 IC 卡和非接触式 IC 卡读卡器的技术原理。目前国内校园一卡通系统均采用非接触式 IC 卡，必须根据学校所采用的非接触式 IC 卡类型，确定图书馆门禁系统所用读卡器的类型。为满足学校的管理需求，门禁系统除了实现持卡人进出权限的管理功能外，还具有事件存储、事件报警、实时监控等功能，图书馆工作人员可对各种时间点和时段的定义、出入等级控制、卡片等级控制等项目进行设置。同时，系统还具备电子地图、夏季和冬季作息时间的自动转换、记录存储、时间程序管制、顺序处理、双向管制及防跟随防反转、首卡进入自动开启、高度自检、多级操作权限密码设定、远程监控、联动控制、双机热备等功能，大大减轻系统维护人员的工作量。

第三节　安防监控系统

随着多媒体技术和网络技术的迅猛发展，在全球数字化浪潮的影响下，数字化校园建设受到人们的广泛关注，全国各地的学校正在从各个方面开展数字化校园建设。

图书馆作为学校文献信息中心，是学校师生学习的重要场所。图书馆有别于学校其他公共设施，除了对防火防盗进行监控外，需要更加多元化、现代化和智能化的安防监控系统，以应对海量馆藏资源和密集人流给图书馆综合管理带来的巨大挑战，助力现代智能图书馆建设发展。校园安防监控系统的推广和应用，为图书馆的安全防范管理提供了完善的解决办法。

一、系统设计与组成

智能安防监控系统采取模块化设计和一体化集成，按照需求重点构建五大模块：视频监控、人员管理、运维管理、传输网络和存储中心。

（一）视频监控模块

总控端：负责对分控端分散区域高清监控点接入、显示、存储、设置等，主要部署核心交换机、视频综合平台、大屏显示器、CVR、客户端、视频质量诊断服务器等。

分控端：负责对前端分散区域高清监控点接入、存储、浏览、设置等功能，主要部署接入交换机、客户端等。

前端：主要负责各种声视频信号采集。通过部署网络摄像机、球机等设备，将采集到的信息实时传送至各个监控中心。

传输网络：整个传输网络采用接入层和核心层两层传输架构设计。前端网络设备就近连接到接入交换机，接入交换机与核心交换机之间通过光纤连接。

视频存储系统：采用集中存储方式，减少存储服务器和流媒体服务器数量，确保系统架构稳定性。

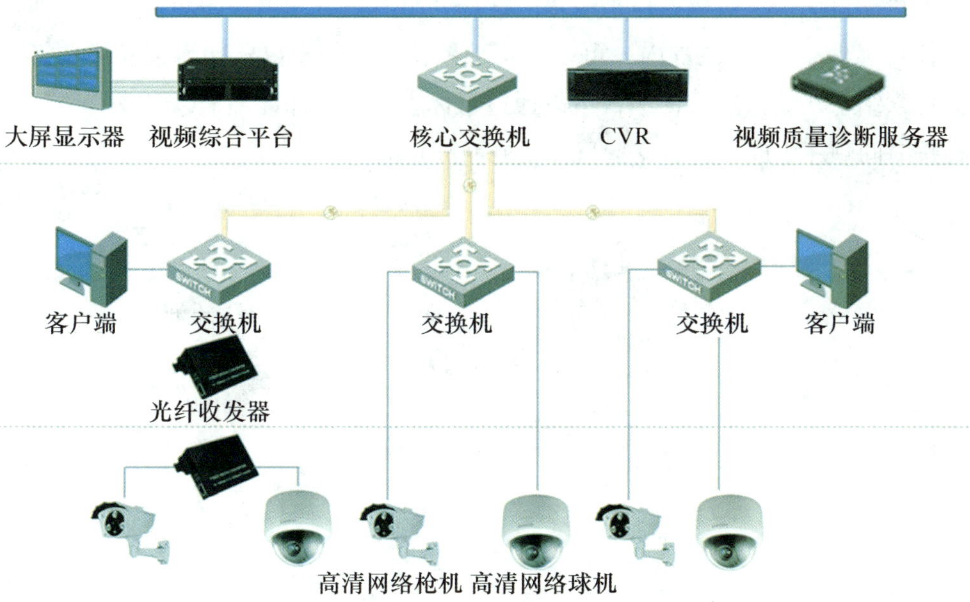

图 6-3-1　视频监控模块

（二）人员管理模块

人员管理模块由三个子系统构成：人脸管理、人员特征、行为分析。

人脸管理子系统主要由前端抓拍机和中心智能分析服务器组成。前端抓拍机通过网络就近接入监控专网，对监管区域内所有行进人员进行人脸抓拍，中心智能分析服务器通过对人脸的识别、分析、建模，可实现黑名单布控报警、人脸比对、人脸照片查询等功能。

人员特征子系统主要由前端高清摄像机和中心视频分析服务器组成。前端高清摄像机负责图像采集；中心视频分析服务器负责数据结构化分析，实现人员属性和特征分析，便于对目标进行快速检索和定位。

行为分析子系统主要通过对重要区域布防设定，如有人进入该区域或在该区域徘徊走动即报警联动对应视频弹出。该模块主要具有以下几大功能：（1）人员检索，模块可以按照人员性质和人员特征进行详细检索，可以按照人员照片或者图片进行目标检索。（2）重要目标监控，模块可以对重要目标进行布控，可以直接通过搜图获知目标近期活动情况。（3）轨迹跟踪，模块支持查看目标的运行轨迹。如果监控目标处于 GPS 范围内，可以展示地图位置。（4）目标追踪，模块根据检索结果，详细列出监控目标出现的历史片段。如果监控目标处于 GPS 范围内，可以展示地图位置。（5）目标建库，模块支持根据检索结果建立监控目标库，可以通过目标库查看目标详细信息。支持多个目标按时间顺序生成轨迹，支持目标轨迹回溯查询。

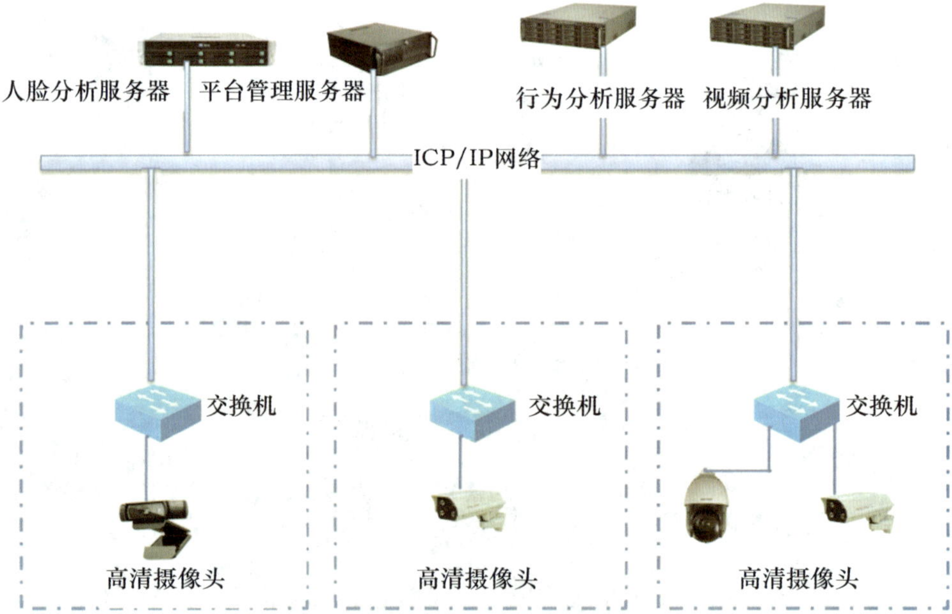

图 6-3-2　人员管理模块

（三）运维管理模块

目前，现有的运维管理模块和设备维护管理难度较大，人工检测和处理时间长、工作量大、成本高，严重影响安防监控系统的有效使用。布防智能安防监控系统需要提高运维管理效率，建设智能视频监控诊断系统，满足轻量化、自动化、智能化的安防需求。

运维管理模块紧密结合现实需求，采用后端集中处理方式，通过在中心机房中架设诊断分析仪和客户端管理平台，实现对前端设备视频质量的诊断，对视频图像的清晰度、噪声干扰、亮度异常、画面冻结、视频丢失、云台失控等常见摄像机故障进行检测，对系统服务情况和运行情况进行管控。

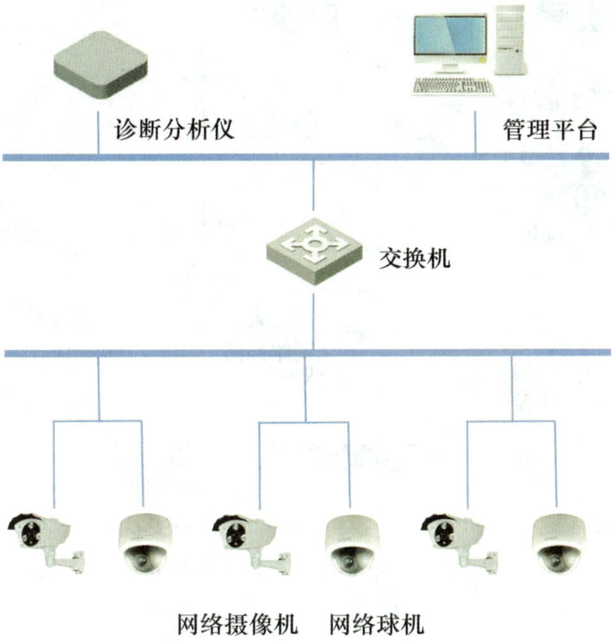

图 6-3-3　运维管理模块

（四）传输网络模块

传输网络模块设计主要考虑以下几方面：（1）采用主流网络技术，提高网络传输性能，延长网络生命周期，方便维护管理；（2）按照扁平化设计方法，采用核心层和接入层双层结构；（3）按照模块化、结构化、一体化原则设计，保持良好的延展性和兼容性；（4）提高网络安全防护性能，严防各类安全隐患。

传输网络模块的主要作用是接入各类监控资源，为中心管理平台的各项应用提供基础保障，以更好地服务各类用户。传输网络模块如图 6-3-4 所示。

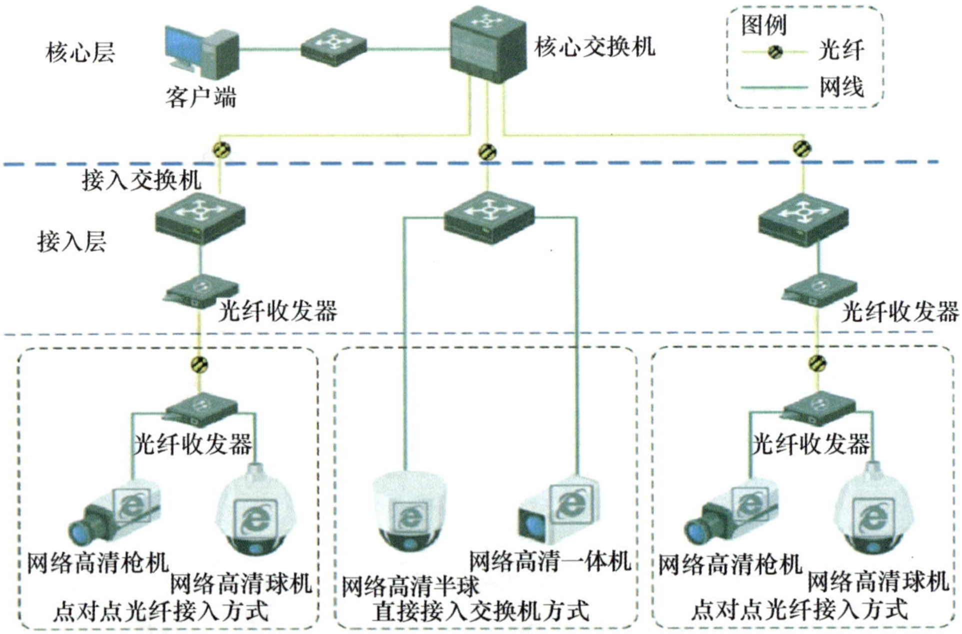

图 6-3-4　传输网络模块

核心层：主要设备是核心交换机，是整个网络的大脑。核心交换机配置性能必须要高，应该具备双电源、双引擎，摒弃双核心交换机部署方式，重视背板带宽及处理能力。

接入层：前端网络采用独立 IP 地址网段，实现前端多种监控设备互联。前端视频资源通过 IP 传输网络接入监控中心或者数据机房进行汇聚。接入方式依据实际情况采取点对点光纤接入（远距离传输）或交换机直接接入（近距离传输）。

（五）存储中心模块

存储中心模块建设采用数字直存方式，该模块支持前端解码，网络录像数据和视频数据直接写入存储系统，能提供更优化、更可靠和高性能的监控存储服务。

数字直存具有以下几方面优势：(1) 节约建设成本。该存储模式支持前端直接存写，可节约大容量存储服务器成本；通过子码流录像和抽帧存储，节省近一半的存储容量空间。(2) 提高工作效率。该存储模式下的数据流无需打包，可即时回放、快速定位、高效检索；采用专用数据管理结构，规避因长期循环产生的碎片文件而引起系统性能下降的问题。（3）提升安全性能。该模式采用存储设备集群，如一台或多台设备出现故障，其他机器自动接管故障设备业务，保证系统业务不间断；多盘容错系统确保阵列坏盘时，录像监控业务不间断，视频数据可持续写入；多重数据备份功能加强数据流的安全性；智能补录功能确保前端与数据中心网络异常时，前端设备能自动录像，网络恢复后自动回传到数据中心，保证数据完整性。

二、系统功能与实现

（1）实时监控。支持单画面或多画面显示实时视频图像；支持手动切换、自动切换和视频自动复位功能；支持图像的电子放大和 3D 放大功能；支持对前端云台镜头全功能控制。

（2）定位查询。支持分组管理；支持在监控视图、录像回放、监视屏控制等模块模糊查询和监控点快速定位；支持系统按照设定规则，在指定操作终端进行自动监控图像显示；支持进行分组和分时轮巡。

（3）录像回放。支持单画面、多画面、快进、剪辑、抓帧、下载等操作；支持即时回放、常规回放、事件回放、分段回放；支持录像回放定位到秒级。

（4）抓拍功能。实时监看视频图像或回放视频录像时，如发现可疑行为或重要线索等，可选择单张抓拍或者连续抓拍（连续抓拍支持按帧抓拍和按时间抓拍）。

（5）视频加密。对个别特殊监控画面具备保密功能；对安装在某些特定场所的监控画面，可以通过隐私功能遮挡。

（6）远程控制。能够实现对前端云台镜头全功能远程控制；支持对摄像机设置长时间驻留预置。

（7）告警管理。支持系统所有告警消息接收；支持接收报警信息按接收时间从晚到早列表显示，能按警情级别优先显示重要警情；支持多种告警联动。

（8）用户管理。支持管理系统对所有用户的添加或删除、权限分配等操作；支持用户组划分；支持精细化权限设定；支持自动同步功能。

第四节 消防报警系统

消防报警系统，又称火灾自动报警系统，由触发装置、火灾报警装置、联动输出装置和具有其他辅助功能的装置组成。它具有能在火灾初期，将燃烧产生的烟雾、热量、火焰等物理量，通过火灾探测器变成电信号，传输到火灾报警控制器，并同时显示火灾发生的部位、时间等功能，使人们能够及时发现火灾，并采取有效措施，扑灭初期火灾，最大限度地减少因火灾造成的生命和财产的损失。

一、消防报警分类

1．火灾报警

火灾报警控制器一般可以联动各种类型的触发器，如温感触发、烟雾触发等，并且在每层楼均安装信息显示器，方便工作人员操作掌控。

2．红外报警

对于夜间红外监控系统报警装置，一般配置四种报警触发联动：（1）报警喇叭。当红外监控系统触发时，位于监控间和一楼大厅的喇叭不断响起，提醒图书馆工作人员有情况发生。（2）联动电话自动拨号器。该拨号器可同时拨出四组预存号码，并将预存录音传送给接听者。（3）联动触发本区域范围内的灯光。一旦某区域内有物体通过，该区域内的灯光将亮起，给可疑人员以警示，并为录像联动提供条件。（4）录像联动。配置于该区域内的云台或半球摄像机在灯光亮起后自动对该区域进行摄像，并将情况录制于硬盘录像机。

3．空调报警

系统主机房对温度的要求非常高，低于或高于正常温度对设备的危害都很大，因此可利用安装的空调智能控制器对高温或低温进行报警，同时配备电话自动拨号器，提醒有关工作人员排查空调故障。

二、火灾自动报警系统

火灾自动报警系统在图书馆安防系统中占最重要的地位。火灾自动报警系统包括火灾探测报警系统、消防联动控制系统、电气火灾监控系统和消防设备电源监控系统。

（一）火灾探测报警系统

1．火灾自动报警探测器

火灾探测器是火灾自动报警系统的“感觉器官”，它的作用是监视环境中有没有发生火灾。一旦有了火情，就将火灾的特征物理量（如温度、烟雾、气体和辐射光强等）转换成电信号，并立即向火灾报警控制器发送报警信号。

常见的火灾自动报警探测器是感烟探测器和感温探测器。

感烟探测器是一种响应燃烧或热解产生的固体或液体微粒的火灾探测器，是使用量最大的一种火灾探测器。因为它能探测物质燃烧初期产生的气溶胶或烟雾粒子浓度，因此，有的国家称感烟火灾探测器为“早期发现”探测器。常见的感烟探测器有光电型和离子型两种。

光电型感烟探测器上有发光元件和光敏元件。平时发光元件产生的光亮直接照射在光敏元件上，以此维持光敏元件的正常电阻值，保证电路运行正常。火灾发生时，烟雾进入光电型感烟探测器，对发光元件产生的光亮起到阻隔作用，导致照射在光敏元件上的光亮减少，改变光敏元件的电阻值，最终导致电路运作电流发生异常，从而发出报警信号。

离子型感烟探测器上有内外电离室。外电离室通过空气孔与外界连通，火灾初期的烟雾可以进入外电离室，但内电离室是密封状态的，烟雾无法进入。火灾发生时，在外电离室的烟雾粒子会对内电离室的带电粒子产生干扰，令带电粒子的运行产生异常，导致电流和电压发生变化，从而发出报警信号。

感温探测器是对警戒范围中某一点或某一线路周围温度变化时响应的火灾探测器。它将温度的变化转换为电信号以达到报警目的。根据监测温度参数的不同，一般用于工业和民用建筑中的感温探测器有定温式、差温式、差定温式三种。

定温式探测器是在规定时间内，火灾引起的温度上升超过某个定值时启动报警的火灾探测器。它有线型和点型两种结构。其中线型定温式探测器是当局部温度上升达到规定值时，可将绝缘物熔化使导线短路，从而发出报警信号。点型定温式探测器利用双金属片、易熔金属、热电偶热敏半导体电阻等元件，在规定的温度值上发出报警信号。

差温式探测器是在规定时间内，火灾引起的温度上升速率超过某个规定值时启动报警的火灾探测器。它也有线型和点型两种结构。线型差温式探测器根据广泛的热效应而动作，点型差温式探测器根据局部的热效应而动作，主要感温器件是空气膜盒、热敏半导体电阻元件等。

差定温式探测器结合定温和差温两种作用原理，并将两种探测器结构组合在一起。差定温式探测器一般是膜盒式或热敏半导体电阻式等点型组合式探测器。

2．手动火灾报警按钮

手动火灾报警按钮是火灾报警系统中的一个设备类型。当发生火灾时，在火灾探测器没有探测到火灾的时候，图书馆工作人员可按下手动火灾报警按钮，报告火灾信号。正常情况下，用手动火灾报警按钮报警时，火灾发生的概率比火灾探测器要高得多。通常情况下，图书馆各楼层公共活动场所出入口、疏散楼梯出入口、电梯厅或其他主要通道等经常有人通过的地方都会设置手动报警按钮。

3．火灾报警控制器

火灾报警控制器是火灾自动报警系统的心脏，是火灾报警系统的核心组成部分。它为火灾探测器提供稳定的工作电源，监视探测器及系统自身的工作状态，接收和处理火灾信号并启动相应的火灾警报装置，同时指示发生火灾的部位并记录相关信息。控制器在火灾报警状态下由火灾声光报警器控制输出。控制器可设置其他控制输出，用于火灾报警传输设备和消防联动设备等设备控制，每一控制输出都对应一个手动直接控制按钮。控制器在发出火灾报警信号后 3 秒内启动相关的控制输出（有延时要求时除外）。控制器能手动消除和启动火灾声光报警器的声警报信号，消声后，有新的火灾报警信号时，声光报警信号仍能重新启动。

4．火灾声光警报器

火灾声光警报器适用于产生火灾报警现场的声音报警和闪光报警，尤其适用于报警时能见度低或事故现场有烟雾产生的场所。图书馆内各楼层的楼梯口、消防电梯前室、建筑内部拐角处等明显部位都应设置声光警报器。由于声光警报器不能影响疏散设施的有效性，所以其不能安装在与安全出口指示标志灯所在的同一面墙上。市场上的声光警报器的产品工作原理不同，中小学图书馆应根据具体产品的生产厂家提供的声压级不小于60dB的安装距离指标，确定火灾声光警报器的安装距离。

5．区域报警系统

一个报警区域一般设置一台区域火灾报警控制器或一台火灾报警控制器，系统中区域火灾报警控制器或火灾报警控制器不应超过两台。区域火灾报警控制器或火灾报警控制器应设置在有人值班的房间或场所，系统中可设置消防联动控制设备。当用一台区域火灾报警控制器或一台火灾报警控制器警戒多个楼层时，应在每个楼层的楼梯口或消防电梯前室等明显部位设置识别着火楼层的灯光显示装置。

6．集中报警系统

系统中一般设置一台集中火灾报警控制器和两台及以上区域火灾报警控制器，或设置一台火灾报警控制器和两台及以上区域显示器。集中火灾报警控制器或火灾报警控制器能显示火灾报警部位信号和控制信号，亦可进行联动控制、集中火灾报警控制器，一般设置在有专人值班的消防控制室或值班室内。集中报警系统的核心部分也就是集中报警控制器，应设置于图书馆消防控制室。集中报警控制器为中控枢纽，管理着若干子系统，包括智能式火灾集中报警控制器、火灾应急广播装置、消防通信、消防专用电话总机、联动控制柜、漏电火灾报警控制主机、交流电源、直流电源等。智能式火灾报警控制主机是系统的控制核心，负责系统主要的火灾报警控制任务。

7．控制中心报警系统

系统中一般至少设置一台集中火灾报警控制器、一台专用消防联动控制设备和两台及以上区域火灾报警控制器，或至少设置一台火灾报警控制器、一台消防联动控制设备和两台级以上区域显示器。控制中心报警系统应能集中显示火灾报警部位信号和联动控制状态信号。

（二）消防联动控制系统

消防联动控制系统设计既要注意联动控制功能，保证联动控制柜与智能式火灾集中控制系统形成一个整体，又要注意联动控制动作的设置部位，确保火灾发生时，动作部分迅速发挥联动效应。

具体而言，联动控制动作流程如下：报警接收器发出报警动作，集中报警控制器确认火灾区域，联动气体灭火系统识别配电房等区域是否起火，消防供水系统启动喷淋泵，防排烟系统启动正压送风机并关闭其他风机，漏电火灾控制系统切断非应急电源，电梯控制系统令消防电梯降至首层（切断其余电梯），消防广播切换应急广播指导逃生，防火卷帘系统降火灾区域卷帘（隔绝该区域），门禁系统让所有的逃生通道的门禁失效。之后，进一步确认灾情是否解除。如果灾情解除，手动复位集中报警控制器，救灾活动完成；如果依然存在火灾区域，则要继续确认火灾区域，重复上述联动过程。

值得注意的是，在集中报警控制器确认火灾区域以后，联动控制系统所有动作都是在同一时间发出的。当消防联动控制系统发挥作用以后，可以尽快控制住火势，将损失降到最低。

1．消防联动控制器

消防联动控制器是消防联动控制系统的核心组件，通过接收火灾报警控制器发出的火灾报警信息，按预设逻辑对建筑中设置的自动消防系统（设施）进行联动控制。消防联动控制器可直接发出控制信号，通过输出模块控制现场的受控设备（如防排烟设备、消防给水设备）；对于控制逻辑复杂且在消防联动控制器上不便实现直接控制的情况，可通过消防电气控制装置（如防火卷帘控制器、气体灭火控制器、防火门监控器等）间接控制受控设备，同时接收自动消防系统（设施）动作的反馈信号。

2．湿式自动喷水灭火系统

湿式自动喷水灭火系统是目前世界上使用最广泛的固定式灭火系统。它是由洒水喷头、报警阀组、水流报警装置（水流指示器或压力开关）等组件，以及管道、供水设施组成，并能在发生火灾时喷水的自动灭火系统。一般图书馆的火灾自动报警系统通过连锁控制方式、联动控制方式、手动控制方式三种控制方式与湿式自动喷水灭火系统进行联动控制。

3．消火栓灭火系统

消火栓灭火系统是最常用的灭火系统。它由消防给水基础设施、消防给水管网、室内消火栓设备、报警控制设备及系统附件等组成。一般图书馆的火灾自动报警系统通过连锁控制方式、联动控制方式、手动控制方式三种控制方式与消火栓灭火系统进行联动控制。

4. 气体灭火系统

图书馆的高低压变配电房、弱电机房、发电机房和周转书库设置气体灭火系统。这些独立功能房的气体灭火系统由专用的气体灭火控制器控制，发出在实施灭火各阶段的全部联动控制信号。气体灭火系统是火灾自动报警系统中相对独立的一个子系统，通过总线输入模块的方式，把气体灭火装置启动和喷放各阶段的联动控制及系统信号反馈至消防联动控制器。

5. 防烟排烟系统

烟气是火灾造成人员伤亡最主要的原因，因为发生火灾时，物质的燃烧会产生大量的有毒烟气。因此，防烟排烟系统的设计是人员生命安全的重要保证。一般图书馆的地下车库、报告厅、阅读区和门厅等场所采用机械排烟方式，走廊、楼梯间前室和楼梯间等场所采用机械加压防烟方式。

6. 防火门及防火卷帘系统

防火门和防火卷帘是建筑内防火分隔物，可以有效阻止火势蔓延、烟气扩散，同时是人员安全疏散、消防员扑救火灾的重要通道。一般图书馆在人员主要的疏散通道出入口的防火门设置防火门监控器，把防火门的状态信息通过总线模块的方式反馈至消防控制室。在中庭与楼层的开口部位、自动扶梯的周围设置防火卷帘控制器，通过总线模块的方式控制防火卷帘下降，并把防火卷帘的状态信息反馈至消防控制室。

7. 消防应急广播系统

消防应急广播系统主要用于向现场人员通报火灾发生，指挥并引导现场人员疏散。火灾发生时，可在消防控制室通过手动或按预设控制逻辑联动控制选择广播分区、启动或停止应急广播系统。

（三）电气火灾监控系统

在消防控制室设置电气火灾监控器，接收电气火灾监控探测器的报警信号，发出声、光报警信号，指示报警部位，记录并保存报警信息。它还能提醒专业人员排除电气火灾隐患，避免电气火灾的发生。

（四）消防设备电源监控系统

在消防控制室设置消防设备电源监控器，接收传感器对消防设备的主电源和备用电源的实时检测，从而判断设备电源是否发生过压、欠压、过流、断路、短路或缺相等故障，并在消防设备监控设备上实时显示，发出声光报警信号，指示报警部位，记录并保存报警信息，从而有效地保证火灾发生时消防联动控制系统的可靠性。

火灾探测报警技术是火灾预防技术的重要内容。随着城市现代化的发展，各种新技术、新材料、新装备的不断采用，城市抗御火灾的综合实力不断增强。火灾自动探测报警技术集计算机技术、微处理器技术、电子技术、控制检测技术、现场总线技术、通信技术、人工智能技术、网络技术于一体，具有速度快、精度高、实时性好、可直接与城市119消防中心的计算机联网等突出优点，充分体现了火灾自动报警系统以预防为主、火灾监测、早期报警的特点，为及时发现火情、及时控制火情、有效保护人民生命和财产安全发挥着巨大的作用。

参考文献

[1] 张红权．试论门禁系统在高校图书馆安防系统中的作用[J]．课程教育研究（新教师教学），2013（3）：37．

[2] 王君．图书馆管理中计算机安全技术及防护措施的应用[J]．信息与电脑（理论版），2014（3）：63-64．

[3] 余娟．图书馆门禁系统与管理平台的信息分析——以信阳师范学院图书馆为例[J]．现代交际，2017（20）：97-98．

[4] 张玉，郭红丹．基于iButton技术的高校图书馆门禁系统的设计[J]．民营科技，2017（5）：17．

[5] 张正柱．基于指纹识别的图书馆门禁及读者分析系统设计[J]．绵阳师范学院学报，2018（2）：102-106，113．

[6] 钱海钢．图书防盗技术发展历史及其反思[J]．图书馆论坛，2018（7）：16-23．

[7] 杨春玲．基于RFID技术的图书馆图书借阅与防盗系统设计解决方案[J]．电子测试，2014（7）：18-20．

[8] 马艳秋．高校图书馆防盗报警系统[J]．现代交际，2012（8）：104．

[9] 马艳秋，李舸民．高校图书馆安防监控系统工程建设[J]．科技情报开发与

经济，2011（36）：18-20.
[10] 李晋．高校图书馆智能安防系统设计与实现[J]．河南科技，2018（1）：18-20.
[11] 朱雷．高校图书馆数字化安防综合监控系统的规划及实现——以中南大学医学图书馆为例[J]．情报探索，2008（10）：125-126.
[12] 沈铮，郑振容．图书馆安防系统数字化应用探讨[J]．情报探索，2006（9）：64-65.
[13] 尤玉鸿．试论高校图书馆火灾自动报警与消防联动系统的设计[J]．数字化用户，2017（43）：138.
[14] 张福生，陈杰渝．高校图书馆安防系统构建——以北京体育大学图书馆为例[J]．大学图书馆学报，2009（1）：56-59.
[15] 李南．图书防盗系统在书刊流通管理中的应用探析[J]．激光杂志，2012（4）：44.
[16] 龚胜宇．基于RFID技术的图书馆三维防盗检测系统的设计与研究[D]．合肥工业大学，2012.
[17] 薛文婷，袁悦．门禁系统身份识别技术综述[J]．中国科技信息，2019（Z1）：22-23，14.

思考题

1. 图书防盗系统常用哪几种方法实现？各有什么技术特点？
2. 门禁系统的主要作用有哪些？
3. 安防监控系统包括哪些内容？
4. 火灾自动报警系统包括哪些内容？

第七章

中小学数字图书馆发展与展望

第一节 中小学数字图书馆未来发展趋势

“信息高速公路”对中小学数字图书馆工作的影响目前已有所表现，但更加深远的影响将在今后较长的一段时期逐渐显现出来。在这里，我们将对中小学数字图书馆未来发展趋势作一个初步预测。

第一，中小学数字图书馆的地位将得到进一步提高。随着科技、社会的发展对教育事业的影响，未来的教育观念和教育手段将发生根本性的变化。中小学教育将从应试教育转变为素质教育，传统的过于重视课堂教学的中小学教育模式将被新的教育模式取代，中小学生自学能力、独立解决问题能力的培养将受到重视，以图书馆、课外兴趣小组为代表的第二课堂将发挥突出作用。

在培养学生自主学习能力和独立解决问题能力的过程中，图书馆的作用不可忽视。在新的教学模式中，教师要改变“满堂灌”的教学方法，鼓励学生针对教师提出的各种问题，利用数字图书馆中的信息资源去独立解决。

未来的信息社会对中小学教师的素质也提出更高的要求，教师必须树立终身学习的观念，才能适应社会飞速发展的现实；现代化教育大量采用新的教学技术和手段，国内外先进教育理论和方法的不断涌现，都要求教师充分利用图书馆的信息和资源。因此，中小学数字图书馆的作用将日益受到重视。

第二，中小学数字图书馆的存在形式将发生重大变化。随着“信息高速公路”的建设，中小学数字图书馆将改变目前封闭的现状，将出现没有围墙的虚拟图书馆，每个中小学数字图书馆都将成为互联网络上的一个节点。

第三，读者使用图书馆的方式将发生重大变化。中小学数字图书馆的读者今后可能不必到图书馆就能享受图书馆的服务，他们在家中、教室或办公室，利用网络终端不仅可以使用本校图书馆的信息资源，而且可以使用网络上其他图书馆的信息资源和网络上可以实现资源共享的任何信息。

中小学数字图书馆的读者所阅读的文献资源，将包括电子图书、多媒体资源、网络资源等数字资源。它们图、文、声并茂，具有交互式功能，不仅能阅读，还能看电影、听音乐、做游戏，能大大激发读者的兴趣。

第四，中小学图书馆工作人员的性质和任务也将发生重大变化。中小学图书馆工作人员的工作任务将不再局限于简单的图书流通阅览。他们要积极参与到中小学数字图书馆网络建设中去，开展信息资源布局和资源共享工作，为读者使用网络和各类数字资源提供咨询服务和辅导；还要开发、筛选网络上的各种信息资源，提供给中小学师生。因此，未来的中小学图书馆工作人员将成为信息开发人员、信息咨询人员，成为中小学教师队伍的重要组成部分。

工作性质和任务的新变化对未来中小学图书馆工作人员的素质也提出了更高的要求。他们必须掌握先进的信息技术，必须具有综合性的知识结构，必须在掌握教育学、心理学理论和方法的基础上牢固树立服务观念，才能在飞速发展的信息时代做好图书馆工作。

第二节　数字资源成为服务的主角

数字资源是文献信息及其载体与以计算机网络技术、存储技术、多媒体技术为主的现代高新信息技术相结合的产物。随着信息社会的迅猛发展，信息需求不断扩大和升级，信息技术不断更新换代，数字资源以其独特的风格与魅力，日益显露出勃勃生机，并广泛地渗透到社会政治、经济、科教、文化、生活等各个领域，已产生或正在产生深刻的影响。它强大的生命力，不仅给传统文献造成冲击，同时也给数字图书馆带来机遇和挑战。

一、数字资源将占据文献载体的主导地位

数字资源是近十年才出现的新鲜事物，也是信息社会文献载体形成、发展和进化的必然产物，在海量存储、检索便捷、传播速度快等许多方面显示出绝对的优势，正以惊人的速度发展。近十年来电子报纸、电子期刊、电子图书、特种文献的数字化，足以说明其巨大的发展前景。

目前，许多著名出版公司或期刊代理公司都在出版数字文献或组织开发网络版期刊全文数据库。如世界最大的科技出版商 Elsevier 公司的 Science Direct 全文数据库收录学术期刊 2500 余种；我国清华同方电子杂志社出版的《中国学术期刊》有光盘版和网络版，收录国内学术期刊 8000 余种，全文文献总量 5500 余万篇；我国万方数据知识服务平台的中国学术期刊数据库收录 8000 余种期刊，其中包括核心来源期刊 2300 种。

检索性期刊的电子版现已基本取代纸质文献，如美国 ISI 公司的 SCI 引文索引数据库和数据库集成系统 Web of Science，美国 Silver Platter 情报服务公司与美国国立医学图书馆共同研制的 MEDLINE 光盘数据库，美国研究

图书馆学会出版的电子期刊、快报和学术会议网上目录等。我国比较典型的数据库有中文科技期刊数据库、全国报刊索引数据库、人大复印报刊资料数据库等。

工具书和大套文库类图书数字化开发也较多。其中检索工具书，如国际图书馆合作组织 OCLC 的 WorldCat，是世界上覆盖面最大的联机书目数据库，收录不重复的书目记录数千万条，包括 112 个国家和地区近 9000 家图书馆数百种语言的藏书记录；参考工具书如《不列颠百科全书》《牛津英语词典》《韦伯斯特大词典》等都有光盘版或网络版。著名参考工具书出版公司 Gale Group 将全部出版的人物传记类百科全书组成一个在线传记数据库，并与互联网上 15000 个相关人物传略站点相连。美国麻省理工学院图书馆的“虚拟参考馆藏”的词典类目下就有 460 多种，有些为经过整合可同时检索众名词典的在线数据库。我国的《中国大百科全书》《中国法律年鉴》，以及大套文库如《文渊阁四库全书》《四部丛刊》及“二十五史”等都已出版了全文电子版。

图书的全文数字化发展呈现两个趋势：一个是构建网上大型全文图书数据库，如第一次将图书输入电脑、放置在网上被称为“古登堡工程”的古登堡网站（Gutenberg），由 Michael Hart 创建于 1971 年，为读者提供将近 5 万本各类书籍的免费在线阅读、检索和下载。美国的亚马逊网上书局（Amazon）在 2001 年底也推出 10 万套电子图书的发售。全球最大的英语书籍出版商兰登也专门设立了电子图书分部。我国最大的电子图书网站“超星数字图书馆”，收录 260 多万种全文图书，以每年 10 万种的速度增加，并向用户提供。另外，图书专业网站博库、北大方正阿帕比（Apabi）等都建立了全文图书数据库。另一个趋势是特种文献被广泛数字化。政府出版物由于电子政务的发展，绝大部分已经数字化发行。学位论文的数字化程度最高，已全面覆盖原始文献。如美国 UMI 公司建立的 PQDD 学位论文数据库，收录欧美 1000 余所大学从 1861 年以来的百万余篇学位论文；Dialog 系统也可检索大多数欧美学位论文。我国学位论文数据库有以国家法定学位论文收藏机构的中国科技信息研究所为依托的万方中国学位论文数据库，还有高校系统 CALIS 学位论文数据库、中国优秀博士硕士论文数据库等。专利文献，如 Dialog、STN、BRS 等都有收集全面的专利数据库；除新发明专利外，以往的欧洲各国专利、美国专利可通过许多免费专利网站查到；我国国家知识产权局提供了全国专利文献的免费全文查阅和世界大多数国家知识产权或专利局的专利文献全文查阅。

二、数字资源将改变图书馆的馆藏方式

保存文化遗产和传递科学技术情报是图书馆重要的社会职能。数字图书馆通过文献采集、传统文献数字化等手段，竭力增加数字化馆藏。随着数字资源的不断出现和人们阅读习惯的改变，特别是大型数据库的建设和产业化发展，借助光、电、磁等新型的信息载体和计算机网络的传播，数字资源将成为文献信息存储的主要载体。图书馆数字化的纵深发展，大型和特色数据库的采集和建立，使图书馆的馆藏资源以数字资源为主。于是，数字图书馆产生了以下几种新的馆藏方式。

（1）本地馆藏，即永久性保存在本馆的文献资源，包括自建的和基于所有权购买的资源。这类馆藏由于处在校园网等范围内，使用方便，易于管理维护。

（2）远程馆藏，即理论上可永久性使用的保存在数据商或某个联合采购合作机构的文献资源。这类馆藏需要维护链接，使用的可靠性与便利性依赖网络条件。

（3）临时馆藏，即购买了某段时间使用权或租用的数字资源，特点同远程馆藏，但使用有时间限制。

（4）虚拟馆藏，即与共享伙伴交换使用的文献资源，或纳入本地文献服务环境的“用时付费”文献资源，如通过文献传递方式获得的全文服务。这类资源除了依赖网络条件外，由于基本属于非规范化商业服务，可靠性相对较弱，需要经常维护。

（5）浮动馆藏，即纳入本地文献服务环境的所有免费资源，如免费电子期刊、学术网站等。其特征是没有服务保障，可靠性较差，需要经常维护。

三、图书馆数字化将改变传统的业务方式

在信息技术高度发展和数字资源逐渐丰富的今天，图书馆引入电子出版物必将促进读者对数字资源的利用，这是时代的进步，也是数字技术发展的趋势。文献数字化建设走过了从书目、文摘、索引等二次文献的全文数字化的发展历程。数字资源的采集加工、管理与服务将成为未来图书馆建设的重要任务，图书馆工作模式正在发生变化。

随着电子出版业的繁荣，图书馆将数字资源的采购纳入文献采访工作之

中，根据馆藏情况和读者需求，从网上电子书店和出版社选择和下载电子出版物。

对电子出版物的编目，将催生相应的标准。MARC21 是目前图书馆电子出版物书目信息交换普遍接受的标准格式。XML（可扩展标记语言）记述的全文数据是结构化数据，可通过程序自动实现对它们的各种操作；且将数据和外观显示分开，从而使人们可以根据不同的阅读需求将源数据以不同形式显示。因此，XML 对于大型和复杂的文档是较为理想的记述格式，将是未来数字图书馆的基础技术。

典藏工作将产生多种馆藏方式，其中主要有三种方式：一是包库方式，即将采购的数字资源保存在内容提供商的服务器中，用户可随时登录、下载、阅读；二是实际馆藏方式，即将采购的数字资源保存在图书馆服务器中，通过网络向读者提供；三是利用光盘，特别是随书附带光盘的方式脱机保存，并提供外借服务。

图书馆数字化以后，参考咨询工作和图书馆对文献资源的收集、整理与提供将进入电子化时代，即主要通过网络搜集，通过计算机进行文献处理，通过电子邮件或网站发布来实现。

第三节　数字图书馆走出传统“馆舍”

传统图书馆向未来图书馆发展，将经历四个阶段，即图书馆的自动化阶段、建立图书馆网络的网络化阶段、将原有馆藏资源数字化的数字化阶段和实现对数字资源进行重组使之能够为读者提供系统知识的知识化阶段。今天的图书馆数字化正处于第三个阶段，并正适应知识经济社会发展的要求向第四阶段迈进。

一、从图书馆数字化走向数字图书馆

知识化阶段的图书馆是一个真正意义的数字图书馆。首先，网络把单个图书馆的数字资源连接起来，在一个国家、一个地区甚至全球范围内统一处理和存储数字化的文献信息。其次，数字资源对原有的文献和信息进行重组，使之脱离其原始形态，以数字化、知识化、智能化和远程化的方式向用户提供。例如，我们在用搜索引擎以全文方式查找相关信息时，有用的信息常常被淹没在一大堆“信息垃圾”当中，需要一条一条地进行评价和甄别。再如，我们通过某种分类体系找到了一本书，但这本书有 200 页，而其中对读者有用的信息只有一两页，其余的也是“信息垃圾”。用图书馆界的话讲，这两种情况都是查准率较低。而数字图书馆能够让读者在办公室、家里甚至是任何一个地方，以最便捷的方式获取精准信息。

现在的图书馆已不单指由图书馆馆舍所构成的服务空间，它还包括一个以万维网服务器的建立、主页的设计、数字馆藏的建设、多种形式远程服务的提供为标志建立起来的数字图书馆。图书馆的服务观念正由被动服务向主动服务转变，服务形式也由封闭的单一藏书楼向新技术武装的，多功能、开放性、产业化的现代信息中心转变，服务水平正由基本服务向深层服务发展。

因此，未来的数字图书馆是一个庞大的信息系统，它将分散于不同载体、不同地理位置、不同类型的信息资源以数字化方式存储，以网络化方式互相连接，提供即时利用，实际上是在互联网上重新建立一个不同于传统图书情报系统的新体系。这种图书馆不是一种物理的概念，它没有明确的时空界限，没有固定的形式，有的只是专用的服务器，用来协调读者各方面的需求和庞大的信息资源的数据库。当然，信息资源既可能存放于图书馆内，也可能存放在其他信息资源的开发者那里，就像互联网网页那样，用户可以根据要求随时随地接通所需要的资源库，因此，许多人又将数字图书馆称为“虚拟图书馆”或“无墙图书馆”。

事实上，对于这种虚拟概念的图书馆，早已有人做过精确的描绘。若干年前，美国情报学家兰卡斯特曾经撰文提出过“无纸社会”的概念，与我们现在所说的数字化有着惊人的相似性。随着世界科技的不断发展，数据保存的容量急剧增加，安全性能日益提高，快速存取技术日臻完善，通信手段的日益先进，为数据的传送提供了有力的保障。与此同时，硬件设备的性价比也越来越高，终端用户上网的成本趋于下降，这些都为我们步入数据化社会奠定了坚定的基础，使所有人共享网络资源逐步成为可能。

二、网络化后是网格化

图书馆是信息技术的主要及前沿应用领域，从纸质图书馆到缩微图书馆、虚拟图书馆，再到现在飞速发展的数字图书馆，无不留下了信息技术的坚实足迹。信息技术的发展突飞猛进，lnternet 代替了小型局域网，用 TCP/IP 协议将分布于世界各地的计算机连接起来，实现了计算机硬件的联通，掀起了第一次互联网技术浪潮；WWW（World Wide Web）实现了网页之间的互联，掀起了第二次浪潮，并为 lnternet 创造了更为广泛的发展空间。那么 lnternet 和 WWW（World Wide Web）之后是什么？计算机专家认为网格（Grid）将掀起 lnternet 和 WWW（World Wide Web）之后的又一次技术浪潮。此次浪潮以全球大网格 GGG（Great Global Grid）替代 WWW 为标志。

“网格”一词源于数学用语“计算网格（Computational Grid）”。计算网格作为一种计算方法，被广泛应用于大气、海洋等资料模拟计算。在受自然环境影响的飞机、火箭等工程设计和高能物理实验中，其被用于信息技术的研究始于20世纪60年代，但对其大规模的开发研究只是近十年的事。互联网的迅速发展使人们对宽带的需求急剧增加，由此导致了波分复用系统在骨干网上的大量使用。同时随着xDSL、千兆以太网和无源光网络（PON）等迅速接入技术的出现和推广，局域网的容量得到极大的提升，但与互联网用户增长的速度相比仍然存在较大的差距。随着这种差距的扩大，原本被认为具有足够带宽资源的SDH环路正在逐步形成瓶颈效应，无法适应网络增长的需要。如何增加网络的带宽并合理使用带宽是目前互联网急需解决的技术难题。为改善网络的瓶颈效应和提高网络的适应性，计算机专家引入网格计算方法，将原来的平面波分复用技术用于不同环节的网格节点上，改变了传统的静态平面结构，建立网格结构。该结构的优点在于能根据突发性业务动态地调配带宽，同时又能独立于上层协议和速率进行透明传输。

关于网格的概念，经典的论述是美国计算网格项目的领导人之一伊安·福斯特在其1998年主编的《网格：21世纪信息技术基础设施的蓝图》中的描述："网格是构筑在互联网上的一组新兴技术，它将高速互联网、高性能计算机、大型数据库、传感器、远程设备等融为一体，为科技人员和普通百姓提供更多资源、功能和交互性。互联网主要为人们提供电子邮件、网页浏览等通信功能，而网格的功能则更多更强，它能让人们透明地使用计算存储等其他资源。"网格的目标是将所有的计算机连接成一个整体，整个网格如同一个硕大无比的计算机——实现高度的资源共享、高速的信息存取，向每个用户提供一体化的信息服务。

网格技术应用于图书馆，将为图书馆的知识管理带来更为广阔的技术和发展平台。

1. 网格提供广泛高性能的计算环境

计算网格为图书馆知识管理提供广域的高性能计算环境，提供原始计算能力、高速带宽和数据处理能力。其计算过程是将各网格节点的资源相连接，并采用浮点计算和逻辑计算来完成。在图书馆知识管理中，涉及原始计算能力的有：（1）图书馆的各种信息计量活动，包括核心期刊的测定、期刊（图书）利用率的测定、引文及被引率的计算、期刊或网页影响因子的测定等；（2）各种业务量统计及绩效评估，如采访质量测评、流通业务计量、参考咨询服务质量评价、用户培训绩效测评、技术服务质量评估等；（3）用户对图书馆综合服务的满意度计算等。计算网格提供的高速带宽及数据处理能力，一方面可以为图书馆数据处理人员（包括采访、编目、参考咨询、技术开发等部门的工作人员）提供更加宽松友好的数据处理界面；另一方面可以改善图书馆网页的质量，保证读者的查询速度，满足读者的信息需求。

2．网格为知识组织提供了更为先进的技术

网格由六个部分组成，即网格节点、数据库、贵重仪器与设备、可视化设备、宽带网和网格软件。其中计算与信息处理的源是网格节点上的数据，网格节点是地理上独立的计算中心和信息中心，根据其功能可分为两类：计算节点和信息处理节点。计算节点组成计算网格，信息处理节点组成信息网格（Information Grid）。图书馆现阶段的主要任务之一，是将无序的网络信息有序化，并有目的地揭示知识以供利用。在互联网上，信息资源零散地分布在各个网络站点上，信息网格采用接口连接这些信息资源，网格软件通过各种协议将同质的和非同质的信息进行连接，并通过高级分析减少由各种形式的信息所带来的技术的复杂性。网格操作系统还可以提供自动生成目录和缓存等技术，大大提高网格信息查询和浏览速度，减少网络流量。这样网络用户可以通过网格门户（Portal）技术透明地使用整个网格上的资源，减少盲目浏览查询的时间，提高知识的利用效率。

3．网格为知识挖掘提供更加成熟的开发工具和软件

知识挖掘是知识信息管理与服务的重要技术。在网格系统中，使用基于知识的方法学和技术学而生成的网格叫作知识网格（Knowledge Grid）。知识网格包括元计算（Meta Computing）、对等计算（Peer-to-Peer Computing）、分布计算（Distributed Computing）等计算基础，以及知识工程工具、决策咨询智能软件、知识存储、数学建模、模拟计算等网格软件，这些都可以作为知识挖掘的工具加以利用。元计算的基础是建立知识元结构，知识元的独立性和链接方法是生成新知识的主要途径，网格可以将整个科学分类体系立体分布在网格节点上，通过不同的结构链接方法使诸多交叉学科体系由隐性知识转化为显性知识，或创造新的学科研究领域，达到知识创新的目的。知识创新是知识管理的最终目的，也是图书馆教育职能的最高境界。

4．网格应用层为图书馆知识管理提供诸多应用平台

网格有三种基本功能——任务管理、任务调度和资源管理，均为网格的资源管理功能。知识管理要求图书馆改变原有的组织机构模式，进行业务、机构重组，实施全面质量管理，以适应知识经济时代的要求。网格的应用层是由用

户根据自己的具体需求开发使用的。根据知识管理的要求，图书馆可以利用网格开发的应用平台有以下几种：

（1）图书馆任务管理平台。该平台由用户向网格提交任务组成网格，开发时应建立相应的库函数，如任务的各种运行状态，为任务指定所需资源，需增、删或监测的任务标准等。

（2）图书馆数据处理平台。该平台可用于开发特色数据库，由图书馆各职能部门（或数据库开发人员）向网格系统提交数据组成网格，建立相应的数据库所需的库函数。

（3）知识标引与检索平台。该平台的关键在于建立不断更新的知识元结构，以适应知识创新的需求。

（4）知识服务平台。不同于国外其他网格研究项目，我国侧重于服务网格（Service Grid）研究，因此其应用软件可以为图书馆提供高质量的知识服务平台。该平台除了能提供各种知识服务外，其形式之简便、手段之完美和评价指标之完善可能是现在任何信息服务体系所难以达到的。

5. 实现图书馆知识管理网格的质量控制

图书馆知识管理网格的质量受其网格节点上知识元的选择质量、网格生成技术中几何外形的描述、复杂构型的区域划分和库函数的完整性等因素的影响。高质量的知识网格将解决以下两个问题：

（1）建立高质量的知识元库。图书馆中的知识包含了人类全部文明成果的各个学科分类体系，对其基本知识元的描述要尽量准确无误且具有权威性，要尊重学科专家的认定，选择公认的术语建立知识元库，并随着学科的不断发展，及时补充知识元的必要规范，以保证知识元库的时效性和高质量。

（2）网格结构描述及分区技术。对于结构网格生成系统，分区技术是处理复杂构型问题的必要和通用技术。首先，根据需求用户的分区要求，系统能够生成多种形状的曲线，其数据满足一定的分布规律，我们称之为自由段。其次，为使网格数据和区分信息与流场解自动匹配，依不同的边界条件类型，将自由段合成边界段，通过拓扑结构，将边界段组成恰当的子边界区。自由段和边界段的结合使用，可以组成不同的分区边界，从而提高网格生成质量。

三、数字图书馆在知识管理中的角色

关于知识管理的含义，到目前为止，尚无统一定论，大多数研究者认为知识管理即是以人为本、以信息为基础、以创新为目标的管理活动，其涉及的学科包括认知科学、专家系统、人工智能与基于知识的管理系统（KBMS）、机助协作工作（组件）、图书馆学与情报学、决策支持系统、语义网络、关系与对象数据库和组织管理学等。尽管知识管理源于企业，是企业面对日益增长的信息环境而采取的针对组织的适应性、组织的生存和竞争能力等重要方面的种种迎合性措施，与图书馆好像并不相关，但图书馆作为传统的信息管理机构，实施知识管理极有必要而且可行。

（1）知识管理涉及图书馆学与情报学方面的内容，属于图书情报学研究范畴。作为学科应用机构之一的图书馆，实施知识管理有理论上的前瞻性和优势。

（2）信息技术的发展使信息领域的范围扩大，各种信息咨询机构、网络服务中心的出现使图书馆作为传统的文献信息中心的垄断优势荡然无存，图书馆必须改革自身的组织管理运作，才能适应当前形势的需要。

（3）图书馆是传统的信息管理机构，信息管理本身就属于知识管理体系。随着信息技术的发展，信息管理已逐步转向知识管理，图书馆应顺应时代潮流。

（4）读者对服务的个性化需求使图书馆早已着手知识的组织研究，如元数据、知识结构、知识发现、知识挖掘、知识仓库和知识库管理系统等，并取得了不小的进展，而这些研究均属知识组织范畴，其实际应用标志着图书馆中已有知识管理的行为。

未来的图书馆组织将以特有的形式出现。它应该是：①以知识信息资源为基础；②在组织上分散而又因网络紧密联结；③有快速敏捷的应变能力；④既有创造性，又有团队合作精神；⑤员工中拥有各种类型的智慧人才；⑥有自我控制能力，还必须拥有这样一种环境——有着明晰、有力的共同行为准则，并且建立在相互信任的基础之上。

第四节　网络检索的新发展

随着 Internet 的普及与迅猛发展，人们越来越多地利用网络信息资源。但是由于网络信息资源具有数量多而庞杂、更新速度快且不稳定、类型多、范围广等特点，用户在检索满足其需求的信息时遇到很大困难。有人总结出著名的“Internet 信息检索定律”：用户在 Internet 上总能找到（甚至只能找到）他不需要的东西。为了解决这一问题，各种网络信息资源组织工具及其检索方法纷纷问世。

一、主题语言将在网络信息资源检索中发挥新作用

虽然目前主题语言还不能完善地解决网络信息资源检索中的简易化、快捷化、既查全又查准的问题，但是图书馆数字化的兴起、数字资源的新特点，将使主题语言在网络信息资源检索中发挥新作用。也就是说，继承手工时代主题语言（主题词法）的研究成果，结合网络信息资源检索的新特点和发展趋势，充分利用现代信息技术，特别是计算机智能技术，一体化地把分类语言和主题语言、自然语言与人工语言运用于网络信息资源组织和检索中，使主题语言发挥最大的作用是很有可能的。

（一）当前网络信息资源检索中常用的方法及弊端

1. 超文本使网络迷航

Internet 最大的特点是开放性。由于具有开放性，网络信息资源能非常方便地上传和下载。这虽然保证了信息资源的数量丰富、类型多样、获取便利，但也造成信息质量良莠不齐、精准性差。开放性同时还使网络信息资源具有灵活性和动态性，这主要归因于网络资源的超文本结构和链接方式，它赋予网络

信息资源一种层次关系和分布式结构，资源链接点之间的自由跳转使查询空间几乎无限延伸。如果没有高效的检索导航工具，网络“迷航”不可避免。

2．搜索引擎的无范畴限定和网络目录的知识体系不严密

目前，网络信息资源的组织和检索工具主要有两种：搜索引擎和网络目录。搜索引擎基本上采用基于关键词匹配的全文检索技术，实质上是应用计算机搜索软件进行关键字符的机械匹配，并结合布尔逻辑运算符构成“高级检索”表达式进行面向全互联网的信息查询。尽管搜索引擎检索速度很快，但由于没有从概念语义上匹配，没有范畴限定，搜索引擎返回的检索结果往往数量巨大且与用户的实际需求相差甚远。网络目录是综合性门户网站自有的分类法，著名的如Yahoo!、Infoseek、搜狐、新浪等，以人工或自动化方式将搜集到的网络资源归入各类目。网络目录的综合性类目体系包括了人类知识的所有领域，突出反映了网络资源的特色，为所有终端用户提供友好的用户界面和帮助，具有很强的易用性，但还存在知识体系不严密、类目设置不科学、动态性过强等缺陷。

3．关键词法的查准率低

目前的网络信息资源组织一般采用两种技术来实现信息检索：一是使用网站和网页分类技术，建立分类浏览目录，这就涉及分类法的应用；二是采用全文检索技术，这里面较多地使用了关键词法，而关键词法是主题词法的一种。可见，搜索引擎和超文本技术分别指明了网络资源组织的两种可能发展方向，即基于关键词的主题法和基于专门领域的分类法。

关键词法最大的缺点就是查准率低。检索的结果常常是“想找一棵树，可给一片森林；要挖一块宝石，却指向整座矿山”。例如，在Google的检索对话框中输入“数字图书馆”来检索中文网页，得到约17400项检索结果。用户需要对结果逐一甄别，从中找到自己真正需要的内容，这无疑加重了用户的负担。虽然各类网络信息资源组织工具采用了各类措施来增强关键词检索的功能，如布尔查询、截词查询、词组查询、限制查询等，也取得了一些效果，但又要求用户熟悉这些工具的语法规则。

（二）主题语言在网络信息资源检索中的发展趋势

1．分类主题一体化语言

所谓分类主题一体化语言，是指将分类检索语言与主题检索语言融为一

体，形成一种兼具两种标引和查找功能的检索语言，也就是一种兼容两者之长、消除两者之短的新型检索语言。将分类查询与关键词查询相结合，并实现两者的相互转换，可以使用户从任意一种途径获取所需信息。当前，分类主题一体化词表已大量编制，按其结构可分为四种模式，即分面叙词表、叙词表式索引、分类—叙词表对照索引、集成叙词表（或综合叙词表）。它们当中，分面叙词表兼容性能较好，集成叙词表编制费工费时，叙词表式索引和分类—叙词表对照索引兼容水平有限。由此，分面叙词表是最适合网络信息资源组织的分类主题一体化语言工具。

目前网络信息资源检索出现几种分类主题一体化系统，如搜索引擎、网络目录、指示数据库、元数据、后控制词表、联机数据库检索系统。

2. 自然语言与人工语言并重

自然语言以其成本低、处理时差短、检索效率较高等优势日益引起人们的重视和关注，随着智能机的诞生和认知科学的发展，利用自然语言检索将成为检索的主流。目前，由于自然语言检索还处于发展的初级阶段，在信息检索系统中的应用主要限于不标引方式、自动抽词标引方式和人工标引方式，其中处理自动抽词是应用的核心所在。网上信息检索工具 Infoseek、Webcrawler 等已在此方面进行了有益的探讨，并获得用户的认可与青睐。需要指出，自然语言的优势显而易见，人工语言同样也具有自然语言无法替代的长处，促进自然语言和人工语言取长补短、共同发展，为两者构建一个合理的结合点应成为检索语言研究的方向。

综观目前网络信息检索语言的应用及其发展趋势，可以看出其仍未跳出人工语言的圈子，基本上还是分散化和静止化地应用检索语言（特别是主题语言），而没有正确地认识到，网络信息资源检索应该是在自动化、数字化和系统化的环境下进行的。

（三）主题语言应用于网络信息资源检索的设想

从目前常用的网络信息资源检索方法及其发展趋势来看，使用自然语言检索已是网民的检索习惯，同时分类主题一体化语言也成为有效工具。但作为提供网络信息资源检索的网站，特别是门户网站的数字图书馆等信息系统，一方面仍应坚持采用分类主题一体化语言建立“目录索引”，另一方面，在“搜索引擎”方面，应选择建立一个网上运行的分类主题一体化后控制系统。这种系统用自然语言作为标引、检索语言，通过系统把分类语言与主题语言的概念系统、参照系统、标识系统和索引系统融为一体的后控词表，智能化地使自然语言对应人工语言进行自动标引和自动检索，并智能化地使人工语言对应回自然语言向用户予以表达，从而达到最佳的控制、检索效率。

整个系统由后控词表、转换系统、接口系统和相关系统四部分组成。后控词表是一个由自然语言词典、主题词表和分类表与词间语义转换关系组成的机内词表。转换系统主要通过两种转换语言，实现自然语言向主题语言与分类语言的转换，从而达到规范控制的目的。接口系统包括两个部分，即后控词表与检索系统连接的“入口”部分和自动抽词系统与数据库连接的文献信息加工部分。相关系统主要有自动抽词系统和后控词表管理系统，自动抽词系统对各数据库数据按自然语言词典进行自动抽词，后控词表管理系统包括自然语言词典、主题词表和分类表动态管理系统。

网络信息资源检索系统应将全球主要的语言甚至是各种语言都包含在内，但一个后控词表把全球各种语言都包含在内可能没有必要，因为文献是以一种主要的语言写成的，混合语言的文献很少，所以在后控词表转换前应区分语种，使后控词表成为单一语种。中国科学院曾提出建设中文的网络信息资源检索系统——联机分类主题一体化后控制系统，其后控词表中主要建立两套语义转换关系网：一种是自然语言词典与控制主题词表间的词间语义转换关系（即等同、相关关系）网，另一种是主题词表与分类表间的叙词范畴分类关系网。通过相应的转换语言实现自然语言向主题与分类语言转换，如图 7-4-1 所示。

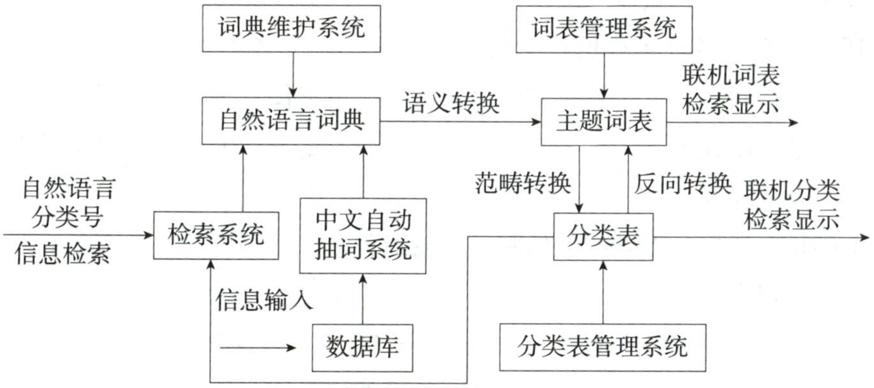

图 7-4-1　联机分类主题一体化后控制系统

进行图7-4-1所示的系统建设时，各种词表都要通过手工收集和录入，应充分发挥数字资源的作用。如可充分利用《现代汉语词典》的数字化版，通过一定的计算机程序把各种词语和语义概念连接起来，如将山庄、山村、山中住所互相连接起来，自行车、脚踏车、单车互相连接起来，中国人、华人、唐人等连接起来，使之可以互相参照；主题词表和分类表则可用《中国分类主题词表标引手册》的电子版，合二为一地加以代替，使分类语言与主题语言通过一定的计算机程序能自动转换。

当然，还可以按学科建立学科领域的网络信息资源检索系统，这样就要在自然语言词表、主题词表和分类表中加以改变，既使用该学科的专用自然语言词表、主题词表和分类表，同时也可以因专科词表而把主要的语言（如中、英、日、拉丁等语言）混合成表，使之在某一科学领域具有国际通用性。

在网络时代，随着网络技术、计算机技术、超文本技术和多媒体技术的发展，主题语言在信息资源检索中的应用将更加广泛，其与自然语言和分类语言的结合也将进一步密切，将会出现更多的后控词表、联机一体化词表，网络检索系统将进一步完善，更好地满足人们对网络信息资源检索的需要。

二、统一检索平台得以实现

由于数字文献、数据库生产（供应）者的不同，即使类型相同，在用户认证、信息检索、全文下载和费用结算等面向读者的服务功能上仍然千差万别。若仅仅简单地将这些数据库的入口链接在一起，随着数字资源的快速增多，使用者还是要学习各种各样的检索策略，掌握不同的数据库服务平台的使用方法，这无论是对读者，还是对培训读者的图书馆工作人员来说，不啻是一场噩梦。即使是使用纯熟了，也要在多个检索系统上重复检索。因而，在保留数据库各自特色的基础上，建立跨库（同构系统）、跨系统的统一检索平台，是建立一个满足上述用户需求的文献服务环境的关键任务。这项任务在图书馆数字化后，显得相当重要。

由于图书馆数字化的发展，从20世纪90年代末期发展起来的各项跨库、跨平台检索技术，以及为解决异构系统互操作而发展起来的相关标准已渐渐被推广使用。著名的工具如Metalib、SFX、Webfeat已在国际上很多图书馆得到应用。我国许多软件公司也在开发类似的系统，中国国家科学数字图书馆开发的集成检索系统实现了对七个数据库的统一检索，已投入使用。图 7-4-2 所示为统一检索示意图。

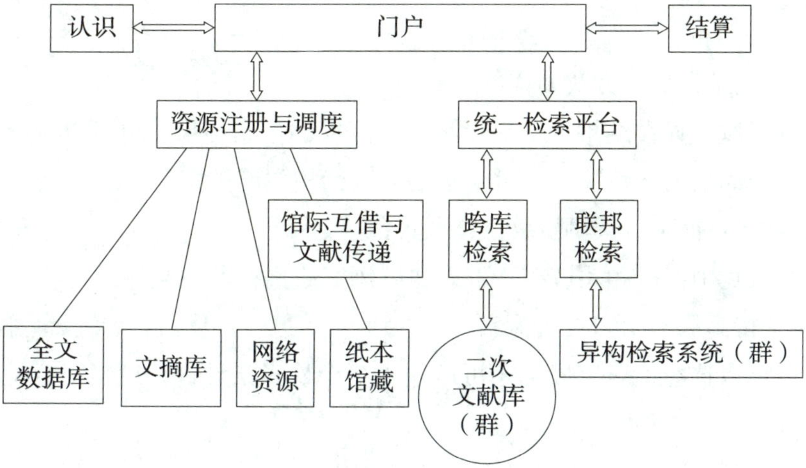

图 7-4-2　统一检索示意图

经过多年的技术攻关与反复锤炼，我国开发出了国际上先进的清华同方异构统一检索平台（Union Search Platform，USP）。

USP 具有以下优势与特点。

1．通用性好

与一些软件不同，USP 并不要求被统一检索的数据库必须支持 Z39.50 协议或 OAI 协议，也无需数据库提供商提供接口，它利用目前已有的各种 Internet 途径访问网络数据库，95% 以上的网络数据库都可以进行配置。该平台目前已成功配置了近百种数据库，并在清华大学图书馆使用。

2．配置简单，用户可自行配置

USP 提供所见即所得的配置程序，省去了早期专业、烦琐的配置方式，系统管理员可以方便地在系统中添加新的网络数据库、删除数据库，或者修改已有配置以适应数据库的改版。

3．并发统一检索

USP 采用先进的网页分析技术，通过本系统检索一个网络数据库的时间要比读者手工检索的时间短得多。在对多个网络数据库进行检索时采用并发访问，读者单独检索一个库与同时检索多个库所花时间大体相同。

4. 快速响应特性和结果缓存、预取功能

读者对多个库进行检索时，检索速度快的数据库的检索结果会先显示，界面显示不下时，系统会将后获得的检索结果存入结果缓存。在读者对检索结果进行翻页时，系统会预先获取数据库的检索结果，这样大大提高了翻页的速度与效率。

5. 检索结果显示方式多样

读者可以选择在结果页中显示某个数据库的搜索结果，也可以选择在结果页中显示全部结果，系统还可对检索结果进行相关度排序。

6. 结果页面可继续浏览，支持文件的下载

在结果页中点击相关链接，可以继续浏览或进行各种文件的下载。

7. 支持高级检索和二次检索

读者可以选择检索字段，还可以输入多个检索条件进行逻辑组合检索，且系统提供二次检索功能。

8. 可定制性强，方便用户使用

用户可以自由定制检索字段、数据库简介、数据库分类和数据库访问IP段限制等。系统支持多种网络数据库，可以对数据库进行分类，提供分类检索。

9. 具有检索日志功能

USP记录了读者检索记录，可以很方便地进行检索的统计。

10. 具有错误恢复机制

在系统出现运行障碍时，后台监控程序会自动重启USP，在最短时间内恢复正常运行。

随着我国基础教育事业的飞速发展，中小学图书馆数字化建设和馆藏文献的数字化比重将逐步增加，传统图书馆向数字图书馆发展的进程也将日渐加快。但作为图书馆工作对象的文献信息多元化将长期共存，互为补充。实践证明，载体一元化、传统图书馆消亡论均是不足取的。立足现在，放眼未来，在数字图书馆这个新的机遇和挑战下，加强传统文献的数字化建设，更好地整合网络信息资源，图书馆才能更好地发挥其功能。在理论上深入研究，在实践中努力探索，中小学图书馆才能提高办馆水平，在更高的层次上向数字图书馆迈进。

参考文献

[1] 李青，张丽红．中小型图书馆数字化建设应用读本[M]．北京：北京图书馆出版社，2007．

[2] 黄宗忠．图书馆学导论[M]．武汉：武汉大学出版社，2013.

[3] 张树华，董焱，蔡金钟．中小学图书馆工作导论[M]．北京：北京图书馆出版社，1998.

思考题

谈谈你对中小学数字图书馆发展的看法。